蔡仁厚撰述

宋明理學

南宋篇

心體與性體義旨述引

臺灣學生書局印行

增訂版前序

宋明理學北宋篇，已於七十一年一月三版發行，今南宋篇亦將再版，有幾點意思，想趁此機會作一說明。

就宋明理學的演進而言，北宋階段是義理的開展，南宋階段是義理的分系。本書引言雖亦論及宋明理學之分系，而頗嫌簡略。年前又撰「南宋理學三大系」一文，刊於香港中文大學「新亞學術集刊」第三期，今特收入本書爲附錄二。另有「檀島國際朱子會議後記」一文，對當前國際學界研究宋明理學之情況，有簡要之敍述，今亦收入本書爲附錄三。

近年來，出席國際性學術會議，曾先後提出有關朱子學之論文三篇：一是在台北近世儒學與退溪學第四屆國際會議宣讀的「性理的全義與偏義」，二是在漢城東洋學會議宣讀的「朱子學的綱脈與朝鮮前期之朱子學」，三是在夏威夷國際朱子會議宣讀的「朱子學的新反省與新評價」。這三篇論文皆可視爲本書的補充，現已編入拙著「新儒家的精神方向」一書，可供參看。

儒家之學，以內聖爲本質，以外王表功能。而宋明儒者的心力，主要是弘揚內聖成德之教。因此，講述宋明理學，亦理當正視它在內聖方面的成就和價值。如果從知識性、社會性，乃至政治性的層面去了解宋明理學，而卻忽視它作爲一個「內聖成德之教」的卓越的成就和永恆的價值，便如同「買櫝還珠」，不免貽人以「不識貨」之譏。至於外王一面，我們認爲必須更端另講，以徹底開出新外王。此一問題，在「新儒家的精神方向」書中已有所論，將來如機緣許可，亦可能再寫一書，以討論儒家外王之學。

本書初版時，第二章第二節（頁四十二）徵引原文，有一字之差異，現已增寫「附識」百餘字（見頁六十八），以爲說明。另有十餘處錯字，亦趁再版之便加以改正。

蔡仁厚

民國七十二年三月

於東海大學哲學系

印行記

在「宋明理學北宋篇」初版印行之時，原有續撰南宋篇之意。年前亦曾撰文講述南宋湖湘之學與朱子之學。但若以兩文之敘述與北宋篇相較，則其篇幅分量不甚相稱。故雖常有青年朋友以南宋篇何時出書相詢，仍愧未能作確定的答復。

頃者，北宋篇已再版印行。書局之意，既有北宋篇，自當亦有南宋篇。故屢承相促，希望南宋部分早日續成出書。因念拙撰既於初學不無裨益，乃就年前本已撰就之文，再加條理節次，別「湖湘之學」爲兩章，析「朱子之學」爲三章。舊撰「象山心學」一文，則重加訂改，分爲兩章。又增寫「朱陸門人及其後學」爲第八章。書前再加一引言，以討論宋明理學分系之問題。書後並附錄「兩宋諸儒姓字年籍及其學統系別簡表」，以便查考。此外，十餘年前之舊作「大學分章之研究」一文，因其所論與朱子之大學章句、格物補傳，皆相關涉，故亦檢入朱子部分爲附錄，以便讀者之參較。

至於明儒之學，則前已撰有「王陽明哲學」一書，於六十三年由三民書局出版。另有「王門天泉四無宗旨之論辨」一文，於六十四年刊於鵝湖月刊四、五兩期。初學取而讀之，當亦可供參證之資焉。

民國六十八年秋月

蔡仁厚謹記

宋明理學 南宋篇

心體與性體義旨述引

蔡仁厚撰述

目錄

引言：關於宋明理學分系之問題

（一）

講到宋明六百年的儒學，人人都知道有「程朱」、「陸王」兩系。一般又稱程朱一系爲「理學」，陸王一系爲「心學」。大家亦知道有所謂「朱陸異同」，一個道問學，一個尊德性，一個說性卽理，一個說心卽理。但對於其中的義理關節，卻不甚了了，只能說一些浮泛的話。到底程朱爲何不講心卽理？陸王又是否只講心卽理而不講性卽理？程朱與陸王所說的「心」「性」「理」，其意指是否相同？如果不同，它的差異究竟在那裡？類此等等的問題，似乎沒有人作過確定的判斷和分疏。至於在這六百年學術發展的過程中，那些曲曲折折的內容，更極少有人深入去理解。

大明既亡，理學之緒亦隨之而斬。淸代以下，一般對於宋明儒學的理解，大體都停在恍惚浮泛的層次。一句「朱子集北宋理學之大成」的空泛儱侗之言，便使得北宋儒學步步開展的義理關節，長久而普遍地受到輕忽；再一句「陽儒陰釋」的顢頇語、糊塗話，更把宋明儒者的心血精誠混抹了。天下學人，久失眼目，彼抱殘守闕者，淺慧小識者，如何能夠接上宋明儒者的慧命？近數十年來，雖賴二三師儒提撕點示，亦時有開光醒目之言；但眞能通貫宋明六百年的學術，而確定其義理綱維，釐淸其思想脈絡，而又能寫成皇皇巨著的，當以牟先生的「心體與性體」爲第一部。

（二）

北宋諸儒，上承儒家經典本有之義，以開展他們的義理思想，其步步開展的理路，是由中庸易傳之講天道誠體，而回歸到論語孟子之講仁與心性，最後，纔落於大學講格物窮理。所以他們的義理系統之開展，主要是繫屬於對道體性體的體悟。周濂溪出來，首先「默契道妙」，他的玄悟，復活了先秦儒家的形上智慧。張橫渠進而貫通天道性命，直接就道體而講性體，而且對論語之仁與孟子之心性，亦已有了相應的了解。到了程明道，更以他圓融的智慧，盛發「一本」之論，於是客觀面的天道誠體，和主觀面的仁與心性，直下通而爲一而「卽心卽性卽天」，儒家內聖圓教的模型，到此乃告完成。這北宋前三家所體悟的道體性體，以至於仁體心體，皆⑴靜態地爲本體論的「實有」，⑵動態地爲宇宙論的「生化之理」，⑶同時亦是道德創造的「創造實體」。所以，它既是「理」，同時亦是「心」，亦是「神」，因而是「卽存有卽活動」的。（此所謂活動，是就其能引發氣之生生、有創生性而言。）

明道卒後，其弟伊川獨立講學達二十年之久。當二程兄弟一起講學時，實以明道爲主，明道既卒，伊川便很自然地順着他自己質實的直線分解的思考方式，把道體與性體皆體會爲「只是理」。既然只是理，就表示它不是心，不是神，亦不能就道體性體說寂感。道體的「神」義與「寂然不動、感而遂通」義既已脫落，則道體乃成爲「只存有」而「不活動」的理，而本體宇宙論的創生義，亦因而泯失而不可見。講道體是如此，講性體亦然。伊川又將孟子「本心卽性」分析而爲心性情三分，「性」只是形而上之理，「心」與「情」則屬於實然的形而下之氣。理（性）上不能說活動，活動義便落在氣（心、情）上說。不過，這義理上的轉向，在伊川卻是不自覺的，二程門人亦似乎沒有覺察，他們大體是依循「以明道爲主的二程學」而講說，並沒有順着伊川的轉向而趨。而南宋初期的胡五峯，亦只上承北宋前三家的理路而發展，開出「以心著性、盡心成性」的義理間架。而他的「識仁之體」的逆覺工夫，更明顯地是直承明道與謝上蔡而來，根本沒有受到伊川轉向的影響。所以到胡五峯（甚至亦包括與五峯同時的李延平）為止，伊川的轉向還只是一條伏線，並沒有引起學者的注意。

伊川轉向之後所表示的理路，一直要到朱子四十歲中和參究論定，纔眞正明朗出來。這時距離伊川之卒，已經六十多年了。朱子的心態幾乎和伊川完全相同，但他走上伊川的路，卻亦經過幾番出入和曲折。如果就他自己後來所完成的義理系統為準，四十以前的問學，都只是過程中的經歷，算不得「的實見處」。四十以後，纔順着同於伊川的心態，自覺地極成了伊川的轉向，而開出一個新的義理系統。

但朱子所完成的系統，既與濂溪、橫渠、明道的義理綱脈不相合，與先秦儒家的本義原型亦有距離。胡五峯的子弟門人雖受朱子之貶壓，但接着陸象山即直承孟子學出而與朱子相抗。於是朱子，象山，加上五峯的湖湘學，乃形成三系之義理。到了明代，王陽明呼應象山，劉蕺山呼應五峯，宋明儒學的義理系統，遂全部透出而完成。

（三）

根據以上的疏別，可知分爲程朱、陸王二系，並不能盡宋明三百年的學術之實，亦不足以彰明其義理之全。

第一、平常所謂「程朱」，實指伊川與朱子，這是以一程（伊川）概括二程，而明道的義理，在一般所講的「程朱學」中根本不佔分量，這是違悖學術之實的。明道在北宋儒學復興運動中，是一劃時代的英豪，有極其顯赫的地位，如今反而變成無足輕重，此大不可。「程朱」一詞，既不足以概括明道，當然名實不符。

第二、依明道，是卽心卽性卽天。所以在明道的義理系統裡，不但可以講「性卽理」，實亦可講「心卽理」。但依伊川與朱子，則不能說心卽理（因爲心屬於氣）。因此，將明道與伊川朱子合爲一系，在義理上是有剌繆的。

第三、胡五峯的湖湘學，實承北宋前三家而發展，可算是北宋儒學的嫡系。他開出的「以心著性、盡心成性」的義理間架，在儒家思想中實有本質上的必然性與重要性。所以五百年後，劉蕺山猶然呼應「以心著性」之義，完成一系之義理。而宋明六百年之學術，亦到此結穴而盡了它發展的使命。

因此，牟先生對宋明儒學之分系，作了如下之判定：北宋前三家，濂溪、橫渠、明道爲一組，此時並無義理之分系。三家以下，伊川朱子爲一系，象山陽明爲一系，五峯蕺山爲一系。——這三系的分判，並不是先有預定，而是在層層的釐清中，一步步逼顯而至的。這其中的關節，是在二程與朱子。

一、明道是宋明儒中之大家，但憑宋元學案中的明道學案，實在看不出明道學問的眞面目，而二程遺書又多半沒有注明那些爲明道語，那些爲伊川語，對於二程究將如何鑑別？牟先生思之再三，決定：⑴以二程性格之不同爲起點，⑵以遺書中劉質夫所錄明道語四卷爲標準，⑶以二先生語中少數標明爲明道語者爲規約，以確定出一個鑑別明道智慧的線索；又經再三之抄錄對勘，最後將明道語錄編爲八篇，而挺顯了明道的義理綱維。（關此，請參看北宋篇第八章第二節）。

二、明道清楚了，伊川亦隨之而清楚，所以亦類編伊川語錄爲八篇，使伊川之思路朗然可見。而伊川之所以會有義理之轉向，亦確然而可辨。

三、朱子文獻最多，單只朱子語類就有一百四十卷。不過，朱子思想之認眞建立，以及他眞正用功的重點，則是中和問題，接着而有「仁說」，這都是在他自己苦參以及和五峯門下論辯的過程中，逐步明朗出來。依據這個線索，纔能釐清和確定朱子學的綱領脈絡。朱子對於二程，常常不作分別，他將二程只作一程看，他所稱的程子、程夫子、程先生，大體是指伊川而言，而且凡是朱子比較明確而挺立的觀念，亦都來自伊川。至於明道的話，在朱子心中幾乎不佔地位（所以他總說明道之言渾淪、太高、學者難看，縱然對明道加以稱賞，亦都與義理綱領不相干）。朱子所繼承的，實只伊川一人，根本不繼承明道。他對濂溪、橫渠雖加以推尊，亦講述二人的文獻，但在重大的義理關節上並不相應。所以世俗所謂「朱子集北宋理學之大成」，實際上只是後人不明學術之實的空泛之言。朱子的偉大，並不在於集什麼之大成，而在於他思理一貫，能獨力開闢一個義理系統。（這個系統雖然不是先秦儒家發展成的內聖成德之敎的本義與原型，但與陸王系、五峯蕺山系一樣，都是在一道德意識下，以心體與性體爲主題而完成的內聖成德之學的大系統。）

（四）

二程與朱子的義理綱脈釐清之後，其他的問題便易於解答。例如朱子何以對濂溪、橫渠未能有眞實相應的了解？何以對明道不能有眞切的契會？何以反對謝上蔡以覺訓仁？何以批駁五峯門人，並對五峯之「知言」作八端致疑？又何以不能正視象山之孟子學，反而攻其爲禪？朱子何以會有這麼許多異議與誤失？其實，朱子本人的思想很清澈而一貫，又精誠而用功，他不會有很多錯誤的。朱子的差失或不足之處，主要只在他順承伊川而對道體性體心體仁體的體會有偏差。象山感歎朱子「泰山喬嶽，可惜學不見道」，亦是尅就這點而說的。

朱子把道體與性體，都體會爲「只存有而不活動」：⑴道體方面體會爲理氣二分，道體只是理，而寂感、心、神，都屬於氣；⑵心性方面，心與性爲二，性卽是理，而心屬於氣，所以心與理亦爲二。由於朱子貫徹伊川之轉向，而轉成另一個義理系統，所以凡是將道體、性體、仁體、心體，體會爲「卽存有卽活動」的義理，他都不能契會而生誤解。換句話說，凡是屬於本體宇宙論的立體直貫的辭語，朱子都不能正視欣賞，而一概加以揮斥。由於對道體性體以及仁體心體的體會有不同，所以在道德實踐上，他亦脫離宋明儒大宗的「逆覺體證」的路，而順承伊川「涵養須用敬，進學則在致知」二語，開出了「靜養動察」、「卽物窮理」的工夫格局。

朱子爲學極有勁力，加上他廣泛的講論，使得在他之前以及與他同時的人，都和他發生了關涉：他註解詩經易經，爲論語孟子做集註，爲大學中庸做章句，又講論而且註解北宋諸儒的書，他與五峯門人有累年往復的論辯，與呂祖謙常相討論，與陳同甫爭漢唐，與象山更是終身的論敵。還有在他以後的如王陽明，又繼象山之後，出來反對他。這些都可以看出朱子是一個四戰之地，他是宋明儒學義理問題的中心或焦點。但講宋明儒學，「以朱子爲中心，可；以朱子爲標準，則不可」。元明以來，朱子的權威日漸形成，至於淸而益厲。於是，天下人甚至「輕於叛孔而重於背朱」（借王陽明語），這都是以朱子爲標準之過。結果是，人人述朱而不得朱子學的實義，人人尊朱而不識朱子的眞價値。連帶的對全部宋明儒學，亦少有相應的認識。三百年來，宋明儒學之難索解人，這亦是一個最重要的原因。

朱子能夠貫徹伊川的思路而獨成一型，的確非常偉卓，在文化學術上亦有甚大的作用和意義。但朱子的系統，並不等於孔孟中庸易傳之傳統。我們若以儒家之大流爲準，則朱子是當不得正宗的。如果一定要以朱子爲大宗，則他的大宗之地位，乃是「繼別爲宗」。牟先生這個簡別，我認爲是極其妥恰而不可易的。（請參看北宋篇第七章附論一文之後段。）在南宋諸儒中，眞能不失先秦儒家之本義原型，而順承北宋前三家發展的，乃是爲朱子所反對的胡五峯的湖湘學，以及直承孟子而開出的象山學。

第一章　南宋湖湘之學序論

宋室南渡，第一個消化北宋之學的，是胡安國的季子胡宏（五峯）。二程的伊洛之學，傳到南宋而形成兩大系：一系由楊龜山而羅豫章、李延平，再到朱子，這是平常所說的閩學。一系經由謝上蔡與胡安國、胡宏父子，而成爲湖湘之學。另有江西方面的陸象山，則並無師承，自云「因讀孟子而自得之」，可謂孤峯特起，自開宗派。因此，南宋的學統，應該列爲三系：程明道開胡五峯，程伊川開朱子，而陸象山則是孟子學。（註一）

第一節　南宋胡氏家學述略

一、胡安國及其春秋學

胡安國，字康侯，謚文定，福建崇安人。生於北宋神宗熙寧七年，卒於南宋高宗紹興八年（西元一〇七四——一一三八），六十五歲。文定不及見明道（明道卒時，文定年方十二），亦始終無緣見伊川（伊川卒時，文定已三十四歲）；他與二程門人如謝上蔡、楊龜山、游定夫等，皆義兼師友。關於他與楊游二人相識以及向上蔡問學之經過，北宋篇第十八章第三節已略有說明。謝楊游三人對他都很器重，以斯文之任相期勉。當他因得罪蔡京而遭除名時，上蔡對門人朱震說：「康侯正如大冬嚴雪，百草萎死，而松柏挺然獨秀；使其困厄如此，乃天將降大任焉耳。」（註二）全祖望說：「南渡昌明洛學之功，文定幾侔於龜山。」可見他在學問上的成就與影響。文定答門人曾吉甫有云：

「窮理盡性，乃聖門事業。物物而察，知之始也；一以貫之，知之至也。……聖門之學，以致知為始，以窮理為要。知至理得，不迷本心，如日方中，萬物皆見，則不疑所行，而內外合也。」

又云：「夫良知良能，愛親敬長之本心也。儒者知擴而充之，達之天下；釋氏則以為前塵、為妄想，批根拔本而殄滅之，正相反也。」（註三）

這些話，都很切合義理，而不失矩矱。對於洛學而言，文定的功績是在學脈之護持與承續，而他自己所專治的則是春秋學。文定以二十餘年之功力完成春秋傳，而亦終以此書顯名於世。宋高宗曾對他說：「聞卿奥於春秋，方欲講論」。遂以左氏傳付之點句正音，文定奏曰：

「春秋乃仲尼親筆，實經世大典，見諸行事，非空言比也。陛下必欲削平潛叛，克復寶圖，使亂臣賊子懼而不作；若儲心仲尼之經，則南面之術，盡在是矣。」（註四）

文定講春秋，實上承北宋初期孫復（泰山）尊王攘夷之意。文定嘗從泰山門人朱長文游，亦算是泰山的再傳弟子。胡氏春秋傳在元明兩代有極高之地位，幾與公羊、穀梁、左氏三傳並列而為四。文定親身經歷金人侵擾中原之禍亂，宋室被逼退守江淮以南，苦力支撐一個偏安的局面；此時，「尊王攘夷」大義之發揮，實比孫泰山的時代更為需要、更為迫切。所以文定特別倡導「大復仇」之義，而終以天下為公為歸宿。這是針對時局，而又富有開闢之遠見的。

在南渡之前，文定由於游定夫之介紹，與秦檜相厚善。南渡之後，秦檜當權，文定仍然對他寄望殷切，並且書疏往返，講論國政，後來纔漸漸看出隱微。等到秦檜奸惡既顯，而文定已經謝世。（紹興八年四月，文定卒，秋，趙鼎免職，大權獨歸秦檜。三年後，岳飛遇害。）文定雖曾誤交秦檜，所幸「文定宦情如寄，天下後世亮之，因歎知人之難也。」（註五）文定卒後，其子弟門人絕惡秦檜，不稍假以辭色。朱子曾說：「秦檜當國，卻留意故家子弟，往往被他牢籠出去，多墜家聲。獨明仲（文定長子胡寅）兄弟，卻有樹立，終不歸附。」（註六）而文定門人胡銓且於紹興八年十一月上書乞斬秦檜等三人之頭以振人心，義聲動天下。其他門人亦能本於春秋之旨，爭和議，立節義，如薛微言（薛季宣之父）即與秦檜當廷面辯，他說：「偷安固位，於相公私利則甚便，然忍君父之辱，忘宗廟之恥，於心安乎？」（註七）二人一直爭辯到日影西斜，微言並因此而受了風寒，臥病數日而卒，其遺疏猶力斥秦檜之奸惡，眞可謂「義之所在，生死以之」了。此外，鼓吹抗金以收復失土之大詩人陸放翁，亦是文定之再傳弟子。

文定風度凝遠，蕭然塵表。自登第歷仕四十年，而實際居官之時不滿六載。辭官之後，在江西豐城寓居半載，卽卜居於湖南衡嶽，著書以終老。所著除春秋傳，尚有資治通鑑舉要補遺，及文集若干卷。

二、胡　憲（籍溪）

胡憲，字原仲，學者稱籍溪先生，他是文定從兄之子，從學於文定，而會悟程氏之學。在胡氏諸兄弟中，籍溪年歲最長，年壽亦最高，紹興三十二年卒，年七十七。（西元一〇八六——一一六二）他一直居於崇安故里，與鄉人劉白水、劉屏山以及朱子的父親朱松（韋齋）等人相友善。韋齋臨終時，遺命朱子師事白水、屏山、籍溪三先生。文定說籍溪「有隱君子之操」，在他的書堂中，還留下一方「胡居士熟藥正舖」的招牌。（註八）他雖在鄉，從遊的人仍然不少，而且「賢士大夫皆注心高仰之」。朝臣把他的行義上聞於朝廷，特下詔徵他出仕，籍溪絕惡秦檜，以母老辭。秦檜死後，始應召為秘書正字。

籍溪質本恬淡，而培養深固。讀書不務多為訓說，嘗纂論語說數十家，復鈔取其要，附以己說。

三、胡　寅（致堂）

胡寅，字明仲，學者稱致堂先生。生於宋哲宗元符元年，卒於高宗紹興二十六年（西元一〇九八——一一五六），五十九歲。致堂志節豪邁，初登進士第，張邦昌便想把女兒嫁給他，他拒絕不納。南渡之後，致堂力主恢復。他批評高宗「一向畏縮，唯務遠逃」，等到秦檜當國，便辭官歸衡州。但秦檜忌恨他，對他並不放過，而以譏訕朝政之罪，把他貶放到新州。在謫所無書籍，他卻憑平日記憶著「讀史管見」。直到秦檜死後，纔又復官。朱子很欽佩致堂，他說：「致堂議論英發，人物偉然。向常侍之坐，見其數盃之後，歌孔明出師表，可謂豪傑之人也。」（註九）

致堂在汴京時，曾從楊龜山問過學。他的著作有論語詳說、詩文斐然解，另撰有「崇正辯」，專闢佛徒報應變化之論。其中有一段話，意思特別警策。

或問：儒學者晚多溺佛，何也？對曰：「學而無所得，其年齒長矣，而智力困矣。其心欲遽止焉，則又不安也；一聞超勝侈大之說，是以悅而從之也。譬之行人，方履坦途，其進無難也。山忽高乎其前，水忽深乎其下，而進為難矣；於是焉有捷徑，則欣然由之矣！其勢使然也。夫託於逆旅者，不得家居安身耳！未有既安於家，而又樂於逆旅者也。」（註一〇）

聖賢之學，本爲安身立命。而一般人不自愛重，又不奮力，反而逃於異端，以討尋一時

「逆旅之安」，這是很可歎的。有人問朱子，崇正辯只論其迹，如何？朱子答道：「論其迹亦好。伊川言不若只在迹上斷。畢竟迹從那裏出來？明仲說得明白。」（註一一）對於異端之教，或從理上斷，或從迹上斷。但從理上斷時，往往「此亦一是非，彼亦一是非」，如果自家根器學力稍差，便很容易被牽引而去，所以不如從迹上斷。譬如不贊成改姓換名，更變衣冠，乖離父子人倫之天性，而落髮出家；不贊成把人生實理，看成空幻；或如今日不贊成「人有原罪」，不贊成「人不祈禱，不通過耶穌，卽不能得救，不能永生」，凡此等態度，便是從迹上斷。伊川說「不若只在迹上斷」，亦只是要人對於異端之說，先且透顯一强烈之道德意識與文化意識，表示一斬截之態度，自可卓然而立，不爲所惑。因爲異端之「迹」既已乖背人倫性情，而令人不安不忍，又何必投擲自家身心性命，歧出去尋討異端之「理」？天下異端豈不皆有一二是處？然一二是處又豈足爲人生平正之大道？人之所以陷於異端，只爲想要向「異端一二是處」討個明白，殊不知當人起這一念之時，他的心向已自流蕩而走作、舍正而就偏；人無生命之大肯斷，則終必日漸陷溺而不自知耳。（註一二）

致堂不附秦檜，可見其人品之正；不染異教，可見其學術之正。全祖望云：「當洛學陷於異端之日，致堂獨爝然不染，亦已賢哉！故朱子亦多取焉。」（註一三）

四、胡寧（茅堂）

胡寧，字和仲，文定之次子，學者稱茅堂先生。文定作春秋傳時，凡修纂檢討，都是出於茅堂之手。他又「自著春秋通旨，總貫條例證據史傳之文，共二百餘章」（註一四），大多與文定春秋傳參考互證。元代之初，趙復傳胡氏春秋學，春秋胡傳遂得頒列學宮，後世皆尊習之。

秦檜當國，茅堂因事返朝，檜問他：「令兄（指致堂）有何言語？」茅堂應聲答道：「家兄致意丞相，善類久廢，民力久困」，話說到這裏，秦檜內心已怒，對茅堂說：「尊公春秋議論好，只是行不得。」茅堂答道：「惟其可行，方是議論。」檜又問：「柳下惠降志辱身如何？」對曰：「總不若夷齊之不降不辱也。」（註一五）隨後，茅堂還以書信勸秦檜避相位，以順應消息盈虛之理，檜益怒。過了幾天，秦檜設宴請茅堂，席間殷勤甚厚；而另一方面，免官令亦在此時送到茅堂家裏去了。

全祖望書宋史胡文定傳後云：

致堂、籍溪、五峯、茅堂四先生，並以大儒樹節於南宋之初。蓋當時伊洛世嫡，莫有過於文定一門者。四先生沒後，廣仲尚能繼其家學。而伯逢、季隨兄弟，遊於朱張之門，稱高第，可謂盛矣。

全氏的話說得很平允，但說伯逢與季隨遊於朱子張南軒之門、稱高第，則誤混不明。伯逢是致堂之長子，學於五峯，他和張南軒是同門，而且曾和朱子有過激烈的辯論，根本沒有遊於朱子之門的事。而季隨是五峯之少子，師事張南軒，南軒既沒，問學於陳君舉與朱子，最後師事陸象山。

五、胡　宏（五峯）——見下一節

第二節　胡五峯開湖湘學統

一、五峯傳略

胡宏，字仁仲，文定之季子，學者稱五峯先生。五峯自年少便有志於大道，在汴京時曾隨兄長致堂問學於楊龜山，後來二程門人侯師聖避亂到荆州，五峯又奉父命從之遊，但五峯「卒傳其父之學」。他優遊衡山二十餘年，「玩心神明，不舍晝夜」，「卒開湖湘學統」。全祖望說：「中興諸儒所造，莫出於五峯之上者」。（註一六）

紹興年間，五峯上書於高宗，有云：「陛下北面事仇，偷安江左，卽位以來，中正邪佞，更進更退；然陳東以直諫死於前，馬伸以正論死於後，何摧中正之易，而去奸邪之難耶？」（註一七）五峯本以父蔭補官，因爲厭避秦檜，而居家不出。檜死後，朝廷漸次起用賢者，嘗召五峯，以疾卒。五峯生卒年不易確考，張南軒序五峯文集，說五峯「僅得中壽」。全祖望推斷五峯卒年，大約在紹興之末。今人鄭騫撰「宋人生卒考示例」，考定五峯當生於徽宗崇寧四年或五年，卒於高宗紹興三十一或三十二年，時當西元一一〇五至一一六二之間，年約五十七歲。

五峯之著作，除「知言」外，尚有詩文、皇王大紀。全祖望學案劄記謂五峯尚撰有易外傳一卷。

二、湖湘之學一傳而衰

胡氏一家，籍本福建，由於文定數度爲官荆湘，而得親接於上蔡諸人，晚年又隱居於衡山；文定既卒，五峯復居湘衡二十餘年而不出，專事著書講學，其子弟門人亦多從五峯隱遁於湘衡。故五峯一脈，稱湖湘之學。茲先略介其重要之子弟門人於後：

甲、胡實，字廣仲，文定之從子。在胡氏諸兄弟中，廣仲年最少，文定卒時，他只有三歲。廣仲十五歲習辭藝，五峯告誡他說：「文章小技。所謂道者，人之所以生；而聖賢得之，所以爲聖賢也。」廣仲答道：「竊有志於此，願有以詔之。」從此就學，師事五峯。廣仲以門蔭補將仕郎，但他「不就銓選」，而以講學論道爲事。（註一八）。當朱子作「胡子知言疑義」評議五峯之學，而張南軒亦多隨和朱子，說「知言恐未免有病」（註一九）之時，廣仲卽與同門出而與朱子南軒相論辯，以闡明師說。廣仲比朱子小六歲，比南軒小三歲，可惜年壽不永，卒時僅三十八，時爲孝宗乾道九年。五峯學案胡廣仲案載有「廣仲問答」，論謝上蔡「以覺訓仁」之旨。其言云：「以愛名仁者，指其施用之迹也。以覺言仁者，明其發見之端也」。又云：「心有所覺謂之仁。此謝先生救拔千餘年陷溺固滯之病，豈可輕議哉？夫知者知此者也，覺者覺此者也，果能明理居敬，無時不覺，則視聽言動莫非此理之流行，而大公之理在我矣。尚何憒驕險薄之有？」按、「以覺訓仁」，雖發自上蔡，實淵源於明道。此「覺」不是智之事，乃是一種不安不忍的悱惻之感，亦卽諸葛武侯所謂「惻然有所覺，揭然有所存」。以「惻然」說「覺」，必是仁心覺情之知覺。朱子誤解此覺爲認知之知覺，以爲乃智之事，故反對以覺訓仁。

乙、胡大原，字伯逢，致堂之長子，師事五峯。伯逢與廣仲、吳晦叔等，守師說甚固，與朱子南軒皆有辯論，而不以朱子「知言疑義」爲然。五峯學案胡伯逢案有「伯逢問答」，其言曰：「心有知覺謂之仁，此上蔡傳道端的之語，恐不可爲有病。夫知覺亦有深淺。常人莫不知寒識暖，知飢識飽；若認此知覺爲極至，則豈特有病而已？伊川亦曰覺不可以訓仁，意亦猶是。恐人專守着一個覺字耳。若夫謝子之意自有精神。若得其精神，則天地之用卽我之用也。何病之有？以愛言仁，不若覺之爲近也。」（此答當是答張南軒，南軒轉告朱子，故朱子曾據此而辯駁伯逢。）按、仁心覺情之悱惻，不同於認知智用之及物，伯逢加以分別，甚是。唯就生理機體而說知飢寒飽暖、與就仁心覺情而說知覺，二者旣不同質，便不必以「知覺有深淺」爲言（說深淺，猶有認二種覺爲同質之嫌），只須指出明道、上蔡之說，皆是指點語、譬解語，乃以不覺或痲木卽爲不仁，而反顯覺或不痲木方得爲仁。如此加以說明，卽可矣。又伯逢云：「觀過知仁云者，能自省其偏，則善端已萌。此聖人指示其方，使人自得。必先有所覺知，然後有地可以施功而爲仁也。」伯逢言「觀過知仁」，實是逆覺之路。觀者、觀省義。於過處觀省其爲過而心有所不安，則本心之善端已萌。此便是聖人於「觀過」

處指點人，指出一個「自得」之方（意卽人人皆可就其本心善端之呈露，以化除他的過失之偏差），這亦是「自知自治」之意。人必有所「覺知」（先察識、先識仁之體），然後乃有施功之地（施存養之功），使仁體呈現起用以化除其過失之偏，進而體現仁道之事。伯逢之說雖或不盡，而意無不諦。朱子嚴辭辯斥，實顯顢頇；而亦以義理系統有異，故不能有相應之契知耳。（註二〇）

丙、張栻（南軒）——見後

丁、彪居正，字德美，湖南湘潭人。其父虎臣，嘗從文定游，居正奉父命師事五峯。居正之著述不傳，但在五峯門下地位甚高，當時有彪夫子之稱。朱子與南軒之書信，亦稱居正爲彪丈，則其年輩當略長於朱子。

戊、吳翌，字晦叔，號澄齋，福建建寧人，遊學於衡山，師事五峯。五峯沒，又與南軒、廣仲、伯逢游，南軒門人在衡湘者甚衆，無不從晦叔參決所疑。孝宗淳熙四年卒，四十九歲。晦叔亦與朱子辯論「觀過知仁」，朱子對湖湘學者從逆覺之路以言觀過知仁之義，無相應之了解，又不喜就「主體」言仁，不喜言「仁體」。實則，人若將孔子「觀過，斯知仁矣」之指示收歸於「主體」而付諸實踐，眞去作實踐的觀省，則在此觀省之中必眞能怦然心動，知其偏失之過而不安，而期有以化除之；進而亦必眞能豁然醒悟，豁然自證，原來只此怦然心動、知偏失而不安之心，卽是吾人之本心，卽是仁體，卽是仁心覺情。此便是就「觀」字所呈露的本心以識仁之切義與實義。故晦叔又有「先知後行」之說。此是承明道「學者須先識仁」以及五峯「先識仁之體」而來。「先知」是先知仁體，先由逆覺的體證以知仁體，亦卽伯逢所謂「必先有所覺知，然後有地可以施功而爲仁」也。此亦大體卽是「先察識後涵養」之路。（察識有殊義，非朱子所意謂之察識）。朱子反對逆覺體證之先識仁之體，故亦辯駁「先知後行」之說。

以上是五峯重要之門人及其學問之脈路。全祖望說「五峯弟子，寥寥寡傳」，而且五峯之學，一傳而衰，此何以故？筆者以爲湖湘之學不振不傳，其故不外下列數端：

1.五峯卒時（姑以紹興三十一年爲準），其門人年歲可考者，如胡廣仲年方二十六歲，張南軒二十九歲，吳晦叔三十三歲。一般學者思想家之成熟，總在四十以後。而就上舉三人的年歲看，當五峯謝世之時，他們的學問大體尚未成熟，而鍛鍊之功亦可能有所不足，對於弘揚師門學術，或難免力不從心。

2.五峯門下，除張南軒外，大多潛隱湖湘講學，少與各方學者通聲氣；而南宋時代的湖南，亦不算是學術之區，所以五峯門下的衡麓講學，影響不大。

3.五峯卒後，張南軒儼然爲同門領袖。但南軒並不能守護師門之學，且隨順朱子之說而評議五峯之「知言」，說見後。

4.胡廣仲、胡伯逢、吳晦叔，雖堅守師說，紛紛與朱子南軒辯論，但他們之學力既皆不如朱子，而又享年不永（廣仲三十八、早朱子二十七年卒，晦叔四十九、早朱子二十三年卒，南軒四十八，亦早朱子二十年卒），未能繼續發明師學，所以終爲朱子所貶壓。

5.湖湘學者雖遭朱子駁斥，卻並未服輸，亦不表示他們論點站不住。但一則僻處湘衡，聲光不顯，而雙方又只是書信往返以致辯，他們的論點與立場，局外人鮮有知聞。二則在雙方論辯之時，陸象山已崛起江西，成爲朱子最大之論敵，而廣仲與晦叔卒時前後，朱子與象山且有鵝湖之會（淳熙二年，西元一一七五），此後，天下耳目爲「朱陸異同」所吸引，而湖湘之學便從此寂然隱沒了。

三、張南軒之不善紹述

五峯門下最有聲光的是張南軒，而對師門之學最不善於紹述的，亦是張南軒。南軒名栻，字敬夫，亦作欽夫。生於高宗紹興三年，卒於孝宗淳熙七年（西元一一三三——一一八〇），四十八歲。本四川綿竹人，隨父遷居衡州。父浚，爲中興名將，並做過高宗朝的丞相。南軒天資明敏，又因父親之故，早在社會出頭。五峯卒後，學者多歸南軒，黃梨洲所謂「湖南一派，在當時爲最盛」，主要卽指南軒門下而言。

南軒初欲拜謁五峯，五峯「辭以疾」。人以爲異，五峯云：「渠家好佛，見他則甚？」南軒聞言，再次涕泣求見，始得受業。（註二一）據南軒自己說：「始時，聞五峯胡先生之名。……辛巳之歲（紹興三十一年，南軒二十九歲），方獲拜於文定公草堂。……然僅得一再見耳，而先生沒。」（註二二）又說：「所恨在先生門闌之日甚少。」（註二三）南軒在五峯門下，親炙之日既短，則其所得蓋亦甚淺而未能眞切。所以當朱子作「胡子知言疑義」非難五峯之學時，南軒與朱子書信往返，形式上是辯論，事實上大多隨着朱子的議論走，甚至還說他老師的「知言」一書，某處「爲病矣」，某處「誠爲未當」，某處「不必存」，某處「當刪去」，某處「當悉刪去」一類的話（註二四），因而引起五峯子弟門人之不滿。

牟先生指出，觀乎南軒(1)反對「以覺訓仁」，(2)放棄胡廣仲等之觀過知仁說，(3)贊同朱子之「知言疑義」；由此三端，卽可知南軒並不眞能眞切於五峯學之義路。而今存之南軒文集與宋元學案南軒學案之所存錄，大體只是一些人皆可說的教誡勸勉語，而涉及義理之處亦多浮泛而無實，幾乎看不出五峯學之痕迹。然則，南軒實乃五峯之不肖弟子也。（註二五）

南軒之資質雖稱明敏，心思亦活潑，但秉性清弱，體未强固。（故易爲朱子所牽轉，朱子亦正以此故對他生好感而常加稱賞。）呂祖謙與朱子書有云：「張荊州（南軒）從遊之士，多不得力，不知何故如此。」（註二六）南軒沒後，「其弟子盡歸止齋。」（註二七）可見南軒之門雖一時稱盛，而其學實無眞切之義路，故不足以挺拔自立。

四、朱子之「知言疑義」

朱子云：「知言疑義，大端有八：1.性無善惡，2.心爲已發，3.仁以用言，4.心以用盡，5.不事涵養，6.先務知識，7.氣象迫狹，8.語論過高。」（註二八）朱子之致疑於「知言」一書，或由於思想格局不同，而形成本質上之隔閡；或由於對詞語指意之解釋不同，而造成誤會；或根本是由於朱子自己一些不必要之忌諱；所以嚴格說來，他這八端致疑，幾乎沒有一端是完全相應的。玆本牟先生之意，作一簡括之疏別。

1.在五峯，「性」是「天地之所以立」，是「天地鬼神之奧」。這是本於「於穆不已」的天命之體說性，性是一個超越的絕對體。它超越善惡之對待，所以沒有「善惡相對」之「善惡相」，但卻不是「性無善無不善」的「中性」義。朱子泛泛以「性無善惡」致疑，並不中肯。

2.知言云：「心也者，知天地宰萬物以成性者也。」又云：「性之流行，心爲之主。」這是就道體之活動義說心，心爲形著原則，其思理是「盡心成性」「以心著性」。若在此說「心爲已發」，亦是就心的形著之用說，是就寂然不動、感而遂通，寂感一如、發而不發的整體說；而所謂發，亦決不是激發之發，不是劃開「未發」「已發」而就「性動而爲情」的已發之情上說心。故朱子之評，實不相應。

3.五峯說「仁」，實本於程明道言「仁體」之意，仁心體物而不遺，仁卽是「體」，盡心卽是盡仁，並不是「仁以用言」。朱子以「仁爲理，愛爲情」的格局去衡量，以爲五峯是單就愛之情用而言仁，這自是誤會。（按、朱子所意謂的心，是實然的心氣之心。仁屬於理，亦只是理，而愛之情用則屬於心。心不能卽是理，亦不能與仁爲一。故於五峯盡心以盡仁之義，不能相契。）

4.盡心以成性，亦不是朱子所謂「心以用盡」。在此說用，亦非「激發起而爲情」的情變之用，而是形著之用，是「寂然不動、感而遂通」的神用之用。而神用亦卽神體，這仍然只是一心體；而且通過心體之神用以著性，則心與性爲一，所以結果亦只是一性體。

5.在五峯，涵養是涵養本心，亦卽孟子言「操存」「存養」是存養本心之意。這並不是「不事涵養」。只是五峯之涵養本心，與伊川朱子所說之涵養乃涵養吾人收斂凝聚之敬心，二者有不同耳。（其實，涵養本心，乃是通義。）

6.所謂「先務知識」，是針對「先察識後涵養」而言，依五峯，先察識是「先識仁之體」，這與明道所謂「學者須先識仁」之義相同。逆覺而體證仁體（本心），是自覺地作道德實踐之本質的關鍵，五峯所謂知或識，便是就此逆覺之體證而言，而不是朱子所意謂的單施於「已發」的察識。（就良心發見而逆覺體證之，此「良心發見」之發，亦不是情之已發的「發」。）

7.至於說「氣象迫狹」，是以「知言」與張子「正蒙」相比較而言。知言自不如正蒙之沉雄弘偉，而所謂氣象，亦與生命人格氣質有關，並非專屬義理。義理當以精當爲主。朱子只浮泛地說氣象，而不能正視「知言」的義理之實，自非相應之評議。

8.最後所謂「語論過高」，亦是朱子常用以說程明道之語意。其實「語論」只問的當不的當、中肯不中肯，扼要不扼要，只問是否達於精微而不背於廣大，是否極高明而不違於中庸，是否尊德性而不外於道問學。眞理無涯，只有見不到處，那有所謂「過高」？孟子說：「中道而立，能者從之」，因爲規矩繩墨不可廢也。人只怕不及於高，不應該以高爲病、以高爲忌。而朱子念念不忘此意，形成許多不必要之忌諱而時有不夠開朗暢通之論，反倒不免「迫狹」。

在朱子疑難「知言」之時，張南軒非但不能發明師門義理，而且隨順朱子之論，而評議（實際是反誣）師書。當時呂祖謙亦參加討論，卻較明達而時有平允相應之了解。朱子雖不解「知言」之理路，但其疑難卻是依據自己之思理鄭重而論，所以當南軒說「此一段大抵意偏而辭雜，當刪去」之時，朱子反而說「某詳此段，不可盡刪」云云。（註二九）可見主動之權全在朱子，南軒不過附隨而已。到最後只能堅持「先察識後涵養」，然僅此一義，又何足以挺顯師門之義理？宜乎朱子門人陳北溪謂「南軒從晦翁轉手」也。（然南軒實亦不解朱子之學。）

五峯之學，雖一傳而衰，然「知言」一書，實多警策精闢之處。呂祖謙謂「知言勝似正蒙」（見五峯學案全祖望按語），此或稱許過當，但就思理之精微扼要而言，亦確有正蒙所不及之處。下章將分爲四節，以略述「知言」一書之大義。

附註

註　一：南宋學派之分，除湖湘之學、閩中朱學、江西陸學之外，還有「浙學」。浙中鉅子，(1)呂祖謙東萊稱婺學，其學於義理之外，究心文獻，凡禮樂兵農制度之事，無不博涉，故朱子稱其長於史學。(2)薛季宣艮齋、陳傅良止齋、葉適水心，稱永嘉學派，倡言經制事功。(3)陳亮同甫爲永康學派，專言事功，有「義利雙行，王霸並用」之說。唯就內聖成德之學而言，浙學不免駁雜，故通常不視爲理學正宗。浙學所論，乃外王事功與歷史文化之問題，其價値自不可忽，須當別論。

註　二：見宋元學案卷三十四、武夷學案胡文定案按語。

註　三：見武夷學案胡文定案傳文引述。

註　四：同註二。

註　五：見武夷學案胡文定案附錄下黃百家語。

註　六：見宋元學案卷四十二，五峯學案傳文引述。

註　七：見武夷學案、薛微言案傳文。

註　八：見宋元學案卷四十三，劉胡諸儒學案胡籍溪案附錄下附載全祖望「書宋史胡文定傳後」。

註　九：見宋元學案卷四十一，衡麓學案胡致堂案附錄。

註一〇：見衡麓學案「崇正辯」第四條。

註一一：見衡麓學案「崇正辯」下、黃宗羲案語引述。

註一二：按、就安身立命而言，此肯斷之態度乃義理之必然。不能肯斷，則不足以自立，亦不足以承先啓後。人勸甘地接受基督，他說：「我已生而爲印度人了！」此卽肯斷之態度。他若接受一外邦之救主，則亦不過一普通之基督徒耳，何足爲印度民族文化之所託命？何足以表現其德慧義勇而爲聖雄？又何足獲致西方世界之欽仰？此其故，大堪一思！若就純客觀之學術研究而言，則是者還他是，非者還他非，一二是處亦須承認而不容抹煞。然而學術上之承認與吸取，固不得作爲逃於異端之藉口也。又，二程遺書第一，二先生語中有一條云：「舊問學佛者，傳燈錄幾人？云，千七百人。某曰：敢道此千七百人、無一人達者！果有一人見得聖人「朝聞道、夕死可矣」，與曾子易簀之理（明道有云：曾子易簀之意，心是理，理是心，聲爲律，身爲度也），臨卒時，須尋一尺布裹頭而死，必不肯削髮胡服而終。是誠無一達者！禪者曰：此迹也，何不論其心？曰：心、迹，一也。豈有迹非而心是者耶？」按此條當是明道語，純是文化意識道德意識之透顯挺立，此方是眞棒喝，大肯斷，只恐今之君子無力承當耳。

註一三：見衡麓學案首全祖望案語。唯全氏所謂「洛學陷於異端之日」，亦須有所簡別。二程門人後學雖亦有人流於禪（如游定夫），但一般所謂某某是禪一類的話，則只是朱子造成的無謂之禁忌。在朱子眼裡，不特龜山門下張橫浦是禪，謝上蔡以覺訓仁亦是禪，甚至明道一些話頭，朱子亦以爲是禪，此種無謂之禁忌，甚害事。後來他又指象山爲禪，皆是自家心中之禁忌作祟。直至今日，朱子此類無謂之言，仍然騰播衆口，甚可歎也。

註一四：見武夷學案胡茅堂案傳文。

註一五：皆見全祖望「書宋史胡文定傳後」。

註一六：所引諸語，並見宋元學案卷四十二、五峯學案傳文，及案首全祖望案語。

註一七：見五峯學案附錄。

註一八：並見五峯學案胡廣仲案。

註一九：見張南軒文集卷一，答胡伯逢書。

註二〇：關此義理之辨析，請參看牟先生「心體與性體」第三冊第四章第四節。

註二一：見五峯學案與南軒學案附錄。

註二二：見南軒文集卷二、答陳平甫書。

註二三：見南軒文集卷一、答胡伯逢書。

註二四：皆張南軒與朱子討論「知言疑義」時語。今宋元學案五峯學案中並見。

註二五：參看牟先生「心體與性體」第三冊三二六、三二七頁。

註二六：見南軒學案附錄。

註二七：語見宋元學案卷七十一、嶽麓諸儒學案胡季隨案傳文。止齋，卽陳傅良君擧。

註二八：見朱子語類卷一百一。胡康侯（文定）下附論五峯處。

註二九：見五峯學案附錄「知言疑義」第七段。

第二章　胡子「知言」大義綜述

第一節　即事明道，道無不在

一、即事以明道：道充乎身，塞乎天地，無所不在

「道充乎身，塞乎天地，而拘於墟者不見其大；存乎飲食男女之事，而溺於流者不知其精。諸子百家億之以意，飾之以辯，傳聞習見蒙心之言，命之理，性之道，置之茫昧則已矣。悲夫！此邪說暴行所以盛行，而不為其所惑者鮮矣。然則奈何？曰：在修吾身。夫婦之道，人醜之矣。以淫欲為事也。聖人則安之者，

以保合為義也。接而知有禮焉，交而知有道焉，惟敬者為能守而弗失矣。語曰：樂而不淫，則得性命之正矣。謂之淫欲者，非陋庸人而何？天得地而後有萬物，夫得婦而後有男女，君得臣而後有萬民，此一之道也，所以為至也。」

此是「知言」之首段，直下即「事」以明「道」。所謂「事」，是指行爲之所及，亦即以己身爲本所涉及的日常生活，乃至於日常生活所涉及的一切有關之事。所謂「道」，是指通過道德實踐所要彰著之道，亦即道德律令、道德法則、道德性的實理天理之道。即事以明道之「即事」，是表示⑴不離開道德實踐之中心，⑵不離開人本人文之立場。平常所謂「即用顯體」「即器明道」，亦同樣不能離此中心與立場而空言泛言；否則，「即用」未必能顯道德性之實體，「即器」亦未必能明道德性之天道。反之，有此中心以提挈之，有此立場以貞定之，則「即事以明道」亦自無窮盡、無限量，故胡子知言開宗明義第一句便說：「道充乎身，塞乎天地」。所謂「拘於墟」，是爲私意私見所固蔽，所以不見道之大；「溺於流」，是爲私欲惡情所陷溺，所以不見道之精（精純、精微）。此皆由於未能開啓其本心，清澈其生命本體，以眞作道德實踐之故。若能解除其私意私見之固蔽，超拔其私欲惡情之陷溺，則自能見得「道」本是「充乎身，塞乎天地」，而無所不在。所以「即事以明道」，乃是由己到人、由己到物之無窮盡無限量的道德實踐，是至廣大而又極精微的。

所謂「人本」，當然不是以現實之人爲本，乃是以現實之人事爲道德實踐之起點與落點，而眞實的「本」是在「道」。中庸云：「道不遠人，人之爲道而遠人，不可以爲道。」道德性之道，固然不離道德實踐之事而表現，亦不離乎此道德實踐而別有所在，然既是「道」，則亦「無所不在」。蓋人之心量無窮，「親親而仁民，仁民而愛物」，其終極必然與天地萬物爲一體。所以通過人的道德實踐而彰著之道，是無限極而無所不在的。此即牟先生所謂儒者之「道德的理想主義」而亦函有一「道德的形上學」之故。

陸象山嘗言：「宇宙內事，卽己分內事；己分內事，卽宇宙內事。」因爲「天地之大德曰生」。天道生生，仁道亦生生。個人道德實踐（道德價値之創造、道德行爲之純亦不已）之道德秩序，與宇宙生化（天命之體之於穆不已）之宇宙秩序，其內容的意義是同一的。此義實乃儒者共同之肯定，無人能夠悖違。若離此義而空言性命天道，便是「億之以意，飾之以辯，傳聞習見蒙心之言」，便是將「命之理、性之道，置之茫昧」，如此，性命之道則必違失其道德實踐之中心與人本人文之立場，而歧離飄蕩。惟有卽事明道，就「己身」以爲道德實踐，則雖屬飲食男女之事，只要「接而知有禮，交而知有道」，能就實然之事而「敬」其當然之理（生之理、保合性命之理），「守而弗失」，「樂而不淫」，便可以得性命之正。

中庸云：「君子之道，造端乎夫婦，及其至也，察夫天地。」（察，昭著也。）中庸之言，與五峯所謂「天得地而後有萬物，夫得婦而後有男女，君得臣而後有萬民，此一之道也，所以爲至也」。二者所陳之義，正可相參。

二、天理人欲，同體異用、同行異情

「天理人欲，同體而異用，同行而異情；進修君子，宜深別焉。」

此段是根據首段「道充乎身，塞乎天地，而拘於墟者不見其大；存乎飲食男女之事，而溺於流者不見其精」，而提示的警戒之辭。同一飲食男女之事，溺於流者，謂之「人欲」；不溺於流者，謂之「天理」。所以說「天理人欲，同體而異用，同行而異情」。「同體」是「同一事體」，而非同一本體；「異用」是異其表現之用，而非體用之用。「同行而異情」，與「同體而異用」，是同意語。「同行」是同一事行，並非混雜並流。「異情」是說在同一事行上「異其情實」，而所謂異其情實，亦卽是溺與不溺之異。因爲天理人欲雖屬同一事體，而表現上卻顯示其不同之用；雖屬同一事行，而其情實卻有溺與不溺之異。所以接着說「進修君子，宜深別焉」。

五峯在此所表示的義理，甚爲顯明，並無隱晦之處。而朱子卻說「此章卽性無善惡之意」，又說「今以天理人欲混爲一區，恐未允當」。（註一）關於「性無善惡」之評，觀下文第二節之二、則疑自解，玆不贅。而說此段以天理人欲「混爲一區」，亦是大誤解。若眞是天理人欲混爲一區，則根本就是乖謬，又豈止是「恐未允當」而已。五峯明明說「進修君子，宜深別焉」。既已警戒他人應加「深別」，自己又何至於「混」爲一氣？且首段云：「夫婦之道，人醜之矣，以淫欲爲事也。聖人則安之者，以保合爲義也。接而有禮焉，交而有道焉，惟敬者爲能守而弗失也。」同是夫婦之道，以淫欲爲事，便是醜行，便是人欲。以保合爲義，敬而弗失，便是天理。（易乾彖：「保合太和，乃利貞。」疏云：「純陽剛暴，若無和順，則物不利，又失其正；以能和安合會太和之道，乃能利貞於萬物。」按夫婦之道，卽是乾坤陰陽之道，此聖人之所以安於夫婦之倫也。）這豈不卽是：同體而「異用」，同行而「異情」？安得謂之「天理人欲混爲一區」？

朱子之生此誤解，一是由於對五峯之義理有本質上之隔膜，二是由於他對「同體」二字之解釋，前後不一致。朱子作知言疑義，前文解「同體」二句爲「有同事而異行者焉，有同行而異情者焉」，意尚不差；而後文卻又說「既謂之同體，則上面便着人欲二字不得……當見本體實然只一天理，更無人欲」。在此他忽然將意思滑轉，而解同體爲同一本體，此既不合五峯原文之語意，而自己之解說亦前後違異，其爲誤解可知。（按、若如朱子所解，五峯之意是以天理人欲同一本體，同根而發而混雜並流，果爾，則與浪漫文人「任吾情卽性也，率吾性卽道也」之狂蕩濫肆，又有何別？如此，則是厚誣五峯，不止誤解而已。）

三、道不在性外：由好善惡惡說性體之至善

「好惡，性也。小人好惡以己，君子好惡以道。察乎此，則天理人欲可知。」

「好惡、性也」之「好惡」，卽孟子「其好惡與人相近也者幾希」之好惡，亦卽孔子所謂「唯仁者能好人能惡人」之好惡。故「好惡」絕不是普通所謂喜歡不喜歡，而是「好善惡惡」之謂。五峯由好惡說性，是由好善惡惡說性體之至善。性是一超越之絕對體，它超越善惡之對待，所以沒有善惡相對之「善惡相」。朱子卻指說此段「亦是性無善惡之意」，這當然是誤解。五峯嘗言：「性」爲「天地之所以立」，爲「天下之大本」（皆見後），則此性必然是絕對至善的，如何會是「性無善惡」？朱子只以告子「性無善無不善」的「中性」義，

去想五峯所說之性，可謂隔閡已甚！而謂中性之自然，能發出「好善惡惡」之道德命令乎？

惟人雖能「好善惡惡」，性體亦能發出好惡之用，然而當人實際表現此好惡之用時，卻亦不免常有夾雜而不能稱性體而發。「小人好惡以己」，卽是夾雜己私，表面上好像是好善惡惡，而實情（底子）卻是「人欲」，所以終於爲「小人」。「君子好惡以道」，則正是稱性體而發，故其好惡純是「天理」。稱性體而發，卽是「好惡以道」。「道」並不在「性」之外也。朱子卻疑此段是表示「道在性外，性外別有道」，可謂無的放矢。

須知君子與小人同是好善惡惡之心，這是同體、同行；而有天理人欲之別，則是異用、異情。人一有夾雜，便好惡不得其正，所以孔子說「唯仁者能好人能惡人」。若非仁體澄澈、仁心呈現，安得好得其正、惡得其正？好惡若失其正，則其好惡便只是人欲，所謂「愛之欲其生，惡之欲其死」者是也。（如今鬧戀愛而毀容者卽其顯例。）五峯之言，極其顯明地是順孔孟之意而作申述。而末句云：「察乎此，則天理人欲可知。」正是告誡人反己體察「好惡以道」與「好惡以己」之不同，以深察孰爲天理？孰爲人欲？稱性而發，卽是天理；天理流行，卽是道。其義深切如此，尚何可疑？

第二節 心與性

一、心之大與久，以及心之永恆遍在性

1.心之「大」與「久」

「天下莫大於心，患在不能推之爾；莫久於心，患在不能順之爾；莫成於命，患在不能信之爾。不能推，故人物內外不能一也。不能順，故死生晝夜不能通也。不能信，故富貴貧賤不能安也。」（附識，見頁六十八）

此段點出「心」之重要。「心」是體現「道」的形著原則。人想就「己身」以從事道德實踐，其第一要務，即是恢復「本心」（天心），以使吾人之行為純依「本心自發之道德律令」而行。

心本大本久。「大」是指說心之絕對的普遍性，但此不是抽象地說，而是具體的就心之「無隔無礙、無內無外、遍體萬物而不遺」，以指出心的絕對普遍性。人有心，故能「推」。苟能大其心量，由內推於外，由人推於物，自然無人物之別、內外之分，自然與家國天下、天地萬物爲一體。反之，若是桎梏於聞見之狹，局限於氣稟之昏，則不能推，「不能推，故人物內外不能一也」。

「久」是指說心之永恆無盡性。這亦不是抽象地說，而是具體的就心之「無生無滅、永恆常在、通徹不已」，以指出心的永恆無盡性。但若桎梏於聞見之狹，局限於氣稟之昏，便不能稱其體而順其用。「順」者順通之謂。「不能順，故死生晝夜不能通也」。「大」是橫說，「久」是縱說。能推之順之，則「心」本就是體物而不遺，通乎死生、晝夜、幽明而不隔者。推之順之，亦即是「盡之」。孟子言「盡心、知性、知天」，明道言「只心便是天」，五峯言心之「大」「久」，又言「推」「順」，則心與性固是一，心性與天亦同樣是一。這是上承先秦儒家舊義，通過明道「一本」之論，而必然要出現的一步肯定。

第三句是言「命」。命是「限制原則」，限制是對吾人之妄求幸福（富貴壽考等）而言。人生途程上一般性的限制，自須層層突破；但作爲限制原則的這種限制（命），則須知之，並安而信之（居易以俟命，知足而不妄求）。因爲人不知命，則將行險以僥倖，倒行而逆施，以期求非分之幸福。如此，則不能樂天安命，既不能「久處約」，亦不能「長處樂」。由此可知，對人妄求非分之福的這個限制原則，決不可隨意忽視。故五峯云「莫成於命（成、乃「定」之義），患在不能信之爾；不能信，故富貴貧賤不能安也」。孔子嘗謂：「不知命，無以爲君子」。五峯於此，不過轉「知」字爲「信」字耳。（惟用「信」字，義雖可通，而亦易滋誤會，仍不如「知」字爲佳。）

2.心之遍在性

「心無不在。本天道變化，為世俗酬酢（朱子擬改「世俗」為「日用」，可）。參天地，備萬物。心之為道，至大也，至善也。放而不知求，耳聞目見為己蔽，父子夫婦為己累，衣裘飲食為己欲。既失其本矣，猶皆曰我有知，論事之是非，方人之長短，終不知其陷溺者，悲夫！故孟子曰：學問之道無他，求其放心而已矣。」

此段言心之遍在性，仍然是「體物不遺」之義。「本天道變化」之「本」字，非根據義，乃相應義。本心呈現，則相應天道變化「爲世俗酬酢」，而應事接物亦莫非天理之流行。

「參天地，備萬物」，而無一物之能外，此卽明道所謂「只此便是天地之化」。若推廣而言之，科學之神奇，亦仍然是心能之呈現發用。離開心靈之創造，物之質能亦不能盡其神奇之用，而終只是物而已。「天地之化」之「善」，正是通過心之覺潤創造而豁顯而形著者，所以說「心之爲道，至大也，至善也」。

但本心一旦放失，則大地平沉，不但「人物內外不能一」，就是一身之「耳聞目見」亦莫非「己蔽」（目盲於五色，耳聾於五音，卽是蔽），最親之「父子夫婦」亦徒成「己累」（佛氏怕累，故主出家，此仍是私。故孟子曰：不擴而充之，不足以事父母），而每日苟苟營營於「衣裘飲食」，亦只是爲一己之軀殼與口腹之「欲」而已。因爲大本一失，無論說是說非，較短論長，都只是私意、私欲、私智、私見，而不是本乎心之靈明的價値判斷。所以孟子說「學問之道無他，求其放心而已矣」。求放心，卽是要本心呈現。本心呈現，則隨事隨物而無不徧在。天理是本心仁體之顯發，所以亦在盡心中呈現。本心自己卽是規矩，它時時呈現作主，人便能從陷溺中超拔挺立，以從事道德實踐。而道德實踐，必以道德自覺爲本務。警覺而復其本心，純依心之天理而行，此之謂道德自覺。心不放失，則存養之、充盡之，一有放失，則警覺而求之，此便是工夫的切義。若離此工夫而別言所謂下學工夫，則只是第二義以下的後天助緣工夫。凡離開本心仁體而言工夫，皆非切要。心本大、本久、本善，攝理以歸心，則日用酬酢莫非天理之流行。理遍在，心亦遍在。五峯言心相應天道變化而爲世俗酬酢，以參天地、備萬物，卽是說的本心之「沛然莫之能禦」。心之沛然莫禦，亦卽是天道變化。而心卽是性，故此意與中庸「率性之謂道」之義，亦正相通。

3. 心無生死，永恆常在

或問：「心有死生乎？」曰：「無生死。」曰：「然則人死，其心安在？」曰：「子既知其死矣，而問安在耶？」或曰：「何謂也？」曰：「夫唯不死，是以知之，又何問焉？」（按、本心不死，故知人之死。永恆遍在之本心，豈因個體之死而不存在耶？）或曰：「未達。」胡子笑曰：「甚哉，子之蔽也！子無以形觀心，而以心觀心，則其知之矣。」（按、以形觀心，是以形氣之作用看心；以心觀心，是從心之靈明以觀普遍永恒之本心。）

此段言心無生死，是點出心之「永恆常存」義，亦本於前文言心之「大」與「久」而來。

伊川嘗言「心豈有出入？亦以操舍而言也」。孔子所謂「操則存，舍則亡，出入無時，莫知其鄉」。乃是描述語，譬解語。實則，心本身永恆遍在，它不是一個物，故實無出入，無存亡，亦無所謂「生死」。心只有隱顯，並無生滅。「操則存」是顯，「舍則亡」是隱。存亡是從人之操舍上說，不是就心本身之存亡上說（心之本身無存亡）。五峯所說的心，是實體性的道德的本心，此是莫大莫久而至善的，是永恆而遍在的。

本心即是仁心。所謂「子無以形觀心」，即表示不可從形氣看心，亦不可從個體的心靈或靈魂看心。因此，所謂「心無生死」，亦不是「靈魂不滅」之義。朱子根據他自己「心性情三分，理氣二分」之格局，所以對五峯與象山之言本心皆起誤解。他以屬於形氣之「虛靈知覺」言心，認爲心乃「隨形氣而有始終」者，此正是「以形觀心」。而「以心觀心」，即是從道德踐履之盡心上，肯認並證實本心仁體之遍潤一切，體物不遺；此「於穆不已，純亦不已」之本心仁體，必然永恆而遍在，豈有不在之時？至於「人死其心安在」之問，卻是向范縝之「神滅論」想。范縝曰：形猶刀也，神猶利也；未聞刀亡而利存，安有形滅而神存者乎？若針對此「形滅，心神亦滅」之義，辯說人死而心仍存在，則是向「靈魂不滅」之路想。無論滅不滅，都不是儒家言本心之義。而五峯答問之言，則正是從本心看心，以說明心之永恆常存義，而不是落在個體形氣上說。

若依朱子之說，心只是形氣之「虛靈知覺」，「隨形氣而有始終」，則「以心傳心」之言便不能說。惟有普遍的永恆無盡的本心仁心，纔能超越時空而留傳。其實，亦不是單方面的留傳，而是己之本心因往聖前賢之感發而遂呈現耳；卽使未受往聖前賢之感發，而由於心同理同之故，己之本心亦自能呈現擴充，而與往聖前賢若合符節。故明道曰：「非傳聖賢之心也，傳己之心也。」象山兄弟亦云：「聖賢相傳只此心」，「斯人千古不磨心」。己之心，聖賢之心，一也。這個千古不磨之心，卽是無生滅，無生死，而永恆常存的本心。

二、性爲超越之絕對體，無善惡之對待相

1 性體至善，超善惡相

或問性，曰：「性也者，天地之所以立也。」曰：「然則孟軻氏、荀卿氏、揚雄氏之以善惡言性也，非歟？」曰：「性也者，天地鬼神之奥也。善不足以言之，況惡乎哉！」或又曰：「何謂也？」曰：「某聞之先君子曰：孟子所以獨出諸儒之表者，以其知性也。某請曰：何謂也？先君子曰：孟子之道性善云者，歎美之辭，不與惡對也。」

此段明白指出「性」超善惡之對待相，是超越的絕對體，是至善。至善之善，不是與惡相對之善。凡與惡相對之善或與善相對之惡，都是表現於事上的善惡相，是相對的善惡。這

種相對的善惡乃是價值判斷上的指謂謂詞，如某事（行爲）中節卽爲善，不中節卽爲惡。但是作爲絕對體的性體自身，却並不是「事」，所以不能用「作爲價値判斷上的指謂謂詞」之善惡，來指述它。五峯所謂「善不足以言之，況惡乎哉」？卽表示這個超越善惡對待的至善之性體，不僅不能以「惡」來指謂，就是「善」亦不足以指謂這個超越善惡對待的絕對體。

然則，孟子何以言性善？五峯乃引述其父文定公之言曰：「孟子之道性善云者，歎美之辭，不與惡對也。」意思是說，孟子所謂性善之善，不是與惡相對的善，而是對至善之性體的歎美之辭。孟子由「本心卽性」所說的、人之「內在道德性」之性體自己，是絕對的至善，是無條件的定然之善，是「體」善而不是「事」善。所謂「歎美之辭」，乃是稱體之自性而歎美之，與「價値判斷之謂詞」並不同。這個超善惡相的絕對體之至善，乃是價値判斷的標準，而且是絕對的標準，故不接受判斷。

其後，陽明四句教亦云：「無善無惡心之體」。蓋心體亦超越善惡之對待（心體卽性體），不可以相對的善或惡來指謂。然良知心體實是純粹至善的本體，故傳習錄又云：「無善無惡，是謂至善。」意卽那超越善相惡相之對待的絕對體，卽是至善的心體。後人對四句教首句起誤會，過不在陽明，而在後人解悟之不及。據此，亦可證知五峯對性體之體悟，是眞切的、恰當的。朱子旣誤會五峯言性是「性無善惡」，在語錄一百零七論「程子門人」附論胡康侯

（安國）及其子侄處，又以很長的篇幅，反覆辯難「知言」謂「性不可以善惡言」之謬。此皆由於未能虛心會解胡氏父子之實意，對「性體至善，超善惡相」之義，沒有相應的解悟之故。

2. 性是形上的實體

五峯「知言」書中言「性」的重要語句，有：

(1)「有而不能無者，性之謂與！」
(2)「萬物皆性所有也。」
(3)「性，天下之大本也。」
(4)「性也者，天地之所以立也。」
(5)「性也者，天地鬼神之奧也。」

第(1)句是對佛家而言。性體是實有，它顯發的理是實理、天理，不是像佛家所說之空理、空性。佛家言緣起性空，由無自性入；儒家則由道德心之顯發實理天理而說性。五峯此言，與張子正蒙所謂「未嘗無之謂體，體之謂性」（誠明篇），義正相同。其餘(2)至(5)四句亦皆明白表示性是「形上的實體」。而五峯如此言性之背景，實卽那超越的「於穆不已」的天命流行之體。此是上承北宋濂溪、橫渠、明道，由中庸易傳之路，自「於穆不已」之體而言性，是形上地（本體宇宙論地）統體而言之。故曰「萬物皆爲性所有」，「性」爲「天下之大本」，爲「天地之所以立」，爲「天地鬼神之奧」（註二）。至於孟子，則自「內在道德性」而言性，是由心善而言性善，是經由道德自覺而道德實踐地言之。二者所言之性，都是從體上而說的性，都是稱體而言的至善性體，但二者的進路卻有不同。

在孟子，是本心卽性，盡心卽知性，知性卽知天；人在道德實踐中，根於內在的道德心性所表現的、道德創造或道德行爲之「純亦不已」，卽可印證、證實，並滲透那「於穆不已」的奧體之性。而五峯上承周、張、明道，是由中庸易傳之講道體性體，而回歸於論語孟子之講仁與心性。回歸之後，必須對超越的道體性體有一回應。（這是不可少的，是必然要出現而完成的一步。）此便是盡心以成性，以心著性。因着心之形著，而使天命流行之體（性體）成其爲眞實而具體的性。總之，二者皆是亦超越亦內在，但孟子之盡心知性知天，是向上透，是由內在而超越；在五峯則是天命之謂性，是向下貫，再形著它，這是由超越而內在。到最後，二者的內容意義是同一的，皆是心性爲一。（在孟子，心性本已是一，進一步心性與天爲一。在五峯，統體而言之的性體固然無外，「盡心以成性」的心體亦無外，此便是「以心著性」中的心性爲一。——明道是在圓頓一本中直言心性天是一，他並未意識到以心著性義

（他已跨過此義）。以心著性義是五峯所代表的思路，後來劉蕺山於此義尤爲精切。

第三節　以心著性、盡心成性

「天命之謂性。性，天下之大本也。堯、舜、禹、湯、文王、仲尼六君子先後相詔，必曰心，而不曰性，何也？曰：心也者，知天地宰萬物以成性者也。六君子者盡心者也，故能立天下之大本，人至於今賴焉。不然，異端並作，物從其類而瓜分，孰能一之！」

一、自性原則與形著原則

「性」爲客觀性原則，爲自性原則；心爲主觀性原則，爲形著原則。性，爲「天下之大本」，爲「天地之所以立」，它至爲高尊，亦至祕至奧（性爲天地鬼神之奧），但若非心之形著，則性便不能彰顯。所以性至尊，而心則至貴。性之所以至尊，是因爲它是形而上的實體；心之所以至貴，是因爲它能形著性。如果只有自性原則而無形著原則，則性體便只潛隱而自存，它自身並不能彰顯它自己以眞實化具體化。

「心」能「知天地，宰萬物」。知天地之「知」，如易傳「乾知大始」之知，乃是「主」之義。所以心之「知天地」與心之「宰萬物」，義實相同。「知天地」不是認知心之認知的「知」，而是實體性的心之直貫（本體宇宙論的直貫）；知之（主之）卽是通澈之，通澈之卽是實現之。所以，心對性而言是形著原則，而對天地萬物而言，則是生化原則或創生原則。（按、性體亦是生化原則，但性須藉心之形著而彰顯，故五峯直接就心而言。）

二、以心著性，盡心以成性

「心也者，知天地宰萬物以成性者也」。此所謂「成性」，不是「本無今有」之成，而是形著之成；意卽因心之形著，而使性成其爲眞實而具體之性。潛隱自存之性，步步彰顯而形著，此卽所謂「成性」。「六君子盡心者也，故能立天下之大本。」所謂「立天下之大本」之立，亦不是「本無今有」之立，而是形著之立；意卽由於「盡心」，纔能使那作爲「天下之大本」的性，得其具體化與眞實化。換言之，性是因「盡心」而得以彰顯挺立，以眞成其爲「天下之大本」。不過「性」雖是天下之大本，而「六君子先後相詔，必曰心，而不曰性，何也」？此無他，正因「盡心以成性」之故，正因「性必須由心而彰顯之形著之」之故。這是顯明地表示心爲形著原則，性爲自性原則。如果沒有心之形著，性便只是客觀地潛存，而不能成爲具體的、眞實的性。

「心能盡性」，張子正蒙早已言之。心能盡性，即是「盡心以成性」。「成性」二字，亦首先見於張子正蒙與經學理窟氣質章。心之所以能盡性、成性，是因爲心之靈覺妙用、自主自律，即足以形著性之實，性之實全在心處見。以是，盡心即是盡性，即是成性。而五峯之形著義，「成性」義，實是上承張子「心能盡性」之義而來。（又宋元學案卷三十四武夷學案載胡文定與曾吉甫書云：「充四端、惇五典，則性成而倫盡矣。」按書傳：五典、五常之教，父義、母慈、兄友、弟恭、子孝也。據此，則五峯使用「成性」一詞，亦是秉承家學也。）

凡由中庸易傳之「於穆不已」的天命之體言性，而又回歸於論孟以會通孔子之仁與孟子之心性，則此形著之義、成性之義，便是應有而必然的，亦是恰當的。因爲超越客觀面的道體，只有形式的意義，它下貫而爲人之性，亦仍然是潛隱而自存的，必須再進一步通過道德的實踐而後纔有精神之表現；亦就是說，必須通過內在主觀面的心之形著，那客觀面的潛隱自存之性，乃能在生命中呈現而得其具體化與眞實化。在此「形著」之中，超越客觀面的道體性體，步步內在化而顯示其主觀之意義，內在主觀面的心亦隨形著而步步顯示其客觀的超越的意義。此時，便由「心性對揚」而進至「心性合一」。（性體因心之形著而全幅朗現，而心亦由於與性合一而全體挺立，主觀面之心與客觀面之性至此而達於眞實的統一。）此卽五峯「以心著性」之義理間架的價値所在。至於象山陽明則是直承孟子「本心卽性」之義，只是一心之朗現、一心之申展、一心之遍潤，而未經過此一廻環，所以亦無須立此形著之義。關此，北宋篇第六章第三節之四、「盡心成性義之重要性」一段，已有闡述，請覆按參證。

三、性之流行，心爲之主

「氣之流行，性為之主。性之流行，心為之主。」

前文曾說性爲客觀原則，自性原則，此處所謂「氣之流行，性爲之主」，意卽表示：「性」是氣化流行的「客觀之主」。但若只是自性原則而沒有形著原則，則性體亦不能彰顯而眞實化與具體化。故又曰「性之流行，心爲之主」。意思是說：「心」是體現性體的「主觀之主」。

但所謂「氣之流行」與「性之流行」，其「流行」之含義實有不同。氣之流行，是實說，是實有「流行」，故可說氣變或氣化。而「性之流行」，則是虛說，猶云「天理流行」，或「於穆不已」之天命流行。道體性體之流行，不像氣之流行是實有此流行，而是因爲道體性體

「即寂即感」、「即存有即活動」，它含有至誠無息之神用，故亦說「流行」。其流行之所以爲流行的眞實義、具體義、形著義，則在心體處見。所以性之流行是客觀地虛說，亦是形式地說，其落實處乃是心之自覺的「形著之用」。若無心的形著之用，則性體流行仍只是潛隱自存而已。

性爲氣之主，心爲性之主，此兩「主」字之意義亦不同。性爲氣之主，是客觀地、形式地爲其綱紀之主，亦是本體宇宙論地爲其存在之主；而心爲性之主，則是主觀地、實際地爲其「形著之主」。性與氣爲異體，而心與性則非異體。心體全幅朗現，性體全部明著，心即是性，如此，則亦可以總說「心爲氣之主」。因爲究極而言，心亦主觀亦客觀，性亦客觀亦主觀；主客觀通而爲一，則心性亦爲一。前文說「天下莫大於心，莫久於心」。實則，性亦莫大莫久，心與性同樣都是絕對普遍而永恆無盡的。故牟先生認爲：不如就「以心著性」之義，而說「莫貴於心，莫尊於性」。

第四節　內在的逆覺體證

彪居正問：「心無窮者也，孟子何以言盡其心？」曰：「唯仁者能盡其心。」居正問為仁，曰：「欲為仁，必先識仁之體。」……

他日，或問曰：「人之所以不仁者，以放其良心也。以放心求之，可乎？」曰：「齊王見牛而不忍殺，此良心之苗裔，因利欲之間而見者也。一有見焉，操而存之，存而養之，養而充之，以至於大，大而不已，與天同矣。此心在人，其發見之端不同，要在識之而已。」

一、盡心以盡仁

此段言盡心以盡仁。言仁，即是仁心；言心，即是孟子所說之本心或良心。盡其心即是盡其仁，故曰「唯仁者能盡其心」。仁者之本心常精誠惻怛，存而不放，所以能隨事而充之盡之。不仁者却放失其良心，所以溺於流而常爲不仁之事。但卽使至惡至忍之人，其良心亦並不是全無萌蘗之生。如能就其萌蘗之生而當下加以指點，以使他警覺，或他自己有所警覺；便立卽由此一念警覺以漸存漸養，而至於充大，則涓滴之水可成江河。此便是所謂「以放心求之」。

以放心求之，意卽「就其放心而求之」，並不是拿已放之心去求心。而就放心以求心的根據，卽在「良心之苗裔因利欲之間而見者」。如齊宣王見牛而不忍殺，他這一念之不忍，卽是良心之苗裔（萌蘗）。齊宣王好勇、好色、好貨，本是一利欲心，但在利欲之間，其良心亦隨機而有萌蘗之生。孟子就其良心苗裔之萌芽而當下指點之，使齊宣王卽時警覺而「心有戚戚焉」，此便是「以放心求之」。求放心，乃是從事道德實踐最眞切的工夫，亦是「盡心以盡仁」之第一步。

良心發見之端（萌芽）雖有種種不同之情況，但就其放溺而警覺之，則一也。此隨時警覺之工夫，卽是「逆覺」的工夫。逆覺之「逆」，是根據孟子「湯武反之也」之「反」字來。除了「堯舜性之」，皆是逆而覺之。「覺」亦是孟子之言，如「先知覺後知，先覺覺後覺」。

此處所謂覺，雖不必即是覺本心，但依孟子之教義，最後必歸於覺本心（象山即如此言之）。「堯舜性之」是超自覺，稱體而行，自然如此，此即中庸所謂「自誠明謂之性」。「湯武反之」，則是自覺，隨時隨事而反省覺察，此乃中庸所謂「自明誠謂之敎」，亦即「誠之者，人之道也」的「誠之」工夫。

「性之」與「反之」相對而言，「反」即是「逆覺」。孟子言「反身而誠，樂莫大焉」，亦是逆覺。五峯就良心萌蘖而指點之，顯然是以孟子爲根據而言逆覺。逆覺工夫，是道德踐履上「復其本心」之最切要而中肯的工夫，亦是內聖工夫最本質的關鍵。

二、內在的逆覺體證與識仁之體

這種逆覺工夫，牟先生稱之爲「內在的逆覺體證」。逆覺是反求諸己而覺識之、體證之。內在的體證，是就現實生活中良心發見處，直下體證而肯認之以爲體；不必隔絕現實生活而從靜中閉關以求之。此即所謂「當下即是」。而與五峯同時之李延平（朱子之師），主靜坐以觀喜怒哀樂未發前之大本氣象，則是逆覺之另一方式，牟先生稱之爲「超越的逆覺體證」。所謂超越，亦即閉關靜坐之謂。（閉關是周易復卦象辭「先王以至日閉關」之閉關，不必聯想到佛教之閉關。）超越的體證必須與現實生活暫隔一下。隔卽是超越，不隔卽是內在。內在的體證與超越的體證，同是逆覺工夫，亦可說是逆覺之兩種型態。朱子對五峯之內在的逆覺體證不能相契，對其師之超越的逆覺體證，亦認爲偏於靜而欲以「敬」代之。其實，「靜復以見體」乃是儒家之本義，是愼獨工夫所必函者。朱子是順伊川「涵養須用敬，進學則在致知」之義理間架，開「順取」之工夫入路（涵養後起之敬心，順已發之情而察識之，格物窮理以致知），故其學問終於落在大學格物致知上。

「逆覺」之義旣如上述，則五峯所謂「此心在人，其發見之端不同，要在識之而已」，此所謂「識之」，卽是就其發見之端，逆覺而肯認之。能逆覺而肯認之，始能講眞正的操存涵養。五峯答彪居正曰「欲爲仁，必先識仁之體」，卽是由良心仁心發見處，逆覺而肯認良心仁心之體。「仁之體」卽是仁心之自體，仁卽是體（不是另有一物爲仁之體）。人之表現有限量，而仁之爲實體眞體則無限量。由「體物而不遺」、「萬物與我爲一」，固然見此眞體之所以爲眞體；而隨處發見之苗裔，亦同樣是此眞體之呈現。五峯所謂「一有見焉，操而存之，存而養之，養而充之，以至於大，與天同矣」，便正是從逆覺體證之充盡上，以彰顯仁心之本來如此的眞體。能彰顯仁心眞體，卽是「仁者」，卽是「大人」。明道云：「學者須先識仁，仁者渾然與物同體。」（同體卽一體之意。）五峯承之，並從逆覺以言「識仁之體」，可謂善於紹述矣。

三、以仁爲宗、以心爲用

> 「天地，聖人之父母；聖人，天地之子也。有父母，則有子矣；有子，則有父母矣。此萬物之所以著見，道之所以名也。非聖人能名道也，有是道，則有是名也。聖人指明其體曰性，指明其用曰心。性不能不動，動則心矣。聖人傳心，教天下以仁也。」

此段是最後綜結而歸宗之語。「天地，聖人之父母」，是說天地爲聖人之所本與所法，亦卽張子西銘「乾稱父，坤稱母」，以乾坤爲大父母之義。「聖人，天地之子也」，是說聖人是天地之道的體現者與作證者，亦卽伊川「觀乎聖人，則見天地」之義。天地之於聖人，聖人之於天地，父母之於子，子之於父母，一往一復，「道」卽在其中矣。道，卽是「萬物所以著見」之本，著見，亦卽形著呈現之意。中庸云：「天地之道，可一言而盡也：其爲物不貳，則其生物不測。」天地創生萬物，卽是使萬物著見；如此而說的道，是「萬物所以著見」之客觀的本，亦卽著見之客觀原則或自性原則。聖人盡道，體物而不遺，則是「萬物所以著見」之主觀的本，亦卽著見之主觀原則或形著原則。——聖人因盡道而形著道，亦就是間接形著萬物而使萬物著見。客觀地著見萬物，是父位；主觀地著見萬物，是子位。父位由子位而見，故曰「觀乎聖人，則見天地。」

聖人之所以能盡道，卽因「盡心以盡仁」之故。所謂「聖人傳心，敎天下以仁」，此是明白點出心與仁之重要。心是形著原則，是盡道之本質的關鍵。而仁則是心之「內在地所以爲心」之實，故心卽仁心，心體卽仁體。而心與仁又是道與性之實，道與性卽由心與仁而形著之。韓愈原道有云：「道與德爲虛位，仁與義爲定名。」道乃通名，故天下皆言道：老氏以「無」名之，耶氏以「愛」顯之，釋氏以「空」示之；各人「道其所道，非吾所謂道也」。而聖人則以「仁」實之。故曰「聖人傳心，敎天下以仁也」。心是道德的本心，性是道德的創生之性；而道亦是道德的仁義之道，同時亦卽形上的、於穆不已的生物不測之道。五峯由盡道著性而言之，乃直下以道德的自覺立教，而毫無歧出者。其所謂「聖人傳心，敎天下以仁」卽是表示：以仁爲宗，以心爲用（形著之用）。

有是道，則有道之名。道是虛說的名，「聖人指明其體曰性，指明其用曰心」。「體」是體性之體，乃本質之意。「用」是自覺之用，乃形著之意。(1)所謂「指明其體曰性」，卽是就性體之創生義、定向義、奧密義、即活動即存有義，以證實道體之所以爲奧體，爲於穆不已之體。亦就是說，「道」乃是以「性體處所見之創生義、定向義、奧密義、即活動即存有義」，以爲其體性或本質。簡言之，性即是道之體性或本質。(2)所謂「指明其用曰心」，即是就道的生物不測之用、妙運無方之神，而說爲心。心，即是道的活動之用（形著之用）。若落於心自身而言，則心之自覺義、妙用義、自主自律、自有天則義，即反而形著道之生物不測之用與妙運無方之神。——下句云「性不能不動，動則心矣」。性不能不動，是表示性體的「即存有即活動」，就性之「活動義」而言，即是心，故曰「動則心矣」。若落於心自身而言，則心亦反而形著性體之用，亦即形著性體之活動義。以心著性，盡心以成性，即是此形著之用。（心形著道體之所以爲「於穆不已、生物不測」之道體，道體之實全在心處見。形著道體即是形著性體，性體之實亦全在心處見。）

總之，客觀地說，性自身之形著（具體而眞實化）即是心，融心於性，性即是心矣，心性自爲一。主觀地說，心自身之自主自律而自有天則、自覺妙用而體物不遺，即是性，融性於心，心即是性矣，心性亦爲一。而五峯以心與性相對而言，乃是要顯示心的「形著之用」，通過心之形著，性便成爲「具體眞實」的性。此時，心性皆是形而上者，只是一個「即活動即存有」的創造實體。（註三）此「形著」義，乃五峯上承濂溪、橫渠、明道，由中庸易傳回歸於論孟而消化完成的義理間架。這是宋室南渡後，第一個順承北宋儒學消化完成的義理系統，是值得珍視而不容忽略的。

最後，再約述牟先生對「知言」大義之簡括語於此，以為綜結：

一、「道充乎身，塞乎天地，存乎飲食男女之事」，而須當下即事明道，自道德踐履以體現之。

二、「天理人欲同體而異用，同行而異情」，夫婦之道，「以淫欲為事」則為人欲，「以保合為義」則為天理。

三、道之體曰性。此是以性指目道之自體而實之。性是「即存有即活動」的於穆不已、淵然有定向的奧體。性是自性原則，亦是客觀性原則，以性為尊。

四、道之用曰心。此是就道體之活動義而說心。此活動義即是心之自覺義，「自立、自律、自發」義，「寂然不動、感而遂通」之神用義。心是形著原則，亦是主觀性原則，以心為貴。

五、攝性於心，性步步彰顯而形著，此即所謂「成性」。成性即是著性。性之實全在心上見，亦全在心上立。通過心之形著義，則心性為一，唯是一具體而真實的「道德的、形上的」眞體，亦即宇宙生化、道德創造之眞體。道德實踐唯在盡心以成性。

六、盡心以成性，則心性之實，卽是仁也。故盡心以成性，卽是體現仁道於天下。「仁者，人所以肖天地之機要也」，是道體之實卽在仁處見矣。「聖人傳心，敎天下以仁」，卽是以仁爲宗，以心爲用（形著之用，神用之用），而不空言天道。

七、性命天道，皆由盡心盡仁以成以立、以形以著，此卽「盡心知性知天」之弘規，是本於孟子「盡心」之義以會通中庸易傳所說之道體與性體，此是從主觀方面說。若從客觀方面說，亦可謂由中庸易傳所說之道體性體而落實於論語孟子。兩方面合觀，則正合明道「一本」之論。

八、「先識仁之體」，是逆覺工夫。逆覺是當下呈現本心仁體之本質的關鍵，亦是自覺地作道德實踐之本質的工夫。

胡子「知言」大義簡表：

(1) 道
- 即事以明道
  - 道不離事而存
  - 而亦無所不在
  - → 充乎身，塞乎天地
- 天理與人欲
  - 同一事體而其表現卻顯示不同之用
  - 同一事行而其情實有溺與不溺之別
- → 道不在性外
  - 由好善而惡惡
  - 說性體之至善

(2) 心

- 莫大於心—言其絕對普遍性
- 莫久於心—言其永恆無盡性
  - 推擴而順通其用則體物而不遺—心之遍在性

(3)

- 以形觀心—形氣之心（實然之心）—其存亡繫屬於個體生滅（形滅、心神亦滅）
- 以心觀心—靈明之心（道德本心）—無出入、存亡、生死，永恆常存（心同理同）

(4)

- 性體至善
- 超善惡相
  - 性乃形上實體
    - 天下之大本也
    - 天地之所以立
    - 天地鬼神之奧
      - 萬物皆性之所有（性是有，而非無）

(5) 以心著性

- 性至尊—客觀性原則、自性原則
- 心至貴—主觀性原則、形著原則
  - 心也者
    - 知天地
    - 宰萬物
      - 而成性者也

天道天命下貫而爲人之性，性因心之形著而彰顯

- 心體全幅朗現
- 性體全體明著
  - 盡心以成性—主客觀通而爲一—心性爲一

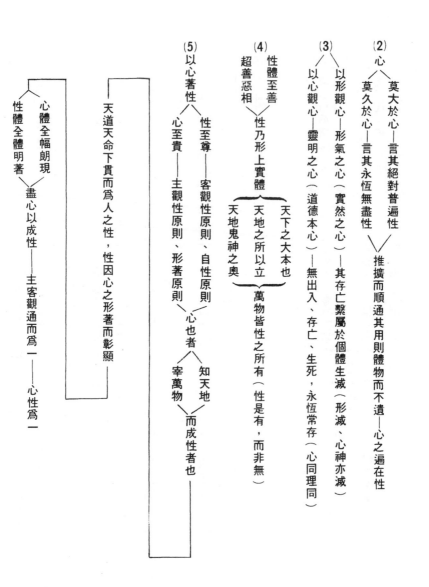

(6) 逆覺體證兩路

- 內在的逆覺體證（五峯之路）
  - 內在於現實生活而就良心發現處
  - 直下體證之以爲體——體仁之體
  - 而
    - 存之
    - 養之
    - 充之
    - 大之
  - 直接起用
  - 當下即是
- 超越的逆覺體證（延平之路）
  - 與現實生活暫時隔一下（隔即超越）
  - 靜坐以觀喜怒哀樂未發前之大本氣象
    - 默坐澄心，靜復見體（體證中體）——本體通過工夫而呈現起用
      - 冰解凍釋
      - 理融於事
        - 落實於生活，以期灑然自得，天理流行

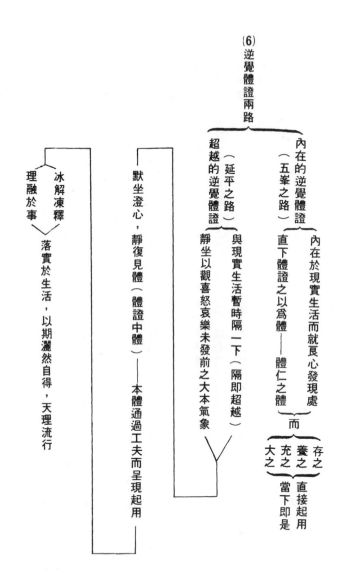

附註

註一：見朱文公文集卷七十三、雜著、胡子知言疑義。又，宋元學案五峯學案亦隨文編錄，可參看。

註二：按周子通書精蘊第三十，有「易何止五經之原，其天地鬼神之奧乎」之句。唯濂溪只以「天地鬼神之奧」說易道（天道），而五峯則以之說性體。此亦承之而進一步，於性命天道相貫通之大義有眞切之體證者也。

註三：依五峯，心與性皆自「體」上說，情則以「氣」言。「盡心成性」乃所以主情而宰氣，心不可以「氣」言。故五峯之心性對言，乃爲顯示心之形著之用；與朱子「性卽理、爲形而上，心屬氣、爲形而下」之心性對言，根本不同。

〔附識〕本章第二節（頁四十二）所引「知言」原文，係依據宋元學案五峯學案，現查胡子知言各版本，「莫久於心」皆作「莫久於性」。「性」具有永恆無盡性，自無疑義。順性，則可以通徹死生晝夜而不隔，此亦儒家之通義。至於本書乃順原引「莫久於心」以作解，在義理之解釋上亦可無礙。依五峯「心無生死」之義（見本書頁四十六），心當然亦具永恆無盡性。故書中文字暫依初版之舊，特趁此再版之便，增此附識說明如上。

第三章　朱子學綱脈之疏導（上）

第一節　朱子與李延平

朱子名熹，字元晦，又字仲晦，號晦庵，又號晦翁，後世又以考亭稱之。生於宋高宗建炎四年，卒於寧宗慶元六年（西元一一三〇——一二〇〇），七十一歲。朱子原籍安徽婺源，而出生於福建。先儒寓崇安，晚年居建陽。父名松，號韋齋，師事羅豫章，與李延平為同門友。韋齋卒時，朱子年方十四，奉遺命從學於劉屏山、劉白水、胡籍溪。十九歲中進士，二十四歲赴任泉州同安主簿，過南平謁李延平，二十九歲再一見，三十一歲始正式受學（註一），又三年而延平卒。

李延平名侗，字愿中，福建南劍人。生於哲宗元祐八年，卒於孝宗隆興元年（西元一〇九三——一一六三），七十一歲。年二十四，從學羅豫章，自後鄉居四十餘年，簞瓢屢空，而怡然自適。鄧天啓稱他「如冰壺秋月，瑩澈無瑕」。他樂道不仕，亦不講學，不著書，因朱子之扣問而有「延平答問」（註二），其學始見知於世。據朱子所撰之「延平行狀」（註三），可見其開端示人之大要，約有四端：（註四）

一、默坐澄心，體認天理

這是延平基本的工夫入路，是根據「危坐終日，以驗夫喜怒哀樂未發之前氣象爲何如，而求所謂中者」而來。這步工夫函有一種「本體論的體證」，但卻是超越的體證；卽與現實生活暫時隔離一下（默坐、危坐），去作超越的逆覺體證工夫。在此體證之中，天理與人欲有截然之對照，本體從私欲、氣質、喜怒哀樂情變激發之混雜中，澄然凸顯以自持其自己，成爲其純粹自己之自存自在，此卽「莫見乎隱、莫顯乎微」的澄然森然之氣象。如就中庸「致中和」而言，此便是「中」體，但中體是個形式字，其實指乃是「天命之謂性」的性體，亦卽根據「維天之命，於穆不已」而來的「天命流行之體」。這是周、張、明道所着力體會的，亦是北宋諸家所共喻者。自明道起便正式名之爲「天理」。延平「講誦之餘」的默坐危坐，並不是朱子所謂「只是且收歛在此，勝似奔馳」（註五）之泛泛的靜坐，而是要在這超越的逆覺體證中以見體，以期清澈吾人之生命，由此以中導和，纔能引生道德的行爲，成就道德的創造，最後達於「天地位，萬物育」，此卽中庸所謂「率性之謂道」。而中庸後半由「盡性」而至於「參天地、贊化育」，亦正與此義相承接。這就是「龜山門下相傳指訣」的實義，它代表一個義理間架。但朱子並不契切此一義理間架，所以並沒有繼承延平之路往前進。（此中問題並不在靜坐不靜坐，而是在於義理間架之認取。）

二、灑然自得，冰解凍釋

這二句表示踐履工夫必期於純熟與自然。須知超越體證只是一關，若停滯於此，則中體之爲體只停在抽象狀態中（此卽後來所謂光景），尚不是具體而眞實的本體，故必須進一步漸澄漸養，使之呈現於具體生活中而達到純熟自然之境，這是超越體證所必函的義理程序。到得灑然自得處，纔眞是「天理流行」（冰解凍釋，理融於事）。若只知稱賞他涵養得「如冰壺秋月，瑩澈無瑕」，而不知此一超越體證所函的義理間架，不知其中原本就函有一種超越之察識（體證中體，卽是超越之察識——先識本體），便將誤認它爲空頭之涵養。（不先識本體，不涵養先天的本心性體，徒然靜坐收斂，便是空頭之涵養。）

三、即身以求，不事講解

內聖之學，是要自覺地體證吾人本有的性體，並使之呈現於現實生活中，以成就純正之道德行爲。這不是外在的知識之學，亦不只是講解文義之事。讀聖賢書，不是要照書中所說的去做，而是要當下肯認書中之所說、實卽我生命中本有之事；經由聖賢之指點而豁然醒覺，卽一一皆爲己事也。此便是延平所謂「卽身以求之」之義。至於「不事講解」，亦不是不讀書，乃是「不求道於文字之間」的意思。朱子雖非不知「卽身以求」，但後來卻以讀書講解爲重點，這在融會輕重本末上確有滯礙，故招象山「支離」之譏。（不是讀書講解本身爲支離，是工夫重點落在讀書講文上，內輕外重，內外打不作一片，所以爲支離。）

四、理一分殊，終始條理

此可分兩方面講：(1)從踐履方面說，在超越體證中，天理本身卽是「理一」，在灑然冰釋中，天理本體從抽象潛隱狀態中呈現，而具體眞實化，便是天理本體達於「分殊」——分殊，即是現實生活中各種不同之分際。在不同的分際上都有一定的道理（如父子有親、君臣有義之類），這道理即是天理本體在不同的分際上所作的具體呈現。到了純熟之境便是天理流行，再熟便是大而化之。這就是「理一分殊」之圓融的表現——普遍之理一融貫於具體的分殊以得到顯現，具體的分殊融攝於普遍的理一以得到貞定，此即孟子所謂「終始條理」。這是理一分殊的本義。⑵從體察方面說，人之知解體察亦不只是了解一個儱侗渾淪的「理一」，而必須隨吾人道德踐履之終始條理，而體察到分殊上以盡其事理之曲折。如此，則所謂文理密察既不礙於會通之「理一」，而會通之理一亦不蹈空虛懸而必貫徹到「分殊」之事理、故亦不礙於吾人之文理密察。這體察上之理一分殊，隨吾人踐履過程上之理一分殊走、而爲它所決定，這就是所謂「行解相融，不即不離」。

由以上四點，大略可窺延平學之路數。南渡以後，五峯、延平皆簡潔精要，能夠攝聚北宋的學脈而不散墜，而且皆能精練集中而開出確定的工夫進路。五峯從孟子「求放心」開，是爲內在的逆覺體證之路；延平從中庸「致中和」開，是爲超越的逆覺體證之路。五峯之學，一傳而衰，延平之學，亦並未爲朱子所繼承。朱子後來所記取於延平者，依牟先生之衡定，大抵只有以下三端：

1靜坐驗未發氣象以求所謂中——但一則不能認取靜坐隔離的超越體證之實義，而認爲延平偏於靜。二則不滿於求未發之中。蓋朱子對延平所說未發之中的問題，當時既不領略，後來自己參究中和問題時亦未繼承延平之路，而卻順着伊川之糾結而前進。伊川認爲「求中」即是「既思」，即是「已發」（註六）。此乃伊川一時不諦不通之支蔓，本不必在此處認眞。須知所謂「求」或「思」乃是警策之念，是本心自己要發現他自己，以使本體從私欲氣質之混雜中澄然凸現，這與順情變而發的「已發」正不相同。但朱子卻對伊川之語信守不渝，終於喪失了延平「致中和」的縱貫系統在道德踐履上之獨立性，而將它融解於大學致知格物之格局，遂成爲靜涵靜攝之橫列系統。——〔靜涵，相應於朱子本人所說之涵養，是意指心氣之「靜態的涵蓄淵渟」；靜攝，相應於朱子本人所說之察識與致知格物窮理，是意指心知之「認知的綜函攝取」。〕

2.重視涵養——朱子有「先涵養後察識」之論。涵養是涵養收歛凝聚之敬心，察識是察識已發之情變。此與延平直就孟子之本心與中庸之中體大本、而加以持守涵養之工夫不同。延平之持守涵養實函有一種超越的體證與肯認——此便是對於本心與中體之超越的察識，故延平之涵養並不否認「先識仁之體」。而朱子後來力反五峯系之「先察識後涵養」，並不是守師說，不得視爲據延平以反五峯。（延平與五峯皆是逆覺體證的路，兩人在工夫上之入路雖有不同，而並無本質之差異。）

3.理一分殊——但朱子之「理一」只成爲太極之「只是理」（但理），「分殊」只轉成道問學與致知格物之博文。此非延平在日用處下工夫以期「渾然一體流浹」之融釋上的理一分殊，卽，並非「體用內外隱顯精粗無隔截」的「踐履上皆爲己物、皆吾度內」之理一分殊。同時，延平所重之「深潛縝密」，亦是就踐履而言；而不只是屬於句讀文字之講論，與知解上的格物窮理之深潛縝密。

據此可知，朱子並未繼承延平之路往前進。他四十歲說到中和問題時，有云：

「舊聞李先生論此最詳，後來所見不同，遂不復致思，今乃知其為人深切。……但當時既不領略，後來又不深思，遂成蹉過，孤負此翁耳。」（註七）

朱子說這話，卻不是客氣，他很敬重延平，但因心態不同，終於走向與他心態相同的伊川之路，而形成義理間架之轉移。若依延平之路，則(1)對於太極與性，必不會理會爲「只是理」，(2)對於心與神，亦不會只看成是氣，(3)對孟子之本心必不會理會爲實然的心氣，因而(4)心與理必不會割截而爲二，(5)性亦必不會只是理而與心成爲敵體。——以是，朱子如能承延平之風範而前進，善會濂溪與明道之義理軌轍，以發越延平之所未盡；則應該不至於只以伊川一人之綱領爲規範，因而亦可不至於力斥湖湘學者，亦無須與象山爲敵，而庶幾可以達致一「大成之融化」。如此，乃可不悖於先秦儒家本體創生之立體直貫義——縱貫系統。然而朱子畢竟合下即是一實在論之心態，是直綫分解之思考方式，故終於順伊川之分解綱領而走上橫攝系統。

第二節　朱子對中和問題的參究

朱子大器晚成，到四十歲纔有「的實見處」。四十歲以前的學思，都不是朱子學的本質。朱子學之認眞建立，是從參究中和問題開始。

一、中和問題的脈路

朱子二十四歲初見李延平，二十九歲再一見，三十一歲始正式受學，又三年而延平卒。朱子之父韋齋與延平同師事楊龜山之弟子羅豫章，「日誦大學中庸之書，以用力於致知誠意之地」（註八）。可見朱子少年時期的家學淵源卽以大學中庸爲首出。大學重點在致知格物、正心誠意，中庸則言愼獨、致中和，二書皆整然有條理，使學者易有把柄。尤其經過伊川與龜山之承傳，學者初期用功，大率先注目於此。但羅豫章與李延平之工夫重點，是在「危坐終日以驗夫喜怒哀樂未發之前氣象爲何如」，這是順中庸「致中和」而用功，是龜山門下相傳的工夫指訣。就此而言，還不能說是伊川之綱領，而是龜山承明道之體會天理而開出的工夫入路。（北宋篇第十八章第二節之三與第三節之二，對此曾有論述，可參看。）黃梨洲說此乃「明道以來，下及延平，一條血路」，這話是不錯的。

延平靜坐以觀未發氣象，爲的是要歸於切己涵養，自身受用，以期德行之進於純熟，並非徒然靜坐去觀一個精光烱烱的物事而已。這一個工夫入路，朱子自然習聞熟矣。但在義理上如何展示此未發之中、天下大本之中？延平並沒有作這步工作，雖因朱子之扣問而有所解說與透露，但一個入路究應依何種方式纔能得力於己，這是隨人而有不同的。適於延平的不必卽適合於朱子。而朱子爲人甚爲着實，理論興趣又强，一字一義皆要討個明白，以使工夫之所施，可以枝枝相對，葉葉相當。這是朱子爲學的勁力，所以牟先生說朱子合下是「弘道的大器」。但自伊川當時，對中和問題的解說卽無結果而終，延平又無理論展示之興趣，所以在朱子心中乃形成一大疑團與煩悶。

原中庸之講「致中和」，是由「天命之謂性」、「道也者不可須臾離」、「莫見乎隱，莫顯乎微，故君子必愼其獨」一路說下來。所以「致中和」是順承「從性體言愼獨」而推進一步的、更爲具體的表示。然則，作爲「天下之大本」的「中」畢竟指何而言？⑴如果不是在通於天命的那個性體之外另有一個大本，則這個「中」便是指目「天命之謂性」的那個性體而言。⑵如果「中」是就喜怒哀樂之情未發時、情之潛隱未分的渾融狀態而言，則它仍然屬於情，而不足以爲天下之大本。假若視此爲大本，便無異於承認在通於天命的那個性體之外，另有一個大本。但這種講法恐不合中庸原意。⑶依牟先生之衡定，此作爲天下之「大本」的「中」，必是就通於天命的性體而言，必是就「由喜怒哀樂之情異質地跳躍一步」而躍至「超越的性體」而言，而不是直認「情之潛隱未分的渾融狀態」爲大本之中。

這個「中」體，⑴統宇宙而言之，它就是「維天之命於穆不已」這一本體宇宙論的、即活動即存有的實體。⑵就命於人而言之，它就是吾人之性體——此性體不是別的，它正就是具於個體中的「於穆不已」之實體。⑶這個實體，如果就中庸後半部以及易傳而言之，亦可曰誠體、神體、寂感眞幾。它必不只是屬於「本體論的存有」之靜態的理，必不「只是理」，必不脫落神義、寂感義。⑷如果就其爲吾人之性體而言，則此性體亦是心、亦是理，性體即心體、心即是理。⑸總之，它是一個本體宇宙論的創生直貫之實體，它就是作爲「天下之大本」的中體、誠體、性體，而亦得名之爲心體。——如果以這個「中體」主宰調適吾人之情、而便情之發皆能中節合度，這就是「和」。和，是中體達於用、而在用中行，故中庸繼「中也者，天下之大本也」之後，卽說「和也者，天下之達道也」。中體呈現，和用暢達，是之謂「致中和」。致中和，則「天地位焉，萬物育焉」，可見「中體」實卽是「於穆不已」的實體、性體。

如果對於中體作如此之契悟，則既可以根據論語之仁與孟子之本心來會通中庸以講說中和，亦可以由中庸之中和而會歸於論孟。如此講中和問題，自能逕直而暢達。但朱子的參究卻顯得糾結而迂曲。

二、朱子中和舊說的義理

朱子三十七歲與張南軒討論中和問題，共有四書。其中兩書有朱子四十三歲所加之自注語，表示舊說之非。此四封書信實一時連續之作，而朱子文集分別編於卷三十、卷三十二，王懋竑詳檢文集，連同是年朱子答何叔京三書、答羅參議二書、答許順之一書，重予類次，節錄於朱子年譜三十七歲下，對於了解朱子參究中和問題之原委，功不可沒。唯與張欽夫

（南軒）四書之前後順序，王譜仍欠妥切，牟先生依朱子書信之內容，再加以調整說明，甚爲諦當（註九）。

「第一書」的要點，是以「天命流行，生生不已之機」爲「未發之中體」。此中體亦可曰「天理本眞」，亦可曰「良心」或本心。所謂工夫便是由「良心萌蘖，因事發見」而「致察而操存之」。致察，是察此良心之發見；操存，是存此良心或本心。能致察而操存之，則「庶可以貫乎大本達道之全體而復其初矣」。

此中義理，可作如下之說明：(1)「天命流行，生生不已之機」，是本於「維天之命，於穆不已」而說。「天命流行之體」亦即萬物「生生不已之機」（機是機竅，意即關捩點）。機竅發動，萬物乃得以生生而不已。朱子泛讀北宋各家之書，自有所聞，故此時亦以「天命流行之體」說「中」。(2)「未發之中，寂然不動」。由已發未發很容易想到「寂然不動，感而遂通」。朱子由天命流行之體說未發之中，順而想到寂感，亦想到「心」義，故有「虛明應物之體」的話。(3)「致察而操存，則可貫乎大本達道之全體，而復其初」。如此言工夫，實是孟子「求放心」之路。孟子以後，明道言「先識仁……識得此理，以誠敬存之」，五峯言「先識仁之體」，五峯門下言「觀過知仁」、「先有知識」，皆是表示：致察操存之工夫，唯是落在使此本心呈現上用。因而有「先察識後涵養」之說。朱子此時所論，實亦指向此路。

但朱子後來對此第一書之自注語，卻說：「此書非是。但存之以見議論本末耳。下篇同此。」其實，朱子此書所說亦並不差，何以判為「非是」？蓋朱子此時只是在辭語上如此說，而諸辭語之實義，他並無眞切之體悟，亦並不眞能信得及。等到着實磨練幾年而建立新說時，便覺得舊說「非是」了。

「第二書」首先提到「前書所稟寂然未發之旨，良心發見之端」云云，又說「比遣書後，累日潛玩，其於實體似益精明」。這明顯地是第一書發後，又反覆玩索，覺得自己之體悟益發精明而可信，故重申自得受用之意，繼前書而復發此書。故文中並無酬對語（註一〇）。又此書無自注語，因第一書自注語末句已說「下篇同此」，所謂「下篇」，即指此第二書也。此書義旨與第一書同。大要不過三點：⑴言未發已發之無間，故曰「天機活物，流行發用，無間容息」（註一一）。⑵「據其已發者而指其未發者，則已發者人心，而未發者皆其性也」，此同於第三書就「常有一個未發底」說中說性，而就發出來底說心。將未發已發之發與「良心發見」之發混而為一。⑶「存者存此而已，養者養此而已」，在此亦可加一句「致察者致察此而已」。此仍是第一書「良心萌蘖因事而發見，學者於此致察而操存之」之義。

「第三書」是因張南軒致疑第一書（亦函第二書），以為「尚有認為兩物之弊」，朱子乃進一步從天命流行之體自身說未發已發之無間，故曰：「只一念間已具此體用，發者方往，而未發方來，了無間斷隔截處」。實則，第一書「渾然全體應物而不窮」與「天理本眞隨處發見，不少停息」兩語，已可表示「了無間斷隔截」之意。寂然之體動發而未已，只是一體之流行，並無「兩物」之嫌。故張南軒之致疑，實可不必。眞正的問題是在：

1. 對此「天命流行之體」眞見到否？眞有相應之契悟否？

2. 此「天命流行之體」（中體、大本）如何能落實於中庸原文，而形成對於「致中和」之解析？

牟先生指出，這二個問題，朱子不只一時未能做到，到中和新說成立之後，亦一直未能做到。他此時所說，似只着重於「流行之迹」以解「天命流行之體」。殊不知這裡所謂「流行」是剋就「於穆不已」而言，而「於穆不已」是上屬而剋就「天命」自身說。從「於穆不已」之天命而說爲「天命流行之體」，此體本身實無所謂「流行」；說「流行」，只是帶着此體所引發的體用不離之生化大用，以見凡有氣化流行處皆無非是天命之作用而已。若只着於氣化不息之迹上，而認此氣化不息之迹即是「天命流行之體」，則非是。朱子於此未能淸澈明透，只是儱侗見個影像。而朱子又不安於儱侗，故終於通過自己的參究而達到另一種淸澈明透：將此「天命流行之體」拆散，而成爲理氣二分、心性情三分格局下之只是理，而心、神則屬於氣。但此並不合「天命流行之體」的原義。

至於第二個問題，此「天命流行之體」如何能落實於中庸原文而形成對於「致中和」之解析，朱子亦未有明透之解答。他後來所明透者是中和新說所代表的義理，而不是此舊說所指向之義理。其實，對「天命流行之體」若有相應之契悟，則依舊說之義理以解中和，亦自成路數：

一、本體宇宙論地說，此體卽中體。中體呈現，引生氣化，並主宰氣化；氣化無不中節合度，無不順適條暢，此卽所謂達道之和。

二、若自道德實踐而言，此中體卽是吾人之性體，亦卽本心。本心呈現，創生德行，則凡喜怒哀樂之發，四肢百體之動，皆有本心律則以調節之，亦皆在本心之潤澤中而得其暢遂，此卽所謂睟面盎背，亦卽所謂發而中節的達道之和。

若於此透徹而信得及，則「先識仁之體」，「先察識後涵養」，便是工夫之切要而必然者。道德實踐之本質的關鍵，正在於如何使中體呈現而致達道之和（致中和），而此亦正是第一書「於良心萌蘖之發見，致察而操存之」的意思。但朱子對此並不眞切，故終於放棄依舊說以解中和之路數。

「第四書」，若只孤離地看，亦甚好。但如明瞭其前三書之問題，則可看出朱子此書之反省仍未明澈問題之所在。如云「浩浩大化之中，一家自有一個安宅，正是自家安身立命，主宰知覺處」，卻又不說「安宅」究竟是什麼。須知天命流行之體、中體、性體、本心仁體，正是自家之安宅，正是自家安身立命、主宰知覺處。今乃謂「而今而後，乃知浩浩大化中，一家自有一個安宅」，好像在前三書所說「天命流行之體」等等之外，還另有一個安宅。可見他對前書所函之義理方向並不明透。此中問題之關鍵，只在：(1)對於「天命流行之體」是否能明徹地知其是理、是心、是神？(2)中體、性體、本心是否能一？(3)喜怒哀樂未發已發之發與良心發見之發並不同，於此，是否能明澈地知「先察識後涵養」在實踐工夫上之眞切的意義與本質的意義？這三個能否之問如果皆「能」，便是縱貫系統，若「不能」，則必然要向中和新說所表示的靜涵靜攝之系統走。

三、中和舊說下的議論及其轉向之故

朱子三十八歲秋冬之際，訪張南軒於潭州（長沙），又相偕游衡嶽，前後有兩月之久。二人討論之內容，無法詳確而知。王氏年譜考異提到「心爲已發，性爲未發」，說「兩先生於此無異論」。所謂「無異論」，恐只是表面相合。朱子誤混未發已發之發與良心發見之發而儱侗於一起說，南軒則以五峯就良心發見而警覺體證爲背景，故說來有表面之貌合而無異論。另據隨行之范伯崇說：「二先生論中庸之義，三日夜而不合」。此言卻大體可信。因爲：(1)對朱子之中和舊說，南軒本就有所致疑，(2)朱子當時之所悟，與五峯之學亦並非全相同，(3)舊說各書亦實有不少儱侗顢頇之見；故談論之間，自難一時合同。此外，「先察識後涵養」乃五峯學之本質，南軒雖秉性清弱，常隨朱子脚跟轉，對師門之義亦常若存若亡，但此義卻一直爲南軒所執持。唯此時之議論，是在中和舊說之背景下進行，故雙方大體都能保持互相切磋印證的意味。

三十九歲，朱子有與何叔京之兩書（註一二）。前書言「因其良心發見之微，猛省提撕，使心不昧，則是做工夫的本領」，此仍是舊說第一書「於良心發見處，致察而操存之」之義。此確是道德實踐最本質之關鍵，亦卽朱子所謂「做工夫的本領」。（牟先生謂，「本領」卽本分上所當領有之義，猶今語所謂「本質」。）若「本領是當」，則自然「下學而上達」，泛觀博覽亦可有交代，而無所謂「支離」。反之，本領不立，徒知泛觀博覽，則必支離歧出，而與聖道工夫不相干。故朱子與何叔京之後一書亦謂「此與守書册、泥言語，全無交涉」，又說「若使道可以多聞博觀而得，則世之知道者爲不少矣」。此時朱子說得如此顯豁而明當，或許是與南軒講論後而一時特加印持之故（註一三）。

但朱子生命之本質畢竟不近於此。從客觀義理之實而言，又因朱子：

一、將「良心發見」之發，與喜怒哀樂未發已發之發混而爲一。

二、因而對孟子四端之心與中庸喜怒哀樂之情亦形成混擾。

三、於是對孟子之本心亦體悟不足。（須知實體性之本心，與中體、性體、天命流行之體，最後必是一，而非心性情三分。）

四、因而亦表示對此中體、性體、天命流行之體，實未有相應之契悟。

五、最後必函對仁體之體悟有不足。（故當南軒告訴他以「求仁」爲急，朱子卻說「自覺殊無立脚下工夫處」——見中和舊說第四書。）

凡此，皆表示朱子對於「體」上之工夫有欠缺。至於他何以必然地轉折而向新說之路走？牟先生指出，此中決定性的過轉之關鍵，唯在伊川一句話：「凡言心者皆指已發而言」。伊川此語，在朱子三十七歲舊說各書皆未提及，但在四十歲之「已發未發說」以及「與湖南諸公論中和第一書」中，開端便明白表示：舊說各書之所以認「心爲已發、性爲未發」，乃是由於伊川此語而然。而且朱子所謂「致察於良心之發見」一義，亦是順伊川此語而提出者。（因爲朱子混良心之發與已發之發而爲一）。中和舊說諸辭語，既是在如此背景下而講說，宜乎朱子自二十七歲起之三數年間，雖已講到「致察於良心之發見」爲「做工夫底本領」，但卻：(1)不去切實體會此義所以成立之根源；(2)不去切實體會孟子之本心、求放心、先立其大諸義；⑶不去切實體會明道「須先識仁」之義；⑷不去正視上蔡以覺訓仁以及五峯「須先識仁之體」之義；⑸再進而亦不去切實體會「天命流行之體」之義；⑹不去切實體會濂溪之誠體、神體、寂感眞幾，以會通太極；⑺不去切實體會明道之「只心便是天，盡心便知性，知性便知天，當處便認取，更不可外求」之一本論；而只膠着於伊川「凡言心者皆指已發而言」此一不諦之語，以求其所謂中庸之旨。此眞可謂輕重倒置，不識肯要。

這一句「未當」之言（伊川後來自認此言未當），竟在朱子生命中形成一道牆壁，使他不能悟入「致察於良心發見」一路所函蘊的深遠義理，因而亦不能眞切於此一「做工夫底本領」之警策處；所以當他一旦發現以「已發爲心，未發爲性」爲不妥時，便連帶地亦抛棄「致察於良心發見」一路之義理，而作一個大轉向，順着伊川學的綱領而前進，此便是過轉到中和新說的關鍵所在。

第三節　中和新說的義理間架

一、已發未發說：中和新說之發端

朱子四十歲之春，與門人蔡元定（季通）言未發之旨，問辨之際，忽然自疑。於是急轉直下，而有中和新說之一說二書：一說是「已發未發說」，二書是「與湖南諸公論中和第一書」以及「答張欽夫書」。與湖南諸公書之內容同於「已發未發說」（註一四），今一併加以敍述。

朱子在「已發未發說」中，首先表示舊說以「心爲已發、性爲未發」，是命名未當。他反省的結果，認爲伊川所言，「皆以思慮未萌、事物未至之時，爲喜怒哀樂之未發」。此「未發」之「中」直接是指「心」說，而亦同時復顯一異質的超越之體，此便是「性」。

於是，「中」字可以兩指，一曰心，二曰性（但「中」卻不等同於任一面，故不直說中卽心、中卽性）。在情變未發時，「卽是心體流行、寂然不動處，而天命之性、體段具焉」。

性，是就心體流行處見，因而有體段可言。此「體段」即中和新說書中所謂「一性渾然，道義全具」（見後），然則「渾然道義全具」即是此時性之體段也。若離開「心體流行、寂然不動」，則性亦無此體段之可言，而是所謂「無極而不容言者」。如此，則心與性平行（性之體段因心而見）而爲二體（性是理，心不即是理），而「中」字是個狀詞，被支解爲二：⑴其直接所狀者，是心之寂然不動。⑵若就其所狀所涉而說，個可爲天下之大本的超越實體，則應該是「性」而不是「心」。由心之寂然而說它是「體」，乃對其感發之「用」而言。但其感發不能必然地卽是中節之和，而且「節」之標準亦不在心，故心本身雖有體有用，仍不表示它可爲超越之體。（唯就「中」之所狀而言，則重點在狀心之寂然。故亦可說狀心是實，狀性是虛。）

由於靜時所見的寂然（心）與渾然（性），無可窮索，無可尋覓，因而不能施以察識之功，而只能涵養或存養。故曰：

「但平日莊敬涵養之功至，而無人欲之私以亂之，則其未發也，鏡明水止，而其發也，無不中節矣。此是日用本領工夫。至於隨事省察，卽物推明，亦必以是爲本。而於已發之際觀之，則其於未發之前者亦可默識。」（見與湖南諸公論中和第一書。已發未發說所言，略與此同。）

此涵養於未發、察識於已發的「靜養、動察」之分屬，是繼承伊川與蘇季明論中和之語而言。「靜養」是承其「若言存養於喜怒哀樂未發之時則可，若言求中於喜怒哀樂未發之前則不可」與「未發更怎生求，只涵養便是」之語而說。「動察」是承其「善觀者不如此，却於喜怒哀樂已發之際觀之」之語而說。靜養動察既有分屬，故朱子卽以未發時之「莊敬涵養」爲「日用本領工夫」，而認爲舊說之講論，「止以察識端倪爲最初下手處，以故缺卻平日涵養一段工夫」。因爲往時「直以心爲已發」，故只着重動察，而缺卻涵養；今知心有已發時，亦有未發時，則未發時之必須莊敬涵養，乃凸顯出矣。

朱子如此反省，實因他對「察於良心之發見」一路的本領工夫有誤解（無眞切相應之體悟），而只視之爲動發時之察識，因而覺得舊說只有隨事變之情的動察，而無靜時之涵養。但若知「察於良心之發見」是「靜復以立體」之察辨體證工夫，則靜時之涵養是養此體，動時之察識亦是察此體，又何嘗因「察於良心之發見」而卽缺卻一段涵養工夫？

當初伊川說「凡言心者皆指已發而言」，經呂與叔之致詰，承認「未當」，而改云：「心一也，有指體而言者，寂然不動是也；有指用而言者，感而遂通天下之故是也」。朱子到此時方着實見到伊川改後之說法，遂覺舊說「以心爲已發」之言爲非是，乃有此已發未發之分說：心有情變未發時之寂然不動，亦有其隨情變之激發時的發用。但易傳說寂感乃就「體」之神用說，故卽寂卽感、寂感一如，寂然不動之體本身卽能決定其爲感而遂通。如今朱子承伊川之意而借易傳爲說，不過表示心未發時之無顏色的寂然不動之體、及其已發時之無顏色的感發之用而已。而這平看的實然之心，卻並不能決定它自己必爲感而遂通、發而中節；故其通與不通、或中節不中節，則仍有待也。（朱子靜養動察之工夫，卽由此而逼出。）

已發未發說之後段，朱子言及「聖賢論性，無不因心而發。若專言之，則是所謂無極而不容言者，亦無體段之可名矣」。「因心而發」，猶言「因心而見」。發，是發爲論說之意，若離開心而專就性自體而言，便是「無極而太極」之無極，乃不容說者，因而亦無體段之可言。必須「因心而發」始有體段之可言：因心之寂然不動而見「一性渾然，道義全具」，因心之感而遂通而見性理粲然明著之表現，此渾然卽是性之體段，此皆因心而見者。朱子此義，亦卽中和新說書開頭所謂「以心爲主而論之」之意。此意卽函「心」與「性」有一種關係。胡五峯言盡心以成性，心爲形著原則，結果心性是一。而朱子所謂「因心而發」、「以心爲主而論之」，性因心而有體段，似乎亦能表示形著義，但此形著卻不能表示心性是一。此形著只是平面的關聯的形著，故心性爲二；五峯所說，纔是立體的實體性的形著，故心性是一。

二、中和論定：新說之完成

朱子四十歲「答張欽夫書」，牟先生謂可標名爲「中和新說書」，此大體代表朱子成熟之思想，可以視爲定論。構成此新說義理間架之基本綱領，歸結而言，亦不過二大端：

一、心性情三分，心統性情。

二、靜養動察，敬貫動靜。

朱子後來之發展，即以中和新說爲根據，而亦無出此新說綱領以外者（註一五）。茲將此新說書分八段錄於此，並簡作解說，以便省覽：

> 諸說例蒙印可，而未發之旨尤其樞要。既無異論，何慰如之！然比觀舊說，卻覺無甚綱領。因復體察，見得此理須以心為主而論之，則性情之德，中和之妙，皆有條而不紊矣。

首句「諸說例蒙印可」，是說前「與湖南諸公論中和第一書」中之各點論說，皆蒙張南軒之印可贊同。（按、朱子此時之論點，已與五峯之學全不相合，而南軒印可之，可見他只隨朱子之脚跟轉。唯對師門之學，尚能堅執「先察識後涵養」之說而已。）「然比觀舊說」，此「舊說」不是指三十七歲時之中和舊說，而是指「與湖南諸公論中和第一書」而言。因爲此書只是反省三十七歲以來講論之非，正面意思則並無完整之陳述，故朱子覺得「無甚綱領」。而此新說書則是重新消化以後而寫出者。

然一人之身，知覺之用，莫非心之所為，則心者固所以主於身，而無動靜語默之間者也。然方其靜也，事物未至，思慮未萌，而一性渾然，道義全具；其所謂中，是乃心之所以為體，而寂然不動者也。及其動也，事物交至，思慮萌焉，則七情迭用，各有攸主；其所謂和，是乃心之所以為用，感而遂通者也。

此即上段所謂「以心爲主而論之」之義。在此，心是綱領：「論之」之綱領。所以說到中與和，皆直接就心而言。「中」是心之所以爲體，而寂然不動者，「和」是心之所以爲用、感而遂通者。由中字見性之渾然，由和字見情之中節，皆由心以通貫之：⑴通貫於未發，即是其寂然不動而統貫乎性；⑵通貫於已發，即是其感而遂通而統貫乎情。後來朱子即依此而說「心統性情」。（在此說「統」乃統貫、統攝義，而非統帥、統屬之意。）至於說「心者固所以主於身，而無動靜語默之間（隔）者也」。所謂「心主乎身」，實乃虛說，眞正的主，並不在心，而在性。因爲朱子所謂「心」，乃是平說的實然之心，不是超越的實體，眞正的超越實體，是在性，而不在心。

然性之靜也而不能不動，情之動也而必有節焉，是則心之所以寂然感通、周流貫徹、而體用未始相離者也。

此數句綰着性情之動靜，以言心之周流貫徹、體用不離。性是理，無所謂動靜。此言「性之靜也而不能不動」，其靜是以理言，而其「不能不動」是如何動法，則不易言說。依朱子之思路，「理」實乃不能動者。性（理）之動只是假「氣之動」而顯現，因而現爲一動相，至於性本身則實無動相，而只是「氣動」的所以然之理。而朱子之所以說「性之靜也而不能不動」，牟先生認爲，是因襲樂記「人生而靜、天之性也，感於物而動、情之欲也」之句而言。朱子常不自覺地有這種順經典之語意而說出的話。

然人有是心，而或不仁，則無以著此心之妙。人雖欲仁，而或不敬，則無以致求仁之功。蓋心主乎一身，而無動靜語默之間（隔），是以君子之於敬，亦無動靜語默而不用其力焉。未發之前，是敬也、固已立乎存養之實；已發之際，是敬也、又常行於省察之間。方其存也，思慮未萌而知覺不昧，是則靜中之動，復之所以見天地之心也；及其察也，事物紛糾而品節不差，是則動中之靜，艮之所以不獲其身、不見其人也。有以主乎靜中之動，是以寂而未嘗不感；有以察乎動中之靜，是以感而未嘗不寂。寂而常感，感而常寂，此心之所以周流貫徹而無一息之不仁也。然則君子之所以致中和，而天地位萬物育者，在此而已。蓋主乎身而無動靜語默之間者，心也。仁、則心之道，而敬、則心之貞也。此徹上徹下之道，聖學之本。統明乎此，則性情之德、中和之妙，可一言而盡矣。

以上四段爲前半篇，說得非常圓整而有條理，是朱子直陳己意的正文。尤其此段開端云：「人有是心，而或不仁，則無以著此心之妙；人雖欲仁，而或不敬，則無以致求仁之功」。此兩聯句，更是形成中和新說之間架的關鍵語句。

若依孟子之本心義，則心之妙不待心外之仁以著之，心卽是仁也；心之仁亦不待仁外之敬以求之，仁體即敬也。但朱子言心，尚未達到此實體性的創生直貫之心。他終生牢守伊川「仁性愛情」之說，視仁爲性、爲理，而心不即是性、不即是理。此時雖尚未如此明言，但已預定此義。如所謂「仁、則心之道，敬、則心之貞」。心不即是仁，心之道方是仁，視仁爲道，等於視仁爲理。「人有是心，而或不仁，則無以著此心之妙」，是則心之「寂然感通、周流貫徹」之妙，須因仁道（理）之顯現而後能著。而仁道之顯現又須賴「敬」以致之，故又曰「人雖欲仁，而或不敬，則無以致求仁之功」。這是表示：由敬之工夫以顯現仁道（求仁），由仁道之顯現以著此心之妙。「敬」之重要乃在此顯出。所謂「敬則心之貞」，意謂「敬」便是心氣之貞定與凝聚。（如此言敬，是後天工夫意義的敬，此是朱子學問工夫着力處。）

依朱子，敬無間於動靜語默，無間於未發已發，故敬既立於「存養之實」，又行於「省察之間」。此已函「靜養動察，敬貫動靜」之義。存、是敬以存養，察、亦是敬以察識（註一六）。「有存養以主乎靜，故能知覺不昧，寂而未嘗不感。有察識以愼乎動，故能動而順理，感而未嘗不寂。」（註一七）由「寂而未嘗不感」即可說「寂而常感」，由「感而未嘗不寂」即可說「感而常寂」。這是就心之體用的暢通順適而言，亦是通過存養察識之功以使仁道顯現而達到的境界。至乎此境，則以中導和，和以存中，故曰「寂而常感，感而常寂，此心之所以周流貫徹而無一息之不仁也」。

三、有關「先涵養」與「先察識」之論辯

熹向來之說，固未及此。而來諭曲折，雖多所發明，然於提綱振領處，似亦有未盡。又如所謂「學者須先察識端倪之發，然後可知存養之功」。則熹於此不能無疑。蓋發處固當察識，但人自有未發時，此處便合存養；豈可必待發而後察，察而後存耶？且從初不曾存養，便欲隨事察識，竊恐浩浩茫茫，無下手處。而毫釐之差，千里之謬，將有不可勝言者。此程子每言「孟子才高，學之無可為據，人須是學顏子之學，則入聖為近，有用力處」。其微意亦可見矣。且如灑掃應對進退，此存養之事也。不知學者將先於此而後察識耶？抑將先察識而後存養耶？以此觀之，則用力之先後，判然可觀矣。

此下爲後半篇，是對張南軒之答辯。首先致疑於南軒「學者先察識端倪之發，然後可加存養之功」一語。實則朱子三十九歲答何叔京書已言「若不察於良心發見，即渺渺茫茫，恐

無下手處」。今忽倒轉過來說「且從初不曾存養，便欲隨事察識，竊恐浩浩茫茫，無下手處」。據此亦可知新說是一大轉變。朱子轉變後之意思，在「與湖南諸公書」中業已辨解詳明，而南軒見後仍主「先察識端倪之發」，表示此中原本就有問題（註一八）。只因既已放棄「致察於良心之發見」之路，則靜復以見體的體證一關，自亦不在朱子工夫之內，而此處所說遂成後天的空頭之涵養論、察識論。然而其「察於已發，隨事察識」之察識，豈便能取代靜復以立體之體證乎？唯南軒於此亦不甚能透澈眞切耳。至於引程子所謂「孟子才高」云云，則並非相干之論。今所討論者乃是道德實踐之本質的關鍵問題，豈可因「孟子才高」而遂忽視孟子之工夫入路乎？

> 來教又謂「動中涵靜，所謂復見天地之心」，亦所未喻。熹前以復為靜中之動者，蓋觀卦象，便自可見。而伊川先生之意似亦如此。來教又謂「言靜、則溺於虛無」，此固所當深慮。然此二字，如佛者之論，則誠有此患。若以天理觀之，則動之不能無靜，猶靜之不能無動也，靜之不能無養，猶動之不可不察也。但見得一動一靜、互為其根、敬義夾持、不容間斷之意，則雖下一靜字，元非死物。至靜之中，蓋有動之端焉，是乃所以見天地之心者。而先王之所以至日閉關，蓋當此之時，則安靜以養乎此爾。固非遠

事絕物，閉目兀坐，而偏於靜之謂。但未接物時，便有敬以主乎其中，則事至物來、善端昭著，而所以察之者益精明爾。伊川先生所謂「卻於已發之際觀之」者，正謂未發則只有存養而已，發則方有可觀也。

南軒由「動中涵靜」說「復見天地之心」，並無不是。由動而逆反於靜（收斂凝聚、不順動而滾下去），淵然有所存主，此便是復以見天地之心。朱子是專就靜時而又推進一步、移至「心體之靈昭不昧爲動」而說復，故以「靜中之動」爲「復」。靜中之動非動時之動，乃剋就心體自身之靈昭不昧說。此是本於伊川「動而復見天地之心」而來。實則二人之說皆不誤，關捩點總在「靜」。南軒是關聯着已成之動而說靜，朱子則斷自靜而又移就心體本身之不昧以說動，二人所說不同，而皆可通。其次，朱子又辨「言靜則溺於虛無」之意，言皆明當。至於引伊川「於已發之際觀之」一語，以言存養於未發、觀省於已發，則是朱子自己所謂「先涵養後察識」之義。

周子之言主靜，乃就中正仁義而言。以正對中，則中爲重，以義配仁，則仁爲本爾。非四者之外，別有主靜一段事也。來教又謂熹言以靜爲本，不若遂言以敬爲本。此固然也。然敬字工夫通貫動靜，而必以靜為本。故熹向來輒有是語。今若遂易為敬，雖若完全，然卻不見敬之所施有先有後，則亦未得為諦當也。

「以靜爲本」，是說以靜時之涵養工夫爲本，此正是「先涵養後察識」之義。並非以動靜相對之靜時或靜事爲本。若從時與事而言，則動靜無端而互爲其根，自不能單只「以靜爲本」。朱子上段之辨已甚明白。朱子之意，是以敬所施之「靜時的涵養工夫」爲先爲本。而「敬之所施，有先有後」，故不可直曰「以敬爲本」。又周子言「主靜立人極」，是靜復以立體之義，不是以靜時涵養工夫爲本，亦非先涵養後察識之論。朱子「已發未發說」中有「但以靜爲本爾」一語，自注云：「周子所謂主靜者，亦是此意。但言靜則偏，故程子又說敬」。朱子之注，只是順便提醒，使人想到程子說敬，卻不是要以程子之「敬」代替「以靜時涵養工夫爲本」之義。但他以爲周子言主靜亦同於自己所謂以靜時之涵養爲本，此則不諦。注中又說「但言靜則偏」，經此一提，則語意又脫離涵養工夫而單指動靜之靜，就動靜之時而主靜，當然有偏，故須提起敬字；但以靜時涵養工夫爲本，則是靜養動察、先涵養後察識之義，自可無所偏。

至如來教所謂「要須察夫動以見靜之所存，靜以涵動之所本，動靜相須，體用不離，而後為無滲漏也」。此數句卓然，意語俱到。謹以書之座右，出入觀省。然上兩句次序似未甚安。意謂易而置之，乃有可行之實。不審尊意以為如何？

此爲最後一段。南軒「動以見靜之所存，靜以涵動之所本」二語，極爲朱子所稱賞。因爲依朱子之思路，(1)「動以見靜之所存」，意卽動時見靜時之所存養，而所存養者卽是「中」之體，亦卽心之「知覺不昧」而「一性渾然」也。(2)「靜以涵動之所本」，意卽靜時之存養足以涵動時所依據的體、而使動不妄動，而所依據的體仍是「中」之體，亦仍卽是「知覺不昧」而「一性渾然」也。這雖是交互平說，所謂「動靜相須，體用不離」，但亦仍然是「以靜時之涵養爲本」之義。至於朱子意欲互易二句之次序，則是本於自己「先涵養後察識」之主張而說。〔「南軒雖始終持守「先察識後涵養」之義，但此數句所說，卻似是隨朱子之意而順着說，故朱子亦遂將之納入自己「先涵養後察識」之思路中，而加以稱賞。」

(1)

- 中 — 是心之所以爲體、寂然不動者也 — 由中字見性之渾然
- 和 — 是心之所以爲用、感而遂通者也 — 由和字見情之中節

→ 皆由心以通貫之

- 通貫於未發 — 即其寂然不動而統貫乎性
- 通貫於已發 — 即其感而遂通而統貫乎情

→ 依此而說「心統性情」

(2)

- 人有是心，而或不仁，則無以著此心之妙 — 須由仁道之顯現，以著此心之妙
- 人雖欲仁，而或不敬，則無以致求仁之功 — 須由敬之功夫，以顯現仁道（理）

- 仁乃心之道 — 心不即是仁，心之道方是仁
- 敬乃心之貞 — 心氣之貞定凝聚必須通過敬 — 此乃後天工夫意義的敬

(3) 敬

- 立於存養之實 — 靜時涵養敬心、以求近合未發之中
- 行於省察之間 — 動時察識情變、以期達於中節之和

→ 靜養動察，敬貫動靜

通過存養察識之功

- 以中導和 — 寂而常感
- 和以存中 — 感而常寂

→ 周流貫徹之心，無一息之不仁

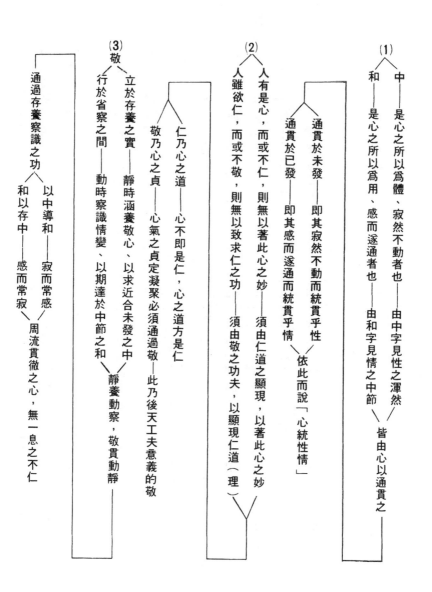

(4)

朱子：先涵養後察識
- 以靜時之涵養工夫為本，使如鏡明水止以達於心靜理明
- 於動時察識已發之情變，使之依理而發以達於中節之和

南軒：先察識後涵養
- 察識良心端倪之發——先識仁體——此即內在的逆覺體證之路
- 而後施以存養之功——涵養本心——此是從先天本體開出工夫

附註

註一：朱子正式受學於李延平之年，從清人王懋竑朱子年譜考異卷一之考定。

註二：「延平答問」係朱子所編，收入李延平集卷二。

註三：「延平行狀」見朱文公文集卷九十七。

註四：說本牟先生「心體與性體」第三冊第一章第一節。

註五：語見朱子語類卷一百三、論羅氏門人、李愿中。

註六：語見二程遺書第十八、伊川先生語四、與蘇季明論中和語。北宋篇第一六章第三節曾有說明，請參看。

註七：見朱文公文集卷四十三、答林擇之第三十三書之第三書。

註　八：語見王懋竑朱子年譜十一歲下所引「年譜」。（王氏所引之「年譜」，係指朱子門人李公晦果齋原本以及明李古沖本與清洪去蕪本。）

註　九：朱子與張欽夫之四封書信，「心體與性體」第三册第二章皆有引錄。依牟先生之意，此中和舊說四書之順序當如此：(1)以「人之有生，卽有知」開端者爲第一書（有朱子自註語），(2)以「前書所稟寂然未發之旨」開端者爲第二書，(3)以「前書所扣，正恐未見端的」開端者爲第三書（亦有朱子自註語），(4)以「誨諭曲折數條，始皆不能無疑」開端者爲第四書。——下文卽依此順序加以敍述。

又按：中和舊說四書，王懋竑年譜列於三十七歲下，故牟先生亦以爲朱子三十七歲開始與張南軒討論中和問題。唯錢穆先生朱子新學案第二册「朱子論未發與已發」一節，論及此四書，認爲當皆在朱子三十九歲時。朱子三十八歲赴長沙訪南軒，此四書究竟在訪南軒之前，抑在訪南軒之後？一時未易論定。然無論在前或在後，皆不影響本節對中和舊說四書之義理疏釋與衡斷。

註一〇：按、第二書之末曾論及五峯知言「性不可以善惡名」之義，似亦有酬對之意，此如何解說？曰：朱子三十五歲秋九月至豫章（南昌）舟中哭弔南軒之父，並隨舟伴送南軒至豐城，「與欽夫得三日款」（見年譜）。此書所謂「自非老兄抽關啓鍵，直發其私，誨之諄諄，不以愚昧而舍置之，何以得此？其何感幸如之。」此數句蓋卽對二年前豫章舟次之晤敍而致意。當時或曾論及「知言」，故亦因致書之便而附及之耳。

註一一：朱子同年答許順之書，附一絕句云：「半畝方塘一鑑開，天光雲影共徘徊，問渠那得清如許，爲有源頭活水來」。此亦是在「天機活物，流行發用，無間容息」之背景下寫出者。

註一二：此指朱文公文集卷四十、答何叔京三十二書之第十一書與第十三書。

註一三：按、此時朱子對南軒所作之「艮齋銘」（見南軒文集卷七），極致稱賞。此銘雖引大學「知止」爲說，實則大體是孟子學之精神。所謂「四端之著，我則察之」，即是察良心發見之意。故朱子說「艮齋銘便是做工夫底節次」。還說要「建立此個宗旨相與守之」。但到第二年，朱子便宗旨大變。

註一四：「已發未發說」有書函口氣，當爲原稿。及爲發時，辭語稍有改易，故「與湖南諸公論中和第一書」之文字，較爲簡潔明當。實則乃同一書文。保留之原稿加名「已發未發說」，故編入文集卷六十七、雜著，而寄發者則標名爲「與湖南諸公論中和第一書」，編入文集卷六十四、書、問答之中。

註一五：按、王懋竑朱子年譜考異說到「諸說例蒙印可」一書（即此中和新說書，見文集卷三十二、答張欽夫十八書之第十八書），「亦多未定之論」，並列舉七點爲說，其實皆不可通。「心體與性體」第三册第二章第六節曾詳加考察，以糾其謬，宜參看。

註一六：依朱子，「敬」之施有先有後，未發時，莊嚴以涵養，此即伊川所謂「涵養須用敬」之義；已發時，則敬以致察，此即伊川「進學則在致知」、「未有致知而不在敬者」之義。

註一七：按、此數句乃牟先生據「有以主乎靜中之動，是以寂而未嘗不感；有以察乎動中之靜，是以感而未嘗不寂」兩聯句而修改。如此，則旣合朱子之意，而義亦更較顯豁明當。

註一八：朱文公卷四十三、答林擇之三十三書之第二十一書，引林擇之云：「不先察識端倪，則涵養個甚底」？朱子評斥之，以爲「不亦太急迫乎」？其實，林擇之所提之疑問甚爲中肯，且正是中和舊說「於良心發見處致察而操存之」之義。「察識端倪」乃是本體論的體證，是自覺地作道德實踐之本質的關鍵。這裡無所謂「太急迫」。只因朱子所了解的心與端倪已有不同，又混良心發見之發與情變已發之發而爲一，遂覺得只在此施察識爲「太急迫」。朱子的意思是應先涵養而後察識。他評斥「先察識後涵養」

之說，實不足以服人之心。只因一般人皆無朱子之勁力與學力，故爲他各個擊破耳。

第四章　朱子學綱脈之疏導（中）

第四節　朱子「仁說」之思想

朱子自四十歲成立中和新說，再經三數年之浸潤與議論，乃又展開關於「仁說」之論辯。這兩步論辯，乃是朱子思想奮鬥建立的過程，而一般皆忽而不講（王懋竑朱子年譜亦只錄中和討論之文獻，而有關仁說之論辯，則完全闕略），遂使「橫攝系統」與「縱貫系統」之差異，恍惚搖蕩而莫能明辨。牟先生「心體與性體」第三册曾以二百八十餘頁之篇幅，對這長達十年的論辯內容詳加疏導，義最賅備而精當。

朱子了解論語之仁，開始亦想以明道與伊川之所說爲綱領。但他對明道的綱領始終湊泊不上，故終於捨明道而從伊川。他依據伊川「仁性愛情」之說，把「仁體」支解爲心性情三分、理氣二分，而以「心之德、愛之理」的方式說「仁」。他四十三歲作「克齋記」，隨後又作「仁說」（註一）。「仁說」乃朱子成熟之作，玆引據全文，分爲六段略加疏解：（前四段爲正面之申論，後二段則辯駁龜山與上蔡。）

一、正面之申論

> 天地以生物為心者也。而人物之生，又各得夫天地之心以為心者也。故語心之德，雖其總攝貫通，無所不備，然一言以蔽之，則曰仁而已矣。

在朱子之義理間架中，「心」並不能自持其自己以成爲一實體性之本心、天心，而是落在氣化上以形氣看心（心是氣之靈，是隨形氣而有始終的、實然的心）。語類卷一理氣上、論天地之心處，朱子申明「無心」是化之自然義，「有心」是理之定然義。「天地生物之心」乃被融解爲理氣：⑴從正面「有心」之義看，心只是理之定然義，心被呑沒於理（但並非心卽理）；⑵從反面「無心」之義看，心只成氣化之自然義（非本心呈用之自然），心被呑沒於氣。故此處所謂「天地以生物爲心」，乃是虛說的心，是象徵義，而非實說的實體性的心。天地以生物爲心（生物之生字，是動詞），人得此氣以成形，而有動靜語默，知覺之用，皆莫非心之所爲，所以說「人物之生，各得夫天地之心以爲心」。天，由氣化流行以生物；於此見天地之心。人，由動靜語默而理寓其中以成德；於此見人之心。理不寓則不成德，而德之大者（統貫諸德者），則曰「仁」。

> 請試詳之。蓋天地之心，其德有四，曰元亨利貞，而元無不統。其運行焉，則為春夏秋冬之序，而春生之氣無所不通。故人之為心，其德亦有四，曰仁義禮智，而仁無不包。其發用焉，則為愛、恭、宜、別之情，而惻隱之心無所不貫。故論天地之心者，則曰乾元坤元，則四德之體用、不待悉數而足。論人心之妙者，則曰仁人心也，則四德之體用、亦不偏舉而賅。

此言心之德有四，曰仁義禮智。這只是順着孟子之文句如此說而已。而朱子心中所意謂的以及所隱伏的義理間架，實與孟子不同。孟子說「惻隱之心仁也」，又說「仁義禮智根於心」。從辨解的進路而言，這是由「仁義內在」而來（內在，當然是內在於心，而爲心之自發自律）；從正面的直述而言，是道德的超越之本心、內在地本質地具有如此之德。所以惻隱之心，不忍人之心，卽是仁。孔子亦由不安之心指點仁，「仁」，卽是悱惻、不安、不忍之心的代表字。卽使抽象分解地說「仁是心之德」，亦是內在地本質地固具此德，而此德乃全滲透於此心、而爲一。因此，決然不會是伊川朱子仁性愛情、心統性情、心性情三分的說法。

朱子「仁者心之德、愛之理」這一陳述，當然亦不是沒有道理，他完全是從伊川「陰陽、氣也，所以陰陽、理也」一格式套下來。氣是形而下的，理是形而上的。如是，遂將「心」一概念視爲形而下者，一往是氣之事。惻隱、羞惡、辭讓、是非之心亦皆是形而下者，皆是氣之事。這完全不合孟子言本心的原義。

依牟先生之疏導，朱子所謂「仁者，愛之理、心之德」的實義，當如此：仁，是愛之所以然之理，而爲心知之明之所靜攝（心靜理明）；人常默識仁理之超越的尊嚴，它便足以引發心氣之凝聚向上，而使心氣發爲「溫然愛人利物」之行（理生氣）。久久如此，心氣乃能漸漸攝具此理（當具），以成爲它自身之德（理轉成德——心之德）。若簡言之，則可曰：仁者，愛之所以然之理、而爲心所當具之德也。

在此，還須有以下之解說：(1)此「所以然」是超越的所以然，「理」是靜態的理，是屬於本體論的存有之理，是實然之愛（愛之存在）的存在性。「心」與「情」有已發未發，而「理」則無所謂已發未發，乃只存有而無所謂動靜者。又，此存在之「存在性」，只存有而不活動，與縱貫系統之「卽存有卽活動」的存在性，不同。⑵「心」不是超越的道德的自發自律的本心，而是氣之靈的心；它的本性是知覺，它自身是中性無色的，是形而下的，是一實然的存在。而存在必有它所以存在之理，以是知覺亦有它所以知覺之理，此理只是知覺之性，是知覺存在的存在性。⑶說心氣具仁義禮智之理，首先是「認知地具」，其具是先通過格物窮理之靜攝工夫而具，此時是「心知之明」之認知地關聯地具，而非道德的本心之自發自律的「本具」。此便是朱子所謂「心具衆理」之義。⑷其次，「心知」靜攝此理而默識理之超越的尊嚴，則此理便能引發心氣凝聚向上、而使心氣發爲「溫然愛人利物」之行，此便是朱子所謂「理生氣」之義。（所謂「生」，當然不是氣存在地從理生出來，而是依理而可以引發氣之合度的變化。）⑸理久久如此引發心氣，則心氣便可以現實地、實踐地、攝具此理以爲其自身之德。德，從心說，是愛人利物之心，從行說，便是愛人利物之德行。此時，心爲仁德之心，行爲仁德之行，此便是朱子所謂「心之德」之義。此德是通過心氣之認知地與實踐地攝具此理、而由理轉成者。但無論認知地具或實踐地具，就心氣自身而言，總是「當具」而不是「本具」。

朱子言人心之具德，既如上所述，則所謂「天地之心，其德有四，曰元亨利貞，而元無不統」，其隱伏之義理間架，亦與易傳不相應。因爲「天地之心」既虛脫（被融解爲理氣），則元亨利貞四德亦無着落，只好落在氣化上說；是則元亨利貞並非天地之心的四德，而卻成爲氣化流行之四德矣。故朱子文中又類比春夏秋冬以爲說。

蓋仁之為道，乃天地生物之心即物而在。情之未發，而此體已具，情之既發，而其用不窮。誠能體而存之，則衆善之源，百行之本，莫不在是。此孔門之教所以必使學者汲汲於求仁也。其言有曰：「克己復禮為仁」，言克去己私，復乎天理，則此心之體無不在，而此心之用無不行也。又曰「居處恭，執事敬，與人忠」，則亦所以存此心也。又曰事親孝、事兄弟、及物恕，則亦所以行此心也。又曰「求仁得仁」，則以讓國而逃，諫伐而餓，為能不失乎此心也。又曰「殺身成仁」，則以欲甚於生、惡甚於死，而能不害乎此心也。此心何心也？在天地、則坱然生物之心，在人、則溫然愛人利物之心，包四德而貫四端者也。

此承上兩段之義，而申述孔門求仁之意。首云「仁之爲道，乃天地生物之心即物而在」，只要「體而存之」，則「衆善之源、百行之本」，莫不在是。但朱子於天地之心既成虛脫，於人心則以「愛之所以然之理、心之所當具之德」說仁，心非實體性的心，仁只成生之所以然。如此說「仁爲生道」，決不足以盡孔子言仁之蘊，甚且有本質上之不相應。（朱子言仁言心，並不是「心神理合一」的本心仁體。）此段順文援引論語辭句以爲說，吾人自可據之以了解朱子之意，至於孔子論仁之義，則須另求會解。

或曰：若子之言，則程子（伊川）所謂「愛情仁性，不可以愛爲仁」者，非與？曰：不然。程子之所訶，以愛之發而名仁者也；吾之所論，以愛之理而名仁者也。蓋所謂性情者，雖其分域之不同，然其脈絡之通、各有攸屬者，則曷嘗判然離絕而不相管哉？吾方病夫學者誦程子之言而不求其意，遂至於判然離愛而言仁，故特論此以發明其遺意，而子顧以爲異於程子之說，不亦誤哉？

伊川言：「惻隱，固是愛也。愛自是情，仁自是性。豈可專以愛爲仁？孟子言惻隱爲仁，蓋謂前已言惻隱之心仁之端也，既曰仁之端，則不可便謂之仁。」（註二）惻隱之心當然含有愛之表現，但卻並不等於愛。伊川一見「惻隱」便認爲是愛，又以「端」爲「愛之發」之情，「仁」則是其「所以發」之理（性）。他視性（仁）爲只是理——一個普遍的理；而愛與惻隱乃至孝弟，則一律視爲心氣依循這普遍之理而發的特殊表現。（而表現出來的，卻不是理。）如是，「仁」與「惻隱」便成爲形上之「性」與形下之「情」之異質的兩層。這當然不是孟子的本意。

朱子紹承伊川之理路，而曰「吾之所論，以愛之理而名仁者也」云云，卽是將一精誠惻怛之本心仁體，支解爲「心、性、情」，三者「分域不同」，「各有攸屬」。但另一方面，「愛之理」是表示然與所以然之關聯；「心之德」是表示心知之靜攝的關聯；「心統性情」是表示統攝之關聯；此便是所謂「脈絡之通」，而非「判然離絕」。這種「分域不同」而又並非「判然離絕」的義理間架，顯然不同於孟子言本心之骨幹。此合下是實在論之心態、分解對列的思考方式之所凝結，乃是「漸敎、他律、重智」之道德系統。

二、對龜山、上蔡之辯駁

或曰：程氏之徒言仁多矣。蓋有謂愛非仁，而以「萬物與我為一」為仁之體者矣。

亦有謂愛非仁，而以「心有知覺」釋仁之名者矣。今子之言若是，然則彼皆非與？曰：彼謂「物我為一」者，可以見仁之無不愛矣，而非仁之所以為體之真也。彼謂「心有知覺」者，可以見仁之包乎智矣，而非仁之所以得名之實也。觀孔子答子貢博施濟衆之問，與程子（伊川）所謂「覺不可以訓仁」者，則可見矣。子尚安得復以此而論仁哉！

此段辯駁「物我爲一」與「以覺訓仁」之說，前者直接指龜山說，後者直接指上蔡說，而此兩說皆來自明道，所以間接是辯駁明道。在明道，「物我爲一」與「以覺訓仁」實卽一義。明道謂「醫言手足痿痺爲不仁，此言最善名狀。仁者以天地萬物爲一體，莫非己也」。「莫非己也」之「一體」，是直承「痿痺不仁」而反顯出的「覺」說下來，故兩義實卽一義。明道由「不痿痺」與「莫非己」指點仁，視仁爲眞生命，爲眞實的道德創造之源（覺與健），爲遍體萬物而不遺的覺潤之體（感通潤物）；此感通無隔、遍潤無方、與天地萬物爲一體的眞體，正是「仁之所以爲體之眞」。而朱子卻說「彼謂物我爲一者，可以見仁之無不愛矣，而非仁之所以爲體之眞也」。這是很隔閡的誤解。朱子是以「博施、濟衆」之量，混同「物我爲一」。實則，「與物同體」，「以天地萬物爲一體」，乃是相應眞心仁體之實性而說。如此說仁，乃是見仁體之內容的說法，而非外延的說法。故所謂「物我爲一」，正好不是說「仁之量」（仁之無不愛），而是說仁之「質」（所以爲體之眞）。至於他駁「以覺訓仁」，而說「彼謂心有知覺者，可以見仁之包乎智矣，而非仁之所以得名之實也」。此是以認知的知覺運用之覺，混抹道德眞情寂感一如之覺，故以覺爲智之事。實則，上蔡「以覺訓仁」，顯然本於明道「痲木不覺、痿痺爲不仁」而來。覺，是「惻然有所覺」之覺，是不安不忍的道德眞情之覺，是寂感一如之覺，這正是仁心覺情之惻然不昧，而不是智之事。不痲木而惻然有所覺，正是仁體「所以得名之實」。而朱子一見「覺」或「知覺」，便向知覺運用之知覺處想，故只從智字言覺，卻不許於仁心言覺，其爲差謬悖理，甚爲顯然。

抑泛言「同體」者，使人含糊昏緩，而無警切之功，其弊或至於認物為己者有之矣。一忘專言「知覺」者，使人張皇迫躁，而無沉潛之味，其弊或至於認欲為理者有之矣。一忘一助，二者蓋胥失之。而知覺之云者，於聖門所示樂山能守之氣象，尤不相似，子尚安得以此而論仁哉？因並記其語，作仁說。

此承上段而進一步說，亦是非常可怪之論。由感潤無隔而至物我一體，正表示生命之警策與眞心之呈現流露，何至於「使人含糊昏緩，而無警切之功」，更何至於「其弊或至於認物爲己」？難道說「萬物皆備於我，反身而誠，樂莫大焉」，亦是「含糊昏緩」、「認物爲己」乎？「物我爲一」是合內外、通物我，正是向上警策之最高境界（上下與天地同流，大而化之），又豈是昏糊而「忘」者之所能至？而不痲木、不痿痺，惻然有所覺，全幅是一眞誠惻怛之心的流露（明道所謂：滿腔子是惻隱之心），該不安則不安，該不忍則不忍，該有爲則爲之，該有守則守之，旣能久處約，亦能長處樂，徹裡徹外，唯是一天心仁體之貞定；何至於「使人張皇迫躁，而無沉潛之味」，更何至於「其弊或至認欲爲理」？又何至「於聖門所示樂山能守之氣象，尤不相似」？而朱子之視言同體者爲「忘」，視言知覺者爲「助」，更是可怪之拉扯。

總之，孔子多方指點仁，仁是全德，是一切德之源，是「純亦不已」的眞生命，是道德創造之實體；終極地說，仁便足以「盡得道體」。就孟子而言，雖然仁義禮智並擧，但總起來是直指一本心，本心卽理，心體卽性體，並非心性情三分而將仁專限於愛而爲愛之理。明澈孔子之仁體與孟子之本心性體，纔眞可以說「生物之心」。生，是仁體之創生，是承體起用。在此，「天地生物之心」是實說，而非虛說。此一綱領明透了，便可見出朱子所說是另一系統。——總括朱子言「仁」之意，可歸結爲：「仁者，愛之所以然之理、而爲心所當具之德」。此句之義，含有：(1)仁不是心，而是心之德；不是愛（情），而是愛之理；此卽心性情三分。(2)仁是理是性，屬形而上；心、情則是氣，屬形而下；此即理氣二分。(3)心知之明靜攝仁理，則此理乃能引發心氣之凝聚向上，而顯為合度之行；此即理生氣。結果，朱子所言之仁，便成下文所說，乃「有而不在、普遍而不具體、超越而不內在」者。

三、關於「仁說」之論議

朱子與張南軒有關「仁說」之論辨，其論題皆以朱子所撰之「仁說」為中心而展開。而南軒所說，則大體以明道之思理為底子，但言之不明澈、不顯豁。(1)他對明道言「痲木不覺」與上蔡「以覺訓仁」之義，並無眞切之了解，亦分不清本體之覺與認知之覺的不同，故亦反對以覺訓仁而說出「然知覺終不可以訓仁」的話。(2)而他對「一體」之義則頗有印象，但亦不免恍惚，不能貫通「一體」與「覺」二義而一之，唯是隨朱子之思理與辭語去纏夾，故朱子得以自己之思想為尺度而辯駁回來，遂使南軒進退失據。朱子對於仁心覺情之感潤無隔即必然函「一體」之義，雖無眞切之契會（他以「覺」為智之事，又以「一體」為仁之量，皆非是），但他是另一系統，他緊守伊川之綱領，思想甚為一貫，此其所以為弘法之龍象。（弘伊川之法，建立一橫攝系統。）

在朱子與南軒論辯之同時，湖湘學者胡廣仲、胡伯逢、吳晦叔等人，亦與朱子展開累年之論辯。其重要論題，除「以覺訓仁」之外，還有「觀過知仁」、「先知後行」等問題。關此，已略述於上第一章第二節之二，請覆按，茲不贅。

唯朱子論仁，尙涉及一「在」與「有」之問題，亦應於此略作說明。朱子依伊川「仁性愛情」之分，依「心之德、愛之理」之方式，認定「仁爲理」，此仁理本身雖是自有本有，但理是靜的，無所謂感通無隔、覺潤無方，故它自身並不能徹通物我而爲一體。依於「仁之理」而發爲「愛之情」，此具體的「情」之發用是存在的仁，而仁之爲「理」則是形上的有，但卻不是具體的存在。如此，則「在」與「有」分而爲二。「在」屬形而下，「有」屬形而上。（仁之理是「有」，而「在」則須依理而發爲情，情是氣之變，心是氣之靈，故理氣爲二，心性情三分。又性卽理，心屬氣，故心與理亦爲二。）所以說，朱子所言之理（性、仁），只屬於本體論之「存有」，只存有而不活動，是「有」而不「在」者。若依明道所言之仁體，在卽是有，有卽是在，在與有不分，是「仁體、心體、性體、道體」通而爲一者。周子言誠體，象山言心體，亦皆與性體道體通而爲一，皆是「卽在卽有」、「既普遍而又具體」、「既超越而又內在」者。唯有伊川朱子所言之「仁」，(1)只是理（與氣爲二）；(2)只是性（與心、情三分）；(3)是「有而不在」、「普遍而不具體」、「超越而不內在」者。（仁是心之德、愛之理，理須通過心知之明之靜涵而後具，德須待心知攝具此理而後成，故非內在。）

(1)
- 天地之心——由「氣化流行以生物」而見，故
  - 心只成氣化之自然義
  - 而非本心呈用之自然
- 人之心——由「動靜語默而理寓其中以成德」而見
  - 然理不寓則不能成德
  - 統貫諸德者謂之「仁」

(2)
仁
- 不是愛，而是愛之理——愛之所以然之理
- 不是心，而是心之德——心所當具備之德

→ 人常默識仁理以引發心氣凝聚向上

久之，實然之心氣乃能
- 現實地
- 實踐地

→ 攝具此理，以成爲其自身之德（理轉成德）

(3)
- 不以愛之發名仁
- 而以愛之理名仁

→ 惻隱等等之端是愛之發，是情，其所以發之理（性）方是「仁」

此乃將精誠惻怛之本心仁體，支解爲
心
性
情
性爲形上之理，心、情屬形下之氣

仁是愛之理——表示然與所以然之關聯
仁是心之德——表示心知之靜攝的關聯
心統性情，則表示統攝之關聯

此乃「後天」之關聯，而非「先天」之本具——故爲漸教，爲他律道德

(4) 仁
只是理——與氣成二分
只是性——與心情三分
故仁是形上之「有」，而非實然具體之「在」

有而不在
普遍而不具體
超越而不內在
依「仁者心之德愛之理」之界定

「理」須通過心知之明之靜涵而後具
「德」須通過心氣之攝具此理而後成
故仁非內在本具

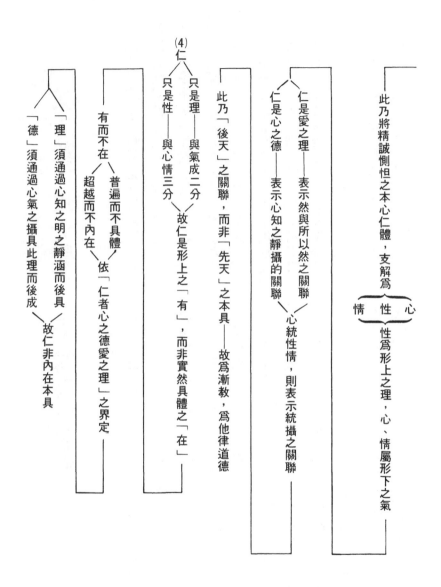

第五節　以大學爲定本的義理規模

朱子經過中和問題之參究論定，以及「仁說」之論辯之後，便落於大學以建立他的學問綱領與義理規模。朱子是實在論的心態，是順取（非逆覺）的路。其義理系統，⑴主觀地說，是靜涵靜攝系統（靜涵，是心氣之「靜態的涵蓄淵渟」之意，靜攝，乃心知之「認知的綜函攝取」之意），⑵客觀地說，是本體論的存有之系統（本體宇宙論地說，太極或理是本體論的存有，氣化萬殊是宇宙論的生化）。總之，是橫攝系統，而非縱貫系統。

橫攝系統當然有價值，朱子能獨力建立一橫攝系統，是他的偉大處。但以橫攝系統爲準而取代縱貫系統，則非是。於此見出朱子之不足。依牟先生「心體與性體」書中之衡定，朱子之學不能算是相應孔孟之教的最高綜和形態。最高綜和形態是在「以縱攝橫、融橫於縱」。這纔是「十字打開，更無隱遁」而又能相應孔子之「渾無罅縫」的完整圓滿之形態。只循朱子「順取之路」走，則不能至此。但亦不是無有可至之道。此其幾甚微，根本只在對於「體」的體悟是否相應（無論是仁體或天命流行之體），只在心神理是否爲一。此根本處如能得一回頭之轉進，便是最後之綜和（縱橫兩度相融、而爲一完整之系統）。但朱子既全力向橫攝形態走，則其⑴以大學爲規模乃必然者，⑵不解孟子乃必然者，⑶以心屬氣，性只是普遍之理，亦必然者，⑷理氣不離不雜，理只爲本體論的靜態的存有之理、只爲存在之「存在性」，亦必然者，⑸順取漸磨，心靜理明，一理平鋪，萬景皆實，而爲他律道德，亦必然者。

本節只就朱子以大學爲定本而開出的義理規模，作一綜括之說明。

一、明德與明明德

大學言「明明德」，其所謂「明德」，原意究何所指？是指德行，還是德性？「德行」是指光明正大的行爲，乃果上之詞；「德性」是指吾人本有的光明正大之心性，乃因上之詞。漢唐人（如鄭注、孔疏）皆從果地之德行說，宋明儒則就因地之心性說。

明德既就本有之心性說，若依陸王之講法，本心即性，則「明德」與「明明德」之意義皆甚爲單純而明白、確定而順適。「明德」即是本心之明，既靈昭不昧，又光明正大，它即是吾人本有的自發、自律、自定方向之性體，亦即道德創生之實體。「明明德」即是復其本心之明，這純是就自覺地作道德實踐而言，只是明體以起用。

但在朱子，則因心、性、情之三分，而心又限定爲心知之明的認知作用，「明德」一詞便變得複雜而難以確定。在他的討論中出現了二個問題：

1. 明德合是心？合是性？
2. 明德之「明」如何安頓？

依朱子，必須心性兩者關聯着來說，說「光明正大」是就「性」說明德，是客觀地說；說「虛靈不昧」是就「心」說明德，是主觀地說。照朱子的思路，若只說性，性自身不函其必顯現；說明德，則一方是本有，一方亦必函其能顯現，所以「明德」一詞必須關聯着心說。

朱子大學章句注「明德」云：

「明德者，人之所得於天，而虛靈不昧，以具衆理、應萬事者也。」

「虛靈不昧」是就「心知」說，但「明德」之實（本義）只在性理，而不在虛靈不昧的心知之明處。若依此注以虛靈不昧爲首出，人易誤會是承孟子而來的陸王之講法。大抵朱子初見「明德」一詞時，爲了要安頓「明」字，便想到虛靈不昧，遂不自覺地以「虛靈不昧」爲綜主詞以說「明德」。而作爲明德之實的性理，則只以「具衆理」指說之。「具衆理、應萬事」

既皆繫屬於此虛靈不昧之心覺，則此心覺便是明德，「明德」是落在心覺上說。吾人若不知朱子系統之實義而順此注語一直想下去，便很可以講成陸王的講法。實則，依朱子之系統，虛靈不昧的心知之明的作用，是在「明明德」上，而不能直落在「明德」上說。朱子以虛靈不昧之心覺說明德，乃是將「明德」與「明明德」混擾爲一而然。後來在語類中討論時，纔較明確地以性理說明德。故牟先生認爲朱子對「明德」的注語，當修改如下：

「明德」者，人之所得乎天，「而可以由虛靈不昧的心知之明以認知地管攝之」之光明正大之性理之謂也。

如此修改，纔更能與朱子之思想一貫。由於朱子所說的「心」限定爲心知之明的認知作用，所以「明明德」之實功，亦隨順心知之明之認知地攝具衆理，而歸於格物窮理以致知。語類卷十四，大學一，有一條云：

問明明德，曰：「人皆有明處，但為物欲所蔽，剔撥去了，只就明處漸明將去。然須致知格物，方有進步處，識得本來是甚麼物。」

此明白表示，「明明德」之實功，是落在「致知格物」處說。(1)「明德」必有發見處（明處），這是客觀地就性理而說明德之發見，性理之發而爲情（如惻隱、羞惡等）便是明德之發見處。(2)因其發見處（明處）而推明之，「漸明將去」，便是明明德，這是致知格物之實功，是主觀地就心知之明之認知地攝具衆理而說「明明德」。明德（性理）通過心知之明之認知地攝具衆理而顯現，當然便能「識得本來是甚麼物」（它原本就是性理之顯現）。

朱子在論明德時，常引孟子之言以爲說。但其實義終非孟子學（註三）。他是援引孟子以遷就大學，以大學爲定本，而將孟子之本心拆成心性情三分，而心只講成認知義，這表示朱子對孟子未有相應之理解。王陽明的講法合乎孟子學之精神，而於致知格物之講法則遠於大學之本意，這是以大學遷就孟子。朱子之失在孟子，陽明之失在大學。朱子從因地上就心性說「明德」，雖未必合大學之原意，但他心性情三分，心取認知義，而以致知格物爲明明德（恢復明德）之工夫，則猶近於大學外在之精神。雖亦有推進，卻是順推，不像陽明完全予以倒轉而成爲本體論的直貫。

依牟先生之疏解，大學之「明德」不宜從因地上看，當恢復其原意從果地上看。大學，與論孟中庸易傳不是同一系者，亦不是同一層次而可以出入互講者。大學從另一端緒來，可以視爲儒家敎義之初階。由大學而至論、孟、中庸、易傳，是一種不同層次之昇進，亦是由外轉內之轉進。大學與學記以及荀子勸學篇可以列爲一組，雖不必是荀學，但亦決非與論孟中庸易傳爲同層次而可以出入互講者。當然，根據論孟庸易而講出另一個大學之道、大人之學來，亦是極佳之事，但卻非原來之大學。陽明的講法，自是孟子學的大人之學。朱子的講法，自是伊川學的大人之學。其結果仍然是直貫系統與橫攝系統之異。荀子亦是橫攝系統，荀子與朱子的差別，只在未將「禮」轉成「性理」。而原來之大學，卻並不顯明地是橫攝系統，但亦不是直貫系統（以根本未接觸因地之本故）。將大學講成橫攝系統者是朱子學。而講成直貫系統者則是陽明學。如此分判開，可以免除許多無謂之糾纏。

二、窮理是「窮在物之理」

朱子語類卷九、大學三、論知行，有二條云：

堯卿問：「窮理集義孰先？」曰：「窮理爲先。然亦不是截然有先後。」曰：「窮是窮在物之理，集是集處物之義否？」曰：「是。」

窮理，如性中有個仁義禮智，其發則爲惻隱、羞惡、辭讓、是非，只是此四者。任

是世間萬事萬物，皆不出此四者之內。（下略）

前條明確說出窮理是「窮在物之理」。後條則把性體中之仁義禮智亦視爲格物窮理之所對。朱子所謂「物」本極廣泛，一切事事物物皆包括在內。不但外物是物，吾人身心上所發之事亦是物。惻隱、羞惡、辭遜、是非等卽是心上所發之事，所以亦是物。就心上所發之事以窮其理，亦是「窮在物之理」。這是泛認知主義，把一切平置而成爲認知之所對。性體中之仁義禮智，通過氣變之化或情變之事的元亨利貞、春夏秋冬、陰陽動靜，而遍顯於一切處，故「萬事萬物皆不出此四者之內」。這是將性體只平置而爲一普遍之理，故可以置於其格物窮理之原則下，以徹底完成他的順取之路與靜涵靜攝之系統。當朱子說「萬事萬物皆不出此四者之內」，他的意思並不是本體創生直貫型的「一體之所貫」義，亦不是「萬物皆備於我」義，亦非明道之「一本」義；而是平置而爲一普遍之理，而爲泛認知主義之所對、泛格物窮理之所對。這個普遍之理，普遍到其極處，便是「太極」。而心知之明的認知作用（涵攝作用），因其明而益明之、以盡其全體大用，到「衆物之表裡精粗無不到，而吾心之全體大用無不明」（註四），則心之管攝作用，乃管攝至其極而攝至「太極」，而「心」亦遂認知地含具萬理而無遺矣。語類卷九有云：

「凡看道理，要見得大頭腦處分明，下面節節只是此理散為萬殊……如此節節推上，亦自見得大總腦處。如今看得太極分明，則必見得天下許多道理條件皆自此出。事事物物上皆有個道理，元無虧欠也。」

所謂「大頭腦處」「大總腦處」，是客觀地說，亦即指「太極」而言。（若以「心」爲總會，則是主觀地說，是就其「認知的管攝義」與「認知地具」來規定。）太極，是從下面節節推上而見到的普遍的理。反之，從太極處節節推下，「必見得天下許多道理條件皆自此出」，「下面節節只是此理散爲萬殊」。但節節推上卻不是憑空推上，此中自有一個可以推上去的契機，此即呈現在眼前的事事物物之「然」。「然」必有其「所以然」。就特殊而具體的「然」，以見到「所以然」的普遍之理，此便是「窮在物之理」。在此，涉及到幾個問題，玆本牟先生之意稍加解析：

第一、就「然」而推證其「所以然」，此所見之理是什麼理？⑴就存在之然而推證言，名曰「存在之理」（存在之存在性）。⑵就此理能「使然者然」而言，名曰「實現之理」（唯在朱子，此實現之理只是靜態地使然者然，而非動態地創生之的使然者然，故是只存有而不活動者）。又，此理本身名曰「存有」，這是本體論的存有，無所謂在不在，在不在是就事物之然說。於事物之然說存在，而不說存有，存有是事物之然的、超越的所以然之理。但如此而說的所以然之理，卻不是現象的、內在的、邏輯的、或科學知識的類名、所表示的那個所以然之理。因爲此超越的所以然所表示的存在之理，並不是一個類名。（註五）

第二、此事物之然（存在）與其所以然（存有），其間的關係如何？或者用朱子的詞語說，理與氣的關係如何？照朱子的體會，這是「不離不雜」的關係。存在之理本身只是理，並無心義，亦無神義，是只存有而不活動的。關於理氣不離不雜之義，留待下第七節再討論。

第三、作爲「大總腦」的太極，當然是一，此是太極之一相；而節節落下來所見的「許多道理條件」（註六），當然是多，是太極之多相。此中問題，亦留待下第七節再討論。

此外，還有「理先氣後」的問題，「理生氣」的問題，理之道德意義的問題。以上各問題如能得到確定之解答，則朱子學(1)主觀地說，爲靜涵靜攝之系統；(2)客觀地說，爲本體論的存有之系統；(3)而其表現之道德，爲他律道德（是本質倫理，而非方向倫理）；皆可以獲得證成。

朱子依其泛認知主義，將仁體、性體、以至形上的實體，皆平置而爲普遍之理（存在之所以然），又通過其格物窮理（窮在物之理）而成爲心知之明的認知作用之所對，永爲

「客」爲「所」而不能反身爲「主」爲「能」，而立體創造的實體性的心體亦不能說。如此，則心知之明爲一本，其所對之理又爲一本，心與理永不能，而一本直貫義遂告喪失。另一方面，朱子之「窮在物之理」；就其所窮者是存在之理而言，雖是以認知方式窮，卻並無積極的知識意義。積極的知識是在「存在之然」的曲折本身處，而不在存在之理處。

(1)窮存在之理是哲學的。

(2)窮存在之然的曲折本身則是科學的。

前者是朱子之本行，後者則是通過他道問學之過程而拖帶出來的。朱子對後者亦興趣甚濃。依其理氣之分，亦實有可以引發科學知識之依據（註七）。就「氣」上建立者是積極之知識，是科學的；就「理」上建立者是哲學的、德性的，並無積極知識的意義。朱子之目標在後者，故成爲性理家而不是科學家。

三、泛認知主義的格物論

朱子言格物，格訓至，物謂事物。格物，是至於物（即物）而窮其理。事事物物都有個極至之理，須窮到盡處。窮究是知，知是人心之靈。人心之靈本有認知事物之理的「明」，但爲物欲所蔽而發不出，故須格物以致知。致知，是藉着格物而(1)推致、擴大、並恢復其心知之明，(2)推致其窮究事物之理的認知作用，使知得徹底、知得到家，此之謂「知至」。格物愈多愈至，其心知之明愈明愈盡，到得「衆物之表裡精粗無不到」，而達於知「太極」之境，則「吾心之全體大用無不明矣」。

朱子將一切皆視爲格物工夫之所對，皆納於「人心之靈莫不有知，天下之物莫不有理」的格範下，一律平置而爲存在之然（物）以究其所以然，而成爲平視一切的泛認知主義的格物論。這裡顯然有問題。他將孟子所說的本心拆散，推出去平置而爲「然」與「所以然」，只剩下「心知之明」與「在物之理」的攝取關係，而眞正的道德主體乃告泯失。象山與朱子爭，斥之爲支離，爲不見道，主要就在這一點。依孟子，四端之心卽是吾人之道德本心，亦卽吾人內在的道德性之性；惻隱、羞惡、辭讓、是非之心，卽是仁、義、禮、智，這裡並沒有然（情）與所以然（性）之分別。所謂操存，所謂存心養性、盡心知性，並不是「卽物而窮其理」的格物問題。

然則，朱子這種泛認知主義的格物論，在體悟大本、體悟道德實踐之根據（動源）上，是否恰當而妥貼？一般人雖不必說得出，但總感覺這裡有問題，數百年來亦總涉及到這個問題。北宋諸儒費如許大之心力與如許多之辭語，亦總在指點這個大本，指點這內在的根源。

而朱子於此總不鄭重考慮，只想以泛認知主義的格物論而平置之，這實在未能浹洽人心。溯自孔子指點仁，孟子講心性，中庸講愼獨、致中和，講誠體，擴大而爲易傳之窮神知化，凡此等等，皆非「卽物窮理」的格物問題。理固然不離事，道固然不離器，但這種理道自始便是指道德創造之源的理道而言，並不是泛說平指的理道。這種作爲道德創造之源的理道，當它立體直貫下來，自是卽在事中而不離事、卽在器中而不離器。假若不先道德自覺地意識到這道德創造之源的理道，而光只是卽物窮理以求之，豈便眞能至此理道乎？就道德之事如忠孝惻隱等以窮之，其所窮至者固然可說是道德的理道，但就天地鬼神、日月陰陽、草木鳥獸等以窮之，其所窮至者豈能卽是道德的理道？縱然是就道德之事以窮之，其所窮至之理道既已平置而爲外在的理道、納於心知之明與此外在之理道的攝取關係中，則其道德力量亦必減殺。正以此故，其泛認知主義之格物論，終於使道德成爲他律道德。（不是「道德創造之源」於穆不已地自覺自發、自主自律、自定方向之自律道德。）

由此可見，「道德創造之源」的理道之開發，在內聖成德之教上實具本質的重要性。濂溪、橫渠、明道之體悟道體、誠體、神體、性體、心體、仁體，亦只是爲的要見此道德創造之源以爲眞主體；象山以後，陽明以孟子義講大學，亦只是在此點上與朱子爭；而朱子之疑胡五峯、斥責湖湘學者，亦實只是在這一點上不回頭。而朱子之必以泛認知主義的格物論，平置一切以爲心知之明之所對，終於成爲橫攝系統，亦只是在此一關有不透。

四、格物致知與誠意之關係

朱子言格物，亦講「合內外」，但那只是認知地關聯地合內外，不是明道所謂「只此便是天地之化」、「只心便是天，盡之便知性，知性便知天，當處便認取，更不可外求」的一本論之「無內外」。朱子又說「物格知至處，便是凡聖之關」。又說「格物是夢覺關」，並自注云：格得來是覺，格不得只是夢。又說「誠意」是「善惡關」、「人鬼關」，亦自注云：誠得來是善，誠不得只是惡；誠得來是人，誠不得是鬼。（註八）。凡此，亦都是泛認知主義之格物論下的說法。由此雖亦可以優入聖域，但卻是走的「後天而奉天時」之路，還不是「先天而天弗違，後天而奉天時」通而一之的圓教。而「格物」與「誠意」之關係亦有不能彌綸之罅隙，而「誠意」終成一軟點，只能從作用上關聯地說，不能從實體上挺立地說。

朱子語類卷十五、大學二，有二條云：

大學所謂知至意誠者，必須知至，然後能誠其意也……（問）致知所以先於誠意者如何？曰：致知者，須是知得盡，尤要親切。尋常只將「知至」之「至」字作「盡」字說，近來看得合作「切至」之「至」。知之者切，然後貫通得誠意底意思。如程先生（伊川）所謂真知者是也。

問：知至而後意誠，故天下之理反求諸身。實有於此，似從外去討得來，云云。曰：仁義禮智非由外鑠我也，弗思耳矣！（原注：厲聲言「弗思」二字。）又笑曰：某常說人有兩個兒子，一個在家，一個在外去幹事，其父卻說在家底是自家兒子，在外底不是！

此二條皆說格物致知與誠意之關係。大學云「知至而後意誠」。格物致知到知之「極盡」而「切至」（所謂眞知）時，自然可以表示意誠。故曰「知之者切，然後貫通得誠意底意思」。這是以「知之眞切」帶出「誠意」。誠意旣粘附於「知」而見，則誠意亦可說只是「知之誠」。「眞知」與「誠意」只成一事之二名，「意之誠」遂爲知所限而與知爲同一。然而大學言「正心誠意」所表示的心、意，乃是道德的心意，是道德行動之機能；而「知」則是認知的機能。求知活動雖亦可以說是一種行動，因而認爲此作爲行動之源的「心意」，亦可應用於「心知之明」之認知而成爲眞切地去認知，但卻不能使「心意」全限於此而與「知」爲同一。因爲：「意」是行動之源，而實心實意去知（知得眞切）只是表示知之誠，「知之誠」

與「誠意以開行動之源」，這其間畢竟有距離。

大學書中以「如好好色，如惡惡臭」爲喻所表示的意之誠，是眞能實現行爲之好惡的。好惡即是好善惡惡，而好善惡惡又必然函着爲善去惡（這是一心之沛然所必至者）。在此即顯出「意之誠」是行動之源，而與「知之誠」有所不同。朱子當然亦可使意之誠有獨立的意義，但在泛認知主義之格物論中，知的機能與行的機能，實只是外在地相關聯，他律地相關聯，行動之源並未開發出，而卻以知之源來決定行動；行動既是他律，亦是勉強，而道德行動力遂不能不因之而減弱矣。

王陽明不滿朱子之說，故由致良知以誠意，攝意於知（良知），其用心總在開發行動之源，而眞正行動之源實只在良知也。攝意於知，以知證心之體、定心之發，則知致而心正意誠。這種誠意是從體上誠，是實體地誠、挺立地誠，而不是取決於「即物窮理之眞知」之關聯地誠、他律地誠，亦不是作用地誠。後來，劉蕺山又將意再向裡收斂一步，視「意」爲心之所存（而非心之所發的念），「意」即是淵然有定向之眞宰，這纔是自發自律自定方向的道德眞幾（意根誠體，亦可曰意體）。如意體之純一不二而還其爲純一不二，便是誠意（復此道德眞幾）。這種誠意亦是從體上實體地誠、挺立的誠，不是有待於格物致知之關聯地誠、他律地誠、作用地誠。陽明與蕺山所說雖未必合大學原意，但卻是從體上開發行動之源，合乎孟子學的精神(雖所用詞語有不同),亦合於先秦儒家講於穆不已之體的基本義,所以同爲立體直貫之系統。

朱子的講法,在文義上雖似較順於大學「欲誠其意者先致其知、知至而後意誠」的辭語,卻亦未必卽是大學的原意。牟先生特別指出,大學誠意章並沒有依循經文而說「所謂誠意在致其知者」,而只說「所謂誠其意者,毋自欺也」,而歸結於「愼獨」。是卽打斷致知與誠意之因果關係,而於「誠意」則單提「愼獨」工夫以實之。愼獨工夫對於誠意之力量並不亞於致知,而且比致知更切近於誠意,所以劉蕺山特就愼獨而發揮,而以「愼獨」爲提綱。如此,則亦可說「欲誠其意者先愼其獨」,「愼獨而後意誠」。這完全是就心體言工夫。而朱子之說統,則有「以知之源決定行之源」的難題。但因大學本身不能明確地決定義理之方向(其知字、格字、物字,皆可有不同之解釋,可作不同方向之發揮),所以,取朱子之意以說大學,以爲大學之意只是如此,亦並不發生嚴重之問題。但以大學爲定本,而以之概括孟子,此則大不可。因爲孟子言本心,明顯地是自律道德,而非他律道德。

又,上引第二條,問者以爲由格物窮理之知至、以達於意誠,似有「從外去討得來」之嫌,這表示問者已感到他律之困難。而這個疑難正是朱子所最不耐者。他引孟子之現成語「仁義禮智非由外鑠我也」、「弗思耳矣」以爲說,而說到「弗思」二字且特別「厲聲」以出口，其不耐之情可想而見。孟子之言，當然可以表示「不是從外討得來」，但朱子泛認知主義之格物論卻並不合孟子義，他援引孟子的話只是要堵絕問者之疑難耳。（至於自己之說統是否與孟子義相應相合，他卻始終不回頭思量省察。）「厲聲」之後，又緩和語氣，以「人有兩個兒子」爲喻，此喻倒能符合象山學之精神，所謂宇宙內事皆己分內事，無論在家在外幹事，皆有本以統之，「在家底」與「在外底」皆是「自家兒子」。但在朱子之說統中，卻並沒有「一個在家」者以爲內在之本、以爲行動之源。這個行動之源既未開發出來，則「從外去討得來」這一個疑難，是無法加以消解的。

〔附識〕：由陸王與朱子爭，確能看出朱子之不足。但朱子之所以形成此不足的關鍵，陸王皆未加辨察，對於朱子思理之背景來歷，亦未有明澈相應之了解（他們亦沒有這種興趣）。在牟先生「心體與性體」書出之前，實亦從未有人真能窮盡地了澈朱子學之綱領條脈。故牟先生雖不以朱子為能恰當地弘揚孔孟之道，亦不認為朱子能善紹北宋周、張、明道所開發的義理方向，而判之為只承繼伊川一人；但牟先生卻是朱子最大之知音，亦是講明朱子學以顯發其真實價值之最大功臣。朱子之論學，自有軌轍，以朱子精誠之生命及其存養察識之真切，亦能澈至心性之微、而以自己之思理表出此中之義理（雖猶是異質曲折以通之）。而歷來宗朱尊朱者，卻只下委於無本之「居敬」，散塌於空泛之「道問學」，直欲拖朱子於「內聖之學」之門外，此實非所以尊朱之道。故牟先生以為，在朱子看來，汝等只在門外宗我，尚不如陸王在門內與我爭而不宗我也。

(1)朱子（橫攝系統）
- 主觀地說，是靜涵靜攝系統
  - 靜涵是心氣之靜態的涵蓄淵渟
  - 靜攝是心知之認知的綜函攝取
- 客觀地說，是本體論的存有系統
  - 而本體宇宙論地說
    - 太極或理是本體論的存有
    - 氣化萬殊是宇宙論的生化

(2)「然」必有「所以然」——就特殊而具體的「然」，以見到「所以然」的普遍之理
- 此即「窮在物之理」
  - 此理就存在之然而推證言，名之曰「存在之理」
  - 就此理能「使然者然」而言，名曰「實現之理」

(3)

此事物之然（存在、氣）與其所以然（存有、理）乃不離不雜之關係

人心之靈莫不有知
天下之物莫不有理
以此一格範，將一切皆推出去平置而爲「然」與「所以然」

而納入「心知之明」與「外在之理」的攝取關係中——泛認知主義的格物論

由「即物窮理」而致得的理道，乃是泛說平指的理道——此乃他律道德

唯有作爲「道德創造之源」的理道，於穆不已地
自覺自發
自主自律
自定方向
方爲自律道德

※心知
上達——通過良知明覺，體萬物而不遺（與物無對）——成聖德
下開——良知明覺自我坎陷而轉成知性（與物有對）——成知識

順「即物窮理」之方式轉進一步，可開出知識之學

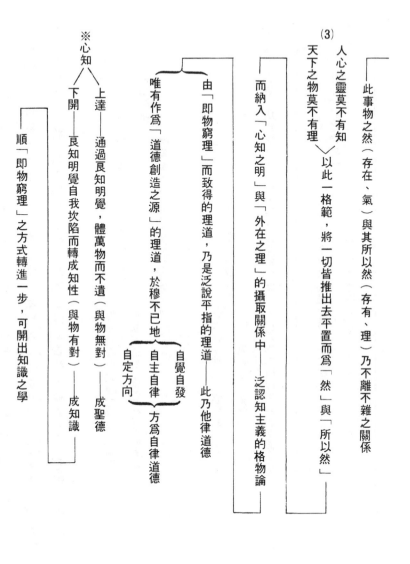

(4)朱子言格物，亦講「合內外」——此是認知地關聯地合內外

由「知之眞切」帶出「誠意」——誠意只成「知之誠」，而非「意之誠」

知——認知的機能
意——行動的機能
只將二者作一外在的關聯，並不能開發行動之源

直正的行動之源（本心良知）開不出
則「誠意」乃成爲一個軟點
而不免「是從外面討得來」

附註

註 一：按、「克齋記」（見文集卷七十七），從克己復禮以申論仁之義旨與求仁之要。此記作於壬辰年，朱子四十三歲。「仁說」則編在文集卷六十七，作於何年，不可確考。但據朱子與張南軒論辨仁說書中之語，知「仁說」作於「克齋記」之後，而且仁說文中之辭語，不少已先見於克齋記。

註 二：伊川此段全文，已引見北宋篇第十四章第二節之首，請參看。

註 三：牟先生謂，看朱子語類卷十四論明明德處，心中最爲着急。此卷所說，最接近陸王本於孟子而來之心學。然而朱子始終湊泊不上，看着上去了，卻又落下來，最令人着急，亦最令人搖惑。若不知其思理而順援引語一直說下去，很可以依孟子而講成陸王學。必須回頭照顧到他的「心具」之意指、心性情三分、致知格物義，方知朱子之實義。此是看朱子文獻最困難處。

註 四：語見朱子大學格物補傳。茲錄補傳全文於此，以便讀者：「所謂致知在格物者，言欲致吾之知，在卽物而窮其理也。蓋人心之靈莫不有知，而天下之物莫不有理。惟於理有未窮，故其知有不盡也。是以大學始教，必使學者卽凡天下之物，莫不因其已知之理而益窮之，以求至乎其極。至於用力之久，而一旦豁然貫通焉，則衆物之表裡精粗無不到，而吾心之全體大用無不明矣。此謂物格，此謂知之至也。」

註 五：關此，請參看北宋篇第十七章註二。

註 六：所謂「道理條件」之「條件」，卽件數之意。與今所謂條件限制之制約義的條件，義不同。

註七：朱子語類卷二論天地，卷三論鬼神，其所論皆是就存在之然（氣本身之曲折）而說，由氣之造作營爲說明自然界之形成，此雖尙未達於科學之階段，但氣之造作營爲是物理的，在基本原則處是科學的，自可以向科學走。若順中國傳統思想講科學，必由此路開而不能由考據之路開。在朱子道問學與格物窮理中，實隱藏有純知識面之眞精神，並不只是空泛之讀書。朱子之大弟子蔡元定尤其具有此種純知識之興趣，而且甚見此方面之才智。雖然是老式的、前科學的，但實是科學家之心靈。

註八：此所引述之語，皆見朱子語類卷十五、大學、經下、論致知格物處。

附錄

大學分章之研究

此文撰於民國五十三年冬，次年四月刊於「孔孟學報」第九期。以文中所論，與朱子大學章句及格物補傳皆相關涉，故特略加修訂，附錄於此。

一、大學古本之結構形式及其問題
二、朱子大學章句及其補傳
三、陽明之復古與諸儒有關大學之疑難
四、唐君毅先生對大學章句之辨證

大學，原爲禮記之第四十二篇，千餘年中，未見學者特加注意。直到唐代，韓愈在原道一文中，引「古之欲明明德於天下者，先治其國；欲治其國者，先齊其家；欲齊其家者，先修其身；欲修其身者，先正其心；欲正其心者，先誠其意」（註一）一段，以爲堯舜禹湯文武周公孔子之道，蓋在於是。自此，大學一篇始被看重。下及北宋，大學雖已單行，而司馬溫公亦有大學廣義一卷行於世（其書現已失傳），然眞正表彰大學之義，而特別予以推重者，當自二程子始。下至南宋朱子，乃將大學編列爲四子書之首卷，並綜述二程之言（註二）曰：「大學，孔氏之遺書，而初學入德之門也。於今可見古人爲學次第者，獨賴此篇之存，而論孟次之。學者必由是而學焉，則庶乎其不差矣。」從此以後，大學便成爲學者「童而習之」之書。但朱子認爲「舊本頗有錯簡，今因程子所定，而更考經文，別爲序次」，同時，另作格物補傳以附之。於是，八百年來學者所旦夕誦讀之大學章句，已非大學之本來面目矣。本文之作，意在辨析大學古本的結構形式及其章節編次之問題；與朱子章句之所由作，以及其貢獻與問題之所在；再下及陽明復古本之舊的主要論點，與宋後諸儒有關大學之疑難；最後並介述唐君毅先生近作「大學章句辨證及格物致知思想之發展」（註三）文中，有關大學章句之新訂正及其貢獻。關心大學一書之時賢君子，或亦有取乎是以爲參證之資焉。

一、大學古本之結構形式及其問題

1.古本原文

大學古本原文如下。爲求醒目而易於對照，姑且將首段與次段分成十二小節，每節之首，標以號次，以便於後文之說明。

首段：

①大學之道，在明明德，在親民，在止於至善。

②知止而后有定，定而后能靜，靜而后能安，安而后能慮，慮而后能得。物有本末，事有終始，知所先後，則近道矣。

③古之欲明明德於天下者，先治其國；欲治其國者，先齊其家；欲齊其家者，先修其身，欲修其身者，先正其心；欲正其心者，先誠其意；欲誠其意者，先致其知；致知在格物。物格而后知至，知至而后意誠，意誠而后心正，心正而后身修，身修而后家齊，家齊而后國治，國治而后天下平。

④自天子以至於庶人，壹是皆以修身為本。其本亂而末治者否矣。其所厚者薄，而其所薄者厚，未之有也。

⑤此謂知本，此謂知之至也。

次段：

⑥所謂誠其意者，毋自欺也。如惡惡臭，如好好色，此之謂自謙。故君子必慎其獨也。小人閒居為不善，無所不至，見君子而后厭然，揜其不善，而著其善；人之視己，如

見其肺肝然，則何益矣。此謂誠於中，形於外，故君子必慎其獨也。曾子曰：「十目所視，十手所指，其嚴乎」！富潤屋，德潤身，心廣體胖，故君子必誠其意。

⑦詩云：「瞻彼淇澳，菉竹猗猗；有斐君子，如切如磋，如琢如磨。瑟兮僩兮，赫兮喧兮，有斐君子，終不可諠兮。」如切如磋者，道學也。如琢如磨者，自修也。瑟兮僩兮者，恂慄也。赫兮喧兮者，威儀也。有斐君子，終不可諠兮者，道聖德至善，民之不能忘也。

⑧詩云：「於戲！前王不忘」。君子賢其賢而親其親，小人樂其樂而利其利，此以沒世不忘也。

⑨康誥曰：「克明德」。大甲曰：「顧諟天之明命」。帝典曰：「克明峻德」。皆自明也。

⑩湯之盤銘曰：「苟日新，日日新，又日新。」康誥曰：「作新民」。詩云：「周雖舊邦，其命惟新」。是故君子無所不用其極。

⑪詩云：「邦畿千里，惟民所止」。詩云：「緡蠻黃鳥，止於丘隅」。子曰：「於止，知其所止，可以人而不如鳥乎」。詩云：「穆穆文王，於緝熙敬止」。為人君、止於仁，為人臣、止於敬，為人子、止於孝，為人父、止於慈，與國人交，止於信。

⑫子曰：「聽訟、吾猶人也，必也使無訟乎」。無情者不得盡其辭，大畏民志，此謂知本。

三段：所謂修身在正其心者……此謂修身在正其心。
四段：所謂齊家在修其身者……此謂身不修不可以齊家。
五段：所謂治國必先齊其家者……此謂治國在齊其家。
六段：所謂平天下在治其國者……此謂國不以利爲利，以義爲利也。
（附按）三至六段，以歷來學者對此從無異辭，各家注疏，亦皆從古本原文。而本文所論，亦不及此四段，故從略不備錄。

2. 古本章節之結構形式及其問題

從上列大學古本章節之結構形式看，可有兩點發現：
第一，首段主要在提揭「三綱領」「八條目」。
所謂三綱領，卽：

1. 明明德 2. 親民 3. 止於至善

所謂八條目，即：

1.格物　2.致知　3.誠意　4.正心　5.修身　6.齊家　7.治國　8.平天下

第二，其餘各段，則依次闡明首段八條目中之後六目。如相應首段之文而分別言之，則次段以下之章次當如下列：

次段：釋「欲正其心者先誠其意」與「意誠而后心正」二語。（註四）

三段：釋「欲修其身者先正其心」與「心正而后身修」二語。

四段：釋「欲齊其家者先修其身」與「身修而后家齊」二語。

五段：釋「欲治其國者先齊其家」與「家齊而后國治」二語。

六段：釋「古之欲明明德於天下者先治其國」與「國治而后天下平」二語。

據此，可以看出首段是大學之總綱，是全書的中心義旨之所在。次段以下，則是就首段之義加以申述。但依據三綱領八條目的體系而言，我們又可以看出兩處疑點：

(1)照古本章節之結構形式看，並沒有明白闡釋「三綱領」的文字。

(2)對於八條目中之「格物」「致知」兩目，亦即首段中「欲誠其意者先致其知」「致知在格物」二句，亦沒有明文予以分別闡釋。

要解決這兩處疑點，先須分析一下造成這兩處疑點的可能的原因。假若今存大學古本之內容編次，與大學作者所寫成的大學原文盡合無誤；而我們提出的兩個疑點又確非無理，則大學之章節結構便不夠嚴整完善而有疏略之病。否則，我們便只能從下列三點尋求答案。

第一、釋「三綱領」之文，古本中並未缺漏，特以簡編錯亂，雜入他處耳。

第二、釋「格物」「致知」之文，大學原本有之，而古本則亡矣。

第三、古本文字全無缺漏，唯頗有錯簡，故不免首尾失黏，顛倒失序。如復其原有之序，則「三綱領」與「格物、致知」之釋文，皆具足其中，無待補闕。（註五）

以下我們將詳細說明古今學者如何解決這三個問題。

二、朱子大學章句及其補傳

首先表彰大學之義，並指出大學古本有所錯脫，而爲之更定編次的，大概是由程子發其端，而朱子的大學章句則大體兼融了程子之意而編成。所以下文的討論，即以朱子之章句爲根據。

1.分判經傳改訂章句

在朱子以前，對於大學一文之成篇，沒有人確實指認是出於何人之手。這與中庸一文之情形不同。中庸自史記與孔叢子起，便認爲是子思所作，鄭玄亦明說中庸是「孔子之孫子思作之，以昭明聖祖之德」。至於大學，鄭目錄只說「名大學者，以其記博學可以爲政也」，而並沒有提到作者爲誰。程明道說「大學乃孔氏之遺書」，亦只是泛指大學之所自出，仍然沒有涉及作者。至朱子作大學章句序，以爲大學乃孔子不得君師之位以行其政教，「於是獨取先王之法，誦而傳之，以詔後世……三千之徒，蓋莫不聞其說，而曾氏之傳，獨得其宗。於是作爲傳義，以發其意。及孟子沒而其傳泯焉……河南程氏兩夫子出，而有以接乎孟氏之傳，實始尊信此篇而表章之」。是則認定大學爲曾子所作，且以大學一文乃儒家道統之所繫。事實上，「大學的作者問題，是無從解決的」，但朱子之所以「認定大學是出於曾子」，乃是「以整個道統傳承的線索，爲其立說的根據」。（註六）

朱子旣以大學乃曾子承述孔子之說而作，於是更就原文分判「經」「傳」，而認爲「經一章，蓋孔子之言，而曾子述之；其傳十章，則曾子之意，而門人記之」。依據此一認定，他便以畢生的心力，從事大學章句之重訂工作。他以爲「舊本頗有錯簡」，於是「因程子所定，而更考經文，別爲序次。」（註七）這就是通行八百年，迄今仍爲我們所誦習，而與論語、孟子、中庸之註解合爲「四書集註」的大學章句。

依朱子之重訂，計分爲經一章，傳十章；而以傳之前四章統論綱領指趣，後六章細論條目功夫。其目如左：

經一章　標舉三綱領八條目。自「大學之道……所薄者厚未之有也」屬之。

傳首章　釋明明德。自「康誥曰克明德……皆自明也」屬之。

傳二章　釋新民。自「湯之盤銘曰……君子無所不用其極」屬之。

傳三章　釋止於至善。包括「詩云邦畿千里……與國人交止於信」。「詩云瞻彼淇澳……民之不能忘也」。「詩云於戲……沒世不忘也。」三小節。

傳四章　釋本末。自「子云聽訟吾猶人也……大畏民志此謂知本」屬之。

第五章　釋格物致知。以「此謂知本，此謂知之至也」二語屬之，另新作補傳。

傳六章　釋誠意。自「所謂誠其意者……故君子必誠其意」屬之。

傳七章　釋正心修身。（此下四章悉從古本）

傳八章　釋修身齊家。

傳九章　釋齊家治國。

傳十章　釋平天下。

考朱子重訂章句，計移動古本之次序者三，改字一，刪字四，另新作一百三十四字之格物補傳。對於原文之改動，可謂甚大。茲先就其刪改字句別定次序部分，分條說明如下：

（請與前文抄錄之十二小節大學古本原文，參較對照而觀。）

⑴改首段三綱領之「在親民」爲「在新民」。

⑵將原屬古本誠意章之「康誥曰克明德……與國人交止於信」一段計三章（即前文所錄古本⑨⑩⑪三小節），移置於「所薄者厚未之有也」（即前錄古本④小節）之後。

⑶將原屬古本誠意章之「詩云瞻彼淇澳……此以沒世不忘也」一段（即前錄古本⑦⑧二小節），連同「子曰聽訟吾猶人也……此謂知本」一段（即前錄古本⑫小節），併移置於「與國人交止於信」之後。

⑷將原屬於古本首段之「此謂知本，此謂知之至也」一句（即前錄古本⑤小節）割裂而出，移接於「大畏民志，此謂知本」之後，而兩句「此謂知本」遂相連接。

⑸兩句「此謂知本」既相連接，朱子乃據程子之言，謂此後一句「此謂知本」爲衍文。

後一句「此謂知本」旣予删去，則「此謂知之至也」一語，遂上無所承，而成爲一孤立之語句。於是，朱子乃有補傳之作。

2. 格物致知補傳之所由作

朱子之意，旣以「此謂知之至也」一句之上，「別有闕文，此特其結語耳」。因此，雖「極知僭踰無所逃罪」，仍「忘其固陋」而「竊附己意，補其闕略，以俟後之君子。」（註八）其言曰：右傳之五章，蓋釋格物致知之義，而今亡矣。閒嘗竊取程子之意，以補之曰：

「所謂致知在格物者，言欲致吾之知，在卽物而窮其理也。蓋人心之靈，莫不有知，而天下之物，莫不有理；惟於理有未窮，故其知有不盡也。是以大學始敎，必使學者卽凡天下之物，莫不因其已知之理而益窮之，以求至乎其極。至於用力之久，而一旦豁然貫通焉，則衆物之表裡精粗無不到，而吾心之全體大用無不明矣。此謂物格，此謂知之至也。」

這段補傳，影響極大。自此之後，以「窮理」釋「格物」，幾乎成爲定詁。我們細考朱子之所以要作這段補傳，其直接的原因，是由於重訂大學章句之後，出現了兩個問題：

(1)改訂後之章句，使得「大畏民志」下之「此謂知本」，與「此謂知之至也」上之「此謂知本」兩相連接。今既認定後一句「此謂知本」爲衍文，而「此謂知之至也」爲一段之結語，則此句上面的闕佚，自必有以補之。

(2)經傳既已分判，章句亦經重新排比，於是發現大學原文正缺少一段「格物致知」之釋文。而根據經文「物格而後知至」一語之意，則「此謂知之至也」之上，亦應補上一段闡論格物致知之文字，方見文意完足，而與經文前後相應。

有了這兩個直接的原因，固然足以引出朱子作格物補傳之動機，但卻不能決定朱子之非以「窮理」釋「格物」不可。故補傳之以「卽物而窮其理」爲「格物」之義，尚別有故。此則又與朱子對「物」字的解釋，有直接之相關。大學「物有本末，事有終始」二語，本相對成文，各有所指。物有本末，指意、心、身、家、國、天下而言；事有終始，指誠、正、修、齊、治、平而言。（註九）而朱子上沿鄭玄「物，猶事也」之注，以「事」訓「物」，於是事物不分，一滾而說，而其中所說之「事物」，乃成爲一抽象而不具體的空泛之詞。事與物既已各失其所指，則天地間萬事萬物之衆，將如何而格？除了循事物之「理」而窮之，似乎更無他道。順着這個思路想下來，則朱子所謂「天下之物，莫不有理」，「必使學者卽凡天下之物，莫不因其已知之理而益窮之，以求至乎其極」等語，也就順理成章了。明乎此，乃知朱子補傳之作，實是以他自己之思想爲根據的。

3. 朱子章句之貢獻及其問題

朱子作大學章句的貢獻，可以從各方面來說，諸如(1)闡發大學之義，表而章之；(2)分判經傳，綱張目擧，使大學思想之體系，朗然而現；(3)以大學與論孟中庸合爲四書，使大學之思想普及天下，昭顯後世。凡此等等，皆功垂百世，而爲後人所共認。若尅就他改訂章句的部分而言，則我們認爲朱子將原屬於古本誠意章之「康誥曰……與國人交止於信」一段文，移置於經文之後，列成三章，以爲解釋三綱領之文，可算是他最大的貢獻所在。這個意思，唐君毅先生已暢發之。他說：「此三章，明爲分別釋明明德、親民、止至善之義者，實當移置於前文也。卽其改親民爲新民，亦非無理。因大學本文，原有釋新民者（註一〇），而無釋親民者也。若依古本，將此三章皆置於誠意章中，則對篇首所提三綱領之解釋，反落在釋誠意之第一段文後；而誠意章中夾入此三段文，乃致首尾失黏。古人行文雖疏略，應無如此顚倒失序者。況大學原爲一有綱有目之作乎！」（註一一）以是，唐先生以爲朱子對此三章之移置，「其功實大」。

此外，朱子移置大學原文之處，皆不必盡當，未可遽視爲定論。玆就唐先生之所發，申述如次：

一、將原屬於古本誠意章之「詩云瞻彼淇澳……民之不能忘也」「詩云於戲……沒世不忘也」二段文，移置於「與國人交止於信」之後，併視爲解釋「止於至善」之文，此實可不必。——考誠意章前段所述，首先由「毋自欺」「愼獨」之工夫，以「誠於中」而「形於外」，終而至於「德潤身，心廣體胖」。依於此義，則(1)詩云瞻彼淇澳一段所謂「道學」「自修」，正是愼其獨以修其德的事；「恂慄」「威儀」，亦是內在之德潤乎其身，由心之廣大寬平而彰於體貌的表徵。而(2)詩云於戲一段所謂「君子賢其賢而親其親，小人樂其樂而利其利」，亦正是說的前王誠意之功，充內形外，足以感人，故能使民「沒世不忘」。由此可見，兩段原屬於誠意章之文，正與前段文義互相發明。而朱子章句之注文，則謂詩云瞻彼淇澳一段之意，乃「引詩而釋之，以明明德者之止於至善。道學、自修，言其所以得之之由；恂慄、威儀，言其德容表裡之盛；卒乃指其實而歎美之也。」又謂詩云於戲一段，乃「言前王所以新民者，止於至善，能使天下後世，無一物不得其所；所以既沒世而人思慕之，愈久而不忘也。」

據此，可知朱子認為此二段文，皆是詠歎明明德與新民者能「止於至善」之效驗。但朱子既以恂慄、威儀，乃「言其德容表裡之盛」，豈不正是充內形外、而說明「誠意」之效驗？因此，朱子的解說，雖然於義可通，但是把本來前後承接、義理明通的原文，予以移動，以牽合自家心中之意，這畢竟是欠妥當的。（註一二）

二、將原屬於古本誠意章之「子曰聽訟……此謂知本」一段，單獨列為一章，以為解釋「本末」之文，此則既失於義理，而於三綱領八條目之外，另立「本末」作為傳之一章，亦與大學綱目體系之結構有違。——考鄭玄注此段云：「聖人之聽訟，必使民無實者不敢盡其辭，大畏民志，使誠其意不敢訟。」朱子之注亦謂：「聖人能使無實之人，不敢盡其虛誕之辭。蓋我之明德既明，自然有以畏服民之心志，故訟不待聽而自無也。」朱子的解說，大旨與鄭注並無不同。朱子又說：「大畏民志者，大有以畏服斯民自欺之志。」（註一三）本於此義，可知在位之人，苟能誠意而至於盛德至善以化民，則民之無實而興訟者，亦遂不敢盡其虛誕欺罔之辭，而不敢意不誠矣。如此，豈不正是章首「誠其意者，毋自欺也」之旨？可見此段舊屬於誠意章，正合義理。而朱子必分出此段，以為釋本末之一章，實在毫無根據。但朱子之意，亦有可得而言者。他對「物有本末，事有終始，知所先後」數語之注曰：「明德為本，新民為末；知止為始，能得為終。本始所先，末終所後。此結上文兩節之意。」據此，可知朱子認為「本末」數句，是上承三綱領而來的結語。而此聽訟一段之末，又正好有「此謂知本」一句，所以他便移出此段，作為「物有本末」數語之釋文，而別立為傳之第四章。但照我們的看法，則大學之傳文，理應以分釋三綱八目為準，不必另立「本末」一章。而「物有本末，事有終始」，亦不是上承三綱、知止以為說，而是說的「意、心、身、家、國、天下」諸「物」，有其本末之分；而「誠意、正心、修身、齊家、治國、平天下」諸「事」，有其始終之序。試觀首段「壹是皆以修身為本……此謂知本」之言，卽可看出所謂本末之意指。至於原屬誠意章聽訟一節末句之「此謂知本」，實乃上結誠意之意，其中似亦涵有「以誠意為修身之本」的意思。（註一四）

三、將原屬於古本首段之「此謂知本，此謂知之至也」一句，割裂而出；又認為「此謂知本」四字為衍文，而「此謂知之至也」一句之上別有闕文，於是另作補傳，此已見前述。——按「此謂知本，此謂知之至也」二句，在古本中原接於「自天子以至於庶人，壹是皆以修身為本……未之有也」之後，所以「此謂知本」之直接義，當卽指「修身為本」之意而言，而其間接義則承「物有本末，事有終始，知所先後」，以及「天下之本在國，國之本在家，家之本在身」（註一五）之意而來。此義後文將再論及，這裡只略一提，以明朱子割裂此句之不必，以及判「此謂知本」為衍文之不當。（註一六）

至於大學古本若眞如朱子所說，有所闕佚，則何者當補，何者不必補，亦須再作考察。朱子補傳所欲講明者，乃在「致知在格物」及「物格而後知至」二語。大學言「致知在格物」，而未嘗言：欲致其知者先格其物。然則，致知、格物雖爲二名，實際上亦可說是一事。因此，朱子不爲「致知」「格物」分別作兩篇補傳，固無可訾議。致知、格物既爲一事，則釋得「欲誠其意者先致其知」，而不另釋「致知在格物」，實未嘗不可；但只釋「致知在格物」，而不釋「欲誠其意者先致其知」，則萬萬不可。否則，由誠意到致知便將失其通貫之關連。朱子不此之圖，而唯以其補傳釋「致知在格物」及「物格而後知至」二語，而未嘗釋「欲誠其意者先致其知」及「知至而後意誠」二語，不能不說是輕重倒置。雖然朱子語類中多有論知至而後意誠之言，但在大學補傳之中卻並未顧及此義。而且朱子解釋格物，又不直接以物爲其所對，而是以物所自有之理爲其所對。所以他說：「天下之物莫不有理，惟於理有未窮，故其知有不盡也。」據此，則朱子言格物致知，一方面是冒過了與誠意之關連，一方面又冒過了物而直達於物之「理」。然則，朱子所作之補傳，實未嘗補其所當補，而其所補，亦未嘗貼切於大學之原文。（註一七）——以上論朱子補傳之不當，乃純就大學之文理而說。若尅就補傳本身之思想而言，則又當別論。而且這篇補傳中的義理，雖未必爲大學原義所有，但如視爲大學思想之進一步的發展，則亦極具意義而有不磨之價值。

三、陽明之復古與諸儒有關大學之疑難

1. 陽明復古本之舊的主要論點

自從朱子大學章句行於世，一般士子幾乎不復知有大學古本之存在。王陽明既不契於朱子之學，遂以大學之「新本」「古本」爲論題，展開他對朱子的論難。因此，朱子陽明二人之學問及其立教，亦可以說同是以大學爲中心而展開的。陽明認爲大學是聖人本末一貫之學，而認爲朱子之分判經傳、重訂章句、以及新作補傳，乃是離析古本，皆不合聖人之意。所以他在「大學古本序」中說：「聖人懼人之求之於外也，而反覆其辭；舊本析而聖人之意亡矣。……合之以敬而益綴（註一八），補之以傳而益離。吾懼學之日遠於至善也，去分章而復舊本……庶幾復見聖人之心。」陽明論述大學之要旨，大體見於他起征思田前夕，應門人之請而講述的「大學問」一文。玆就其對應朱子章句而發之處，約取數節以見其概：

(1)「明明德者，立其天地萬物一體之體也；親民者，達其天地萬物一體之用也。故明明德必在於親民，而親民乃所以明其明德也。是故親吾之父、以及人之父、以及天下人之父；而後吾之仁，實與吾之父人之父天下人之父而爲一體矣。實與之爲一體，而後孝之明德始明矣。親吾之兄、以及人之兄、以及天下人之兄，而後吾之仁，實與吾之兄人之兄天下人之兄而爲一體矣。實與之爲一體，而後弟之明德始明矣。君臣也，夫婦也，朋友也，以至於山川鬼神鳥獸草木也，莫不實有以親之，以達吾一體之仁，然後吾之明德始無不明，而眞能以天地萬物爲一體矣。」

陽明此所闡論，就義理言，實至充盡。陽明嘗言：「說親民，便是兼敎養意，說新民，便覺偏了。」（註一九）這話頗有意義。他的親民哲學，亦有極爲精徹的發揮。但朱子改大學「在親民」爲「在新民」是否有當，應該以大學原文之義以爲據。陽明在傳習錄上答徐愛之問，雖引大學「君子賢其賢而親其親」與「此之謂民之父母」之文，以反駁朱子，但論據實嫌不足。「第一、陽明上面引的話，不能認爲是緊承在親民來說的。第二、賢其賢而親其親的「親其親」，指的是老吾老、幼吾幼的意思，卽中庸所謂尊賢與親親，所親的是自己的家族，並非親民之意。第三、如作新民解釋，就大學來說，並不排斥親民的觀念。所以陽明從文獻上去反駁朱元晦，是沒有力量的。」（註二〇）

⑵「至善者，明德親民之極則也。天命之性，粹然至善；其靈昭不昧者，此其至善之發見，

是乃明德之本體，而卽所謂良知者也。……人惟不知至善之在吾心，而求之於其外，以爲事事物物皆有定理也，而求至善於事事物物之中，是以支離決裂，錯雜紛紜，而莫知有一定之向。」又傳習錄上云：「於事事物物上求至善，却是義外也。至善是心之本體。」又云：「至善者性也，性原無一毫之惡，故曰至善。止之，是復其本然而已。」其大學古本序亦謂：「至善也者，心之本體也……有以復其本體，是謂止於至善。」

觀乎此，可知陽明乃以「心之本體」解釋「至善」；止至善，卽是復心體之本然而已。而朱子章句則謂「至善」乃是「事理當然之極」。陽明所言，甚爲通透，但按之大學原文，是否一定比朱子之意更爲貼切，此則不易遽作論斷。

⑶「致知云者，非若後儒所謂充廣知識之謂也。致吾心之良知焉耳。……欲致其良知，亦豈影響恍惚而懸空無實之謂乎？是必實有其事矣。故致知必在於格物也。物者，事也。凡意之所發，必有其事，意所在之事，謂之物。格者，正也；正其不正，以歸於正之謂也。正其不正，去惡之謂也；歸於正者，爲善之謂也。夫是之謂格。」——按陽明所謂後儒云云，卽指朱子大學章句「致，推極也；知，猶識也。推極吾之知識，欲其所知無不盡也」之意而言。

另傳習錄中卷答顧東橋書有云：「朱子所謂格物云者，在卽物而窮其理也。卽物窮理，是就事事物物上求其所謂定理也。是以吾心而求理於其事物之中，析心與理而爲二矣。……夫析心與理而爲二，此告子義外之說，孟子之所深闢也。……若鄙人所謂致知在格物者，致吾心之良知於事事物物也。吾心之良知，卽所謂天理也。致吾心良知之天理於事事物物，則事事物物皆得其理矣。致吾心之良知者，致知也；事事物物皆得其理者，格物也。是合心與理而爲一者也。」——按陽明指朱子析心與理而爲二，乃是針對補傳所發的論難，亦卽他在大學古本序中所謂「補之以傳而益離」之意。朱子陽明對格物致知的解釋，雖然各有精義，但按實而言，似皆未必盡合大學之原義。

依於上之所述，陽明順大學新本古本之問題所提出的幾個基本論點，其中除不贊成朱子改親民爲新民，以及有關補傳部分涉及大學原文之亡與不亡之外，實未嘗尅就朱子重訂章句離析文字之不當，以作爲論難之依據。陽明所說，唯是直抒心中義理，發爲圓融之論。他的致良知教實在是孟子學，不過落於大學而借題發揮而已。

附識：牟先生「心體與性體」第一册綜論部嘗謂：

> 大學言「明明德」，並未表示此「明德」卽吾人之心性，甚至根本不表示此義，而只是「光明之德」。而宋明儒則皆認為「明德」乃就因地的「心性」說，不是就果地的「德行」

說。大學言「格物致知」，亦不必如伊川朱子解「致知」為致吾心氣之靈的知，「格物」為卽物而窮其所以然之理。至於陽明解致知格物為「致良知之天理以正物」，則是孟子學之大學。劉蕺山（宗周）之誠意教，亦只是中庸孟子學之大學。三家所說，皆不必合乎大學之原義。又，大學「至善」之道，究竟往何處落，亦不能定。伊川朱子往「事理當然之極」處落，陽明蕺山往心性處落，很難說何者合乎大學之原義。——因為大學只舉出一個實踐之綱領，只說出其當然，而未說出其所以然；在內聖之學的義理方向上，大學自身不能確定，故後人得以填彩，而有三套說法。

2. 宋後諸儒有關大學章次疑難述略

自朱子承程子之意改訂大學章句，宋代以後的學者致疑於大學章次之有錯亂者，爲數甚多。陽明必欲復大學古本次第之舊，則不但宗朱子章句的學者不能無疑，卽使不墨守朱子章句的人，以及宗大學鄭玄注的清代學者，亦多對大學原文之錯簡失序，致其疑難。雖迄於今，仍然有人信守大學古本（註二一），但照我們前文之考察，大學古本確有錯亂失序之處。茲就唐先生文中引述諸家之所疑難，略加條理，列叙如次：

（甲）大學改本：

1 程明道、程伊川皆有大學改本，而各不相同。（註二二）

2 王柏改本，季本改本，崔銑、高攀龍改本，葛寅亮改本。（註二三）

（乙）重編大學各章次第者：

1 胡渭：大學翼眞。

2 邱嘉穗：考定石經大學經傳解。

3 李光地：大學古本說。（註二四）

（丙）以大學之傳文未嘗有缺，特簡編錯亂者：

1 崔銑：謂「詩云瞻彼淇澳」至「與國人交止於信」一段，卽是格物致知之傳文。（註二五）高攀龍極然其說，並引申之而作大學首章之約義與廣義。

2 董槐、葉夢鼎、王柏：皆以經文「知止而后有定……則近道矣」計四十二字，當移置

於「子曰聽訟吾猶人也」之前，爲傳之第四章，以釋致知格物。（註二六）

3 蔡虛齋：謂當先以「物有本末……則近道矣」，續以「知止而后有定……慮而后能得」，再續以「子曰聽訟吾猶人也……大畏民志此謂知本」，以釋格物，終之以「此謂知之至也」。（註二七）

4 顧亭林：嘗引2條董槐之說，並認爲其說可從。（註二八）

5 毛奇齡：於古本「知止而后有定」一節之編次，亦嘗致疑曰：「試觀先后兩節（按卽「古之欲明明德於天下者，先治其國……致知在格物」與「物格而后知至……國治而后天下平」兩節），其功次秩然，纍纍如貫珠；而攙此節於其中，何以解之？」又謂：「其後群儒競起，如王柏、葉夢鼎、董槐、吳澄輩，皆不契於章句補傳，欲攙此節於『知本知至』之前。」（註二九）

以上（甲）各家大學改本，除二程改本大體爲朱子所承，而撰成大學章句行世以迄於今外，其餘各家改本之異同如何，皆因查考爲難，而無由參較而觀。（乙）重編大學各章次第之胡、邱、李三家之書，亦未有單行刻本，而無由得見。至於（丙）訂正錯簡諸說，其中4 5兩條，實與2條之意相同；3條亦略同於2條而小異；1條崔銑說，於義爲短，雖高攀龍採取其說，而實不可爲據。唯有2條董、葉、王諸人之說，最爲有見。此外，疑大學古本之錯簡脫誤，以及不契於朱子之章句補傳者，代不乏人，唯其說或難於考見，或義無足取，兹暫付闕如，以俟博聞君子。

四、唐君毅先生對大學章句之辨證

1.章句之新訂正

前文我們已分別說明：

1 大學古本之章次，確有錯亂失序之處。陽明逕欲復古本次第之舊，未必有當。

2 朱子章句補傳，有得有失，雖已流傳八百年，仍未足視爲定論。

3 宋後諸儒於古本大學之章次，以及朱子章句補傳，皆多致疑，而各有所說。

然諸說紛紜，果將何所適從，此乃成爲讀大學之書者亟欲解決之問題。唐先生嘗以古本爲據，將大學前兩段文重加編訂如下：（註三〇）

大學之道，在明明德，在新民(依朱子改親為新)，在止於至善。古之欲明明德於天下者，先治其國；欲治其國者，先齊其家；欲齊其家者，先正其心；欲正其心者，先誠其意；欲誠其意者，先致其知；致知在格物。物格而后知至，知至而后意誠，意誠而后心正，心正而后身修，身修而后家齊，家齊而后國治，國治而后天下平。

此爲大學三綱八目之次第

康誥曰：「克明德」。大甲曰：「顧諟天之明命」。帝典曰：「克明峻德」。皆自明也。

上釋自明其明德

湯之盤銘曰：「苟日新，日日新，又日新」。康誥曰：「作新民」。詩曰：「周雖舊邦，其命維新」。是故君子無所不用其極。

上釋新民——即由自明其明德而明明德於天下也。

詩云：「邦畿千里，惟民所止」。詩云：「緡蠻黃鳥，止於丘隅」。子曰：「於止，知其所止，可以人而不如鳥乎」？詩云：「穆穆文王，於緝熙敬止」。為人君，止於仁；

為人臣，止於敬；為人子，止於孝；為人父，止於慈；與國人交，止於信。

上釋止於至善——即謂明明德新民之事，在止於至善也。

知止而后有定，定而后能靜，靜而后能安，安而後能慮，慮而後能得。物有本末，事有終始，知所先後，則近道矣。自天子以至於庶人，壹是皆以修身為本。其本亂而末治者否矣。其所厚者薄，而其所薄者厚，未之有也。此謂知本，此謂知之至也。

上釋致知格物

所謂誠其意者，毋自欺也。如惡惡臭，如好好色。此之謂自謙。故君子必慎其獨也。小人閒居為不善，無所不至，見君子而后厭然，揜其不善，而著其善；人之視己，如見其肺肝然，則何益矣。此謂誠於中，形於外。故君子必慎其獨也。曾子曰：「十目所視，十手所指，其嚴乎」。富潤屋，德潤身，心廣體胖，故君子必誠其意。詩云：「瞻彼淇澳，菉竹猗猗；有斐君子，如切如磋，如琢如磨。瑟兮僩兮，赫兮喧兮，有斐君子，終不可諠兮」。如切如磋者，道學也。如琢如磨者，自修也。瑟兮僩兮者，恂慄也。赫兮喧兮者，威儀也。有斐君子，終不可諠兮者，道盛德至善，民之不能忘也。詩云：「於戲！前王不忘」。君子賢其賢而親其親，小人樂其樂而利其利，此以沒世不忘也。子曰：「聽訟，吾猶人也，必也使無訟乎」。無情者不得盡其辭，大畏民志，此謂知本。

上釋誠意

（按）以下各章，悉從古本原文，無改動。

2. 與朱子章句之比較

上所引錄唐先生重新編訂之大學章句，其對古本大學原文之牽動，遠較朱子章句爲少，比之諸家訂正錯簡之說，亦不爲多。僅改字一，移動次序者兩處。卽：將古本「康誥曰」以下至「與國人交止於信」，移於「國治而後天下平」之後，再接以「知止而后有定……則近道矣」，復遵朱子之改「親」爲「新」而已。

玆將朱子章句及唐編章句，分別列成兩表，以資對照比論。兩表上欄之號碼，卽前錄古本首段與次段十二小節之號次。古本之編次係由1至12依序排列，1至5爲「總論」，6至12爲「誠意章」。而朱子章句與唐編章句對大學古本原文移置更訂之情形，卽可從左列甲乙兩表所列之號次互相比照，參較而觀。玆爲讀者之利便計，仍將古本十二小節之首尾兩句，錄列於此。

1. 大學之道……在止於至善。
2. 知止而后有定……則近道矣。
3. 古之欲明明德於天下者……國治而后天下平。
4. 自天子以至於庶人……未之有也。
5. 此謂知本，此謂知之至也。
6. 所謂誠其意者……故君子必誠其意。
7. 詩云瞻彼淇澳……民之不能忘也。
8. 詩云於戲……此以沒世不忘也。
9. 康誥曰……皆自明也。
10. 湯之盤銘曰……無所不用其極。
11. 詩云邦畿千里……與國人交止於信。
12. 子曰聽訟……此謂知本。

甲表：朱子章句

1	2	3	4	9	10	11	7	8	12	5	6
經：三綱八目	經：三綱八目	經：三綱八目	經：三綱八目	傳：釋明明德	釋新民	釋止於至善	釋止於至善	釋止於至善	釋本末	釋格物致知（補傳）	釋誠意

乙表：唐編章句

1	3	9	10	11	2	4	5	6	7	8	12
三綱	八目	釋明明德	釋新民	釋止於至善	釋致知格物	釋致知格物	釋致知格物	釋誠意	釋誠意	釋誠意	釋誠意

關於朱子章句之貢獻及其問題，前文已經說及。其以9、10、11三節爲釋三綱領之文，甚是。惟以7、8兩節亦同爲釋止於至善者，則未妥。以12釋本末，既失於義理，而又逸出三綱八目之外；別立「本末」爲傳之一章，亦與大學章節之體系相違。以5爲釋格物致知之文，並以爲上有闕佚而另作補傳，其於大學原義亦未爲貼切。而唐編章句，則能取朱子章句之長而去其短。茲本此意，以略論唐編章句之價值及其貢獻。

3. 唐編章句之貢獻

甲、條理原文，力求存眞：

唐編章句除了從朱子改親民之「親」爲「新」之外，對大學原文力求存眞，並無一字一句之增刪。而有關古本錯亂失序之處的移置重訂，亦非出於一己之私見與臆斷。例如：

(1)將古本「康誥曰……止於信」，移於「國治而后天下平」之後，視爲三綱領之文；此乃本於朱子章句，而按之大學之思想體系與結構形式，亦屬確切而無疑者。

(2)以「知止而后有定……則近道矣」共四十二字，爲釋致知格物之文；此乃本於董槐、葉夢鼎、王柏、吳澄諸氏之說，而顧亭林、毛奇齡二氏亦嘗以此說爲可從者。

(3)至於將古本「自天子以至於庶人……此謂知本，此謂知之至也」共五十字，連接於「則近道矣」之後而合爲一章，以釋致知格物之義；此則爲唐先生之特見，而按之大學文義，亦見其爲確有理據者。

依上三點所述，可知唐先生是基於條理大學原文、釐清大學本義之原則，以從事章句之重編的。如果要在不增刪大學原文的前提下，以期大學之綱目體系秩然有序，而又義理完足，則唐編章句蓋是唯一可以滿足此一條件者。

唐編章句的最大特色，在說明朱子作格物補傳之不必，而認定古本首段總論部分之2、4、5三小節，即爲格物致知之釋文。下面乙與丙即約述其意，以明其貢獻於大學本義之闡明者，究何所在。

乙、事與物之分辨：

鄭玄注大學「物有本末，事有終始」，曰：「物，猶事也。」自此以後，朱子陽明亦皆以事訓物。事與物既混而不分，而此節之義旨亦遂隱而不彰。宋黎立武氏撰「大學本旨」，對此節之意發明甚精。其言曰：「物有本末，指心、身、家、國、天下而言。事有終始，指格、致、誠、正、修、齊、治、平而言。由心身而推之天下，自本而末也。由平治而遡之格物，終必有始也。」黎氏生當南宋之末，不取朱子之意而言之如此，可謂大有識見。下迄明代諸儒，分物與事以爲說者甚多，茲不備述。而唐先生以爲「所謂物之本末者，如天下之本在國，國之本在家，家之本在身……。事之終始者，如大學所謂治國爲平天下之始，則平天下爲治國之終；齊家爲治國之始，則治國爲齊家之終；修身爲齊家之始，則齊家爲修身之終；正心爲修身之始，則修身爲正心之終；誠意爲正心之始，則正心爲誠意之終等等是也。」（註三一）又曰：「物有本末之物，實應指家、國、天下，而不同於齊家、治國、平天下之事。」（註三二）

而朱子注「物有本末」一節，乃曰：「明德爲本，新民爲末；知止爲始，能得爲終。」這是事物不分，以事爲物而作解。如依物與事皆各有其意指而言，則「明德」「新民」乃是事，而不可說爲本末之物；唯有「德」與「民」方是物。蓋大學「物有本末，事有終始」，本是相對而成文，以說明物與事之本末終始之相關性。譬如家與身各爲一物，家之本在身，則身爲本而家爲末；修身齊家各爲一事，修身爲齊家之始，則齊家爲修身之終。物之本末，事之終始，既已各有所指；則何者所當先，何者所當後，便已十分明顯。故知所先後之「先」字，實統括先治其國，先齊其家……之六先；而知所先後之「後」字，則統括物格而后知至，知至而后意誠……之六後（后同後）。而在此本末終始之間，則又以「身」爲樞紐。凡心之正、意之誠，乃至知之致、物之格，皆爲「反身」之事，須由己身踐行之，而後始能有得。而家之齊，國之治，以至天下之平，皆爲「推己」之事，親親、仁民、愛物，亦皆以修潔己身爲本始。故曰「自天子以至庶人，壹是皆以修身爲本」。必須如此解說，然後方能貼切大學原文之意，以說明物與事之本末終始之相關性。而朱子以爲物之本末乃指說「明明德」「新民」，而以事之終始乃專說「知止而后有定……慮而后能得」之義，此則文義離析，而「物有本末，事有終始」二句相對成文之義，亦因此而泯失。而且大學「格物」之物，實卽「物有本末」之物。（註三三）朱子既以「物有本末，事有終始，知所先後」爲解說三綱領之結語，則大學言「格物致知」，遂亦與此三句成爲兩不相干，而益見其虛懸而無文以釋之矣。朱子之所以必另作補傳以釋格物致知，這亦是原因之一。

丙、「知」字的新解釋與格物致知新義：

朱子陽明之論致知格物，其要旨略見前述。但朱子之作格物致知補傳，與陽明之解大學致知爲致良知，實在都是溢出大學原文之意，而引申推衍以爲言。今唐先生之說，則一本大學原文之意。然而，原意隱泯既久，能說者鮮，如今抉而發之，實亦無異新說。故此處特以「新解釋」「新義」標目，這亦是返本開新之意。

唐先生認爲大學「致知」之知，實包涵「知止」之知、「知所先後」之知、「知本」之知、以及「知至」之知。凡此所說之知，實皆同爲一「知」。所謂「知止」，卽是知止於至善。如爲人君止於仁，爲人臣止於敬，爲人子止於孝，爲人父止於慈，與國人交止於信之類。君、臣、父、子、國人等，都是物，面對此一個個客觀之物，人之主觀當知其所以止之之道；這所當止的當然之正道，便是至善。人對於一個個的客觀之物，皆知其當止於一個個當然之正道（卽至善之地），於是乃能定、靜、安、慮、而有所得。所以大學致知的要點，實卽在於能「知」此「止」，而止於至善。人之主觀所對的，是物；而去應接此一個個不同之物，則是事。人就主觀所對之物，而知其有本末之分；人行應物之事，亦當就諸事之連貫而知其始終之序。本者始者，人知其爲理所當先；末者終者，人知其爲理所當後。人既知物之本末，事之終始，並「知所先後」，乃能由本而末、由始而終、由近而遠、由小而大，以自明其明德，而明明德於天下。而且人之所以先事其本，後事其末，乃是由於確知：無本始，無以成末終；知末終，卽所以備本始。人能知到此處，便是「知本」而達於「知之至」矣。而知之至亦就是「知之致」。

而此知之致，乃是由於人先於家國天下之父、子、君、臣、國人等物，有所應接，而明其分別與本末之序；而後方知所以應接此諸物之修、齊、治、平以事父、事君、與國人交等等之正道（卽知其所當止的至善之道）。故曰「致知在格物」。格物之格，有「至」（朱子注）、「來」（鄭玄注）、「感通」（如書云格于皇天）、「量」（如格高五嶽）諸義。另禮記緇衣篇有云：「言有物而行有格。」鄭玄注云：「行有格、如行有類。」合上所述「格」之諸義，唐先生乃曰：「格物者，卽吾人於物之至，而來接來感者，皆加以度量，而依類以有其當然的、應之感之之行事之謂。」由於物之來接來感者，皆有其本末之序，所以吾人感物應物之各類行事，遂亦依其先後，而皆知其所當止的至善之正道。故曰「物格而後知至」。

明乎上之所述，乃知大學之言致知格物，實與其整個思想系統，以及前後文之文理，絲絲入扣，而無待乎增損。故凡所謂知止、知所先後、知本、知至之「知」，皆當統會於「致知」以爲說。而「知所先後」一語之重要，且不亞於「知止」。然則，朱子所謂「本(明德)始(知止)所先，末(新民)終(能得)所後」，只將「先」與「後」對應「明德、知止」與「新民、能得」以爲說，而不以「知所先後」之義亦爲「致知」所當涵，此固不足以盡大學之義蘊。

丁、對誠意章之闡論：

唐先生對誠意章義理之闡論，雖是依隨於章句之訂正而作說明，然其中所說，義皆精當，而有進於前賢。「詩云瞻彼淇澳……民之不能忘也」、「詩云於戲……沒世不忘也」與「子曰聽訟……此謂知本」三段，唐先生以爲仍當如古本之編次而屬於誠意章。因爲這三段文字，正是說明「誠意」之效驗。玆分三點略述如下：

(1)詩云瞻彼淇澳一段所說的「道學」「自修」，「恂慄」「威儀」，正是章首所講的「毋自欺」「愼獨」「誠中形外」「德潤身」而「心廣體胖」之行事與表徵。朱子雖以此段爲釋止於至善者，但亦不能不說：「恂慄、威儀，乃言其德容表裡之盛。」而所謂「德容表裡之盛」，豈不正是誠於中而形於外？朱子語類卷十六又說：「瑟兮僩兮，則誠敬存於中矣；未至赫兮喧兮，威儀輝光著於外，亦未爲至善」。朱子之言，是將恂慄與威儀並較；而王船山讀四書大全說卷一，則又以恂慄威儀爲成就氣象，而以之與誠意章之存誠相對較。船山之意，蓋以朱子所以移此段爲釋止於至善者，乃視「恂慄、威儀」爲聖學之極功，不同於大學誠意章之所論，猶在「存心、存誠」之勉力階段。朱子之意是否如船山之所說，殊難論定；然即使視恂慄威儀爲聖學之極功，亦未嘗不可附之於誠意階段而論之。蓋存心存誠雖是用力之事，但用力而至於德潤身，心廣體胖，豈不亦是成就後之氣象，而同於「嚴敬存於中，輝光著於外」？朱子船山對於「德潤身」「心廣體胖」二語，既不疑其屬於誠意章，則於此所謂「恂慄」「威儀」之氣象，又何可疑其屬於誠意章，而必移置爲釋「止於至善」之附文？

(2)詩云於戲一段之「君子賢其賢而親其親，小人樂其樂而利其利，此所以沒世不忘也」，與上段末之「盛德至善，民之不能忘也」，同是說的君子誠意之功，充內形外，足以感人化民，使民不能忘。君子之風，能化及於小民，這亦正與前文之義相發明。故此段亦當仍從古本而屬於誠意章。

⑶子曰聽訟一段，是說人能誠意以至於盛德至善而化民，則人之無實而興訟者，亦不得盡其虛誕之辭而不敢不誠。故此段與章首「小人閒居爲不善，無所不至，見君子而後厭然，揜其不善而著其善」，實同爲誠意之極所獲得之效驗；有如孟子之言「君子所過者化」、中庸之言「至誠而能化」。故此段列於誠意章，實文從而字順。而朱子割裂之以別立「本末」一章，則大非所宜。

總上甲、乙、丙、丁四點之說明，可知八百年來對中國學術思想極有影響之大學一書，經唐先生之訂正與闡釋，不但其原文本義可得而見，而最具權威之朱子大學章句，其貢獻及其缺失之處，亦因此而得一平允之判別。

附註

註一：按韓愈所引，略去「欲誠其意者先致其知，致知在格物」二語，可見格物致知之義，在當時尚未被重視。

註二：程明道曰：「大學乃孔氏遺書，須從此學則不差。」（二程遺書、二先生語二上。）程伊川答門人問初學，曰：「入德之門無如大學，今之學者賴有此一篇書存，其他莫如論孟。」（二程遺書、伊川語八上。）

註三：見清華學報第四卷二期，民國五十三年二月出版。（今按、唐先生此文已編入「中國哲學原論」上冊。）

註四：按：古本次段以「所謂誠其意者」開端，未嘗仿以後各段之例，明言「所謂正其心在誠其意者」。然誠意章前言誠意後言心廣體胖，則下接「所謂修身正在其心者」一段以言正心之意，於義理上之承接亦無所缺。

註五：按：第一第二兩點卽朱子章句之所據，第三點爲唐君毅先生所主張。唯董槐、葉夢鼎、王柏、吳澄等亦嘗以「知止而后有定……則近道矣」一段，卽爲格物致知之傳文，而錯置於經文中者。

註六：見徐復觀先生著「中國人性論史」二六六頁。

註七：按：上引三句，皆見朱子大學章句。

註八：按：上引三句，皆見朱子大學章句序。

註　九：按：「事」與「物」之分別，南宋黎立武之「大學本旨」（見學海類編、經翼類）卽已言之。後儒論者甚多。近唐君毅先生更有精當之說。義並詳下文。

註一〇：朱子四書或問謂：「新民云者，以傳文玆之則有據」。徐復觀先生申其說曰：大學旣引康誥、大甲、帝典的「明」字，以釋明明德；三引「詩云」及一引「子曰」的「止」字，以釋「止於至善」；則引湯之盤銘及康誥與詩曰的「新」字，以釋「在新民」，這常然要算有據。見「中國人性論史」二九三頁。

註一一：見唐君毅先生著「大學章句辨證及格物致知思想之發展」十一、十二頁。

註一二：按：徐復觀先生亦謂朱子移置此兩段文以釋「止於至善」爲不當。見「中國人性論史」二九六頁。唯徐先生以此恐係釋「壹是皆以修身爲本」者，此則與本文之所述相異。

註一三：見朱子語類卷十六。

註一四：參看唐著「大學章句辨證及格物致知思想之發展」二十頁。又四庫全書總目提要載：毛奇齡大學知本圖說，亦嘗謂「修身以誠意爲本」。

註一五：按：此爲孟子離婁上之言。惟據大學「欲明明德於天下者先治其國，欲治其國者先齊其家，欲齊其家者先修其身」文意，實與孟子之言義同。

註一六：按：徐復觀先生亦謂，大學總論二百零五字，收束之以「此謂知本，此謂知之至也」，於意義上雖不十分明暢，但亦無所欠缺，而不須朱子的補義。見「中國人性論史」二九七頁。

註一七：按：此節所論，請參看唐著「大學章句辨證及格物致知思想之發展」第九頁。

註一八：按：傳習錄上嘗言及此意，曰：「如新本先去窮格事物之理，卽茫茫蕩蕩，都無着落處；須用添個『敬』字，方才牽扯得向自家身心上來。然終是沒根源」。

註一九：見傳習錄上、徐愛問在親民條。按此所謂偏，是指「新民」偏於「教」而言。

註二〇：見徐著「中國人性論史」二九三頁。

註二一：日人安井衡曰：「朱子以此篇爲有錯簡脫文，移易補足，皆取之臆。又妄分經傳，以成其說。今詳讀全篇，並無闕誤。但古文簡奧，時有如文意不續者，而其意獨至，乃古文妙處，非有錯簡誤脫也」。見其所著四書集說之篇首按語。

註二二：據二程遺書。

註二三：見四庫全書總目提要經部四書類毛奇齡「大學證文」之引述。商務版七五一頁。

註二四：胡、邱、李三家書，皆據四庫全書總目提要。

註二五：高攀龍、高子遺書原刻本卷三附錄嘗引崔銑之說。

註二六：董、葉、王三家以及三條蔡氏之說，皆引見高子遺書。原刻本一至九頁。

註二七：按：蔡氏之以「此謂知之至也」遥與子曰聽訟條之「此謂知本」相接，蓋亦取程子之說，以「此謂知之至也」上之「此謂知本爲衍文耳」。

註二八：見日知錄卷七、潘氏刻本三十三頁。

註二九：見毛奇齡四書索解卷二、商務叢書集成本十七至十八頁。

註三〇：見唐著「大學章句辨證及格物致知思想之發展」十三至十四頁。

註三一：同上十五頁。

註三二：同上十六頁。

註三三：見黎立武著「大學本旨」第五頁。

第五章　朱子學綱脈之疏導（下）

第六節　心性情三分的格局

一、孟子「心性情才」之原義與朱子之異解

朱子語類對孟子之「心、性、情、才」等曾有廣泛的討論。但朱子的解說，都是以他自己的義理間架爲底子，順着自己思理來理解，並不合乎孟子的原義。

首先，試看孟子之原義：

孟子言心性，是實體性的內在的道德心、內在的道德性。心性之善是從體上說。告子上

篇云：「乃若其情，則可以爲善矣，乃所謂善也。若夫爲不善，非才之罪也。」這裡的「情」字與「才」字，實際上卽是指「性」而言。情，實也。其情，卽指性體之實。「乃若其情，則可以爲善」云云，意思是說，若就性體之實而言，則他是可以「爲善」（行善、作善）的，這就是我所謂性善。至於他後來做出不善的事，則並非性體的罪過。在這裡，本應說「非性之罪也」，孟子卻換一個詞語，改而從性之「材質、質地」說，所以用一個才字而說「非才之罪也」。這個「才」字不只是靜態的質地義，亦含有動態的「能」義（活動義）。才，卽是爲善之能，亦卽性體本身不容已地向善爲善的「良能」。所以依孟子，「心、性、情、才」只是一事，「心、性」是實位字，「情、才」則是虛位字。

性，是形式地說的實位字；心，是具體地說的實位字。性，指道德的創生的實體而言；心，指道德的具體的本心而言。性之實，卽是心，「心、性」是一而非二。而「情」字是情實之情，是虛位字，其所指之實，卽是心性。孟子嘗言「此豈山之性也哉」，「此豈人之情也哉」（告子上），可見性字與情字可以互用。「人之情」是虛說的人之「實」，此「實」卽指「性」而言，而性卽是「良心、仁義之心」。「乃若其情」的情，亦是這種虛說的情。所以剋就孟子學而言，情之實，卽是心性，情字並沒有獨立的意義，亦不可作獨立的概念看。「才」字亦是如此。告子上篇所謂「非才之罪也」，「不能盡其才者也」，「而以爲未嘗有才焉者」，「非天之降才而殊也」，這四個才字，都表示靜態的質地義與動態的能義，這是本心性體生發出的爲善之能（良能）。這個「能」，是「心之能」，亦是「性之能」。所以「才」字亦是虛位字（實義是心性），並沒有獨立的意義，亦不可作獨立的概念看。（這個虛位的「才」，與以氣言的一般意義之「才能」並不相同。）

其次，再說朱子的異解：

朱子之學，直承伊川。伊川以爲「仁是性，愛是情」。性是理，情則是氣。他論才，乃指氣稟而言（才稟於氣）。論心，亦是實然的心氣之心，而非孟子的本心，故心不能即是理，只能如理以與理合一（此乃關聯性的合一，不是實體性的白一）。這些意思，都爲朱子所承襲。故曰：「仁是性，惻隱是情……所謂性，只是那仁義禮智四者而已。四者無不善，發出來則有不善。」「情者，性之所發。」「惻隱羞惡是心（情）也，能惻隱羞惡者，才也。」又曰：「情本自善，其發也未有染汚，何嘗不善？才只是資質，亦無不善。譬物之白者，未染時，只是白也。」「才本是善，但爲氣所染，故有善不善。」又曰：「才只是一般，能爲之謂才。」「才只是一個才，才之初亦無不善，緣他氣稟有善惡，故其才有善惡。孟子自其同者言之，故以爲出於性。程子（伊川）自其異者觀之，故以爲稟於氣。大抵孟子多是專以性言，故以爲性善、才亦無不善。到程子，方始說到氣上。要之，須兼是二者方備。」（註

（一）

伊川說「才禀於氣」，既禀於氣，自有清濁、厚薄、善不善之殊，而孟子卻說「非天之降才爾殊也」，一殊一無殊，可見伊川論才，實與孟子不同。朱子看出二者之差別，所以把孟子之「出於性」與伊川之「禀於氣」，拿來作和合會通地看。但朱子所說的情與才，皆是對應「性」而說，是將情與才看作實位字，看作有獨立意義的獨立概念，這仍然不合孟子義。推究朱子之意，可作如下之綜結：

第一、依性而發出來的，是情；會或能依性而這樣發的，是才。發不發之情，是屬於心氣之造作營爲（無論動靜語默）；會發不會發或能發不能發，則是屬於心氣乃至體氣造作營爲之善巧不善巧。

第二、依理而發的是善情（本然之情），依理而會發能發的是善才（本然之才）。所謂「本然」，是未曾受氣禀之拘限與曲折的意思。但情與才本身並不能自定其爲本然，亦不能自成其爲本然，這裡必須有標準以定之，亦必須有工夫以成之。這個標準便是「性」（理），而工夫卽是「敬」與「格物窮理」。

第三、以是，依理不依理，全由工夫決定。不但情與才不能自定，理本身亦不能決定情與才必然依理而發；因爲理只是一個標準，它本身並不發用之故。朱子答陳器之書有云：

「使其本無是理於內，則何以有是端於外？由其有是端於外，所以必知有斯理於內。」（註二）。這幾句話說得很善巧，亦合乎理則。但他卻不能說「有斯理於內，必有是端於外」。換言之，「有端必有理，無理必無端」，卻不能說「有理必有端」。在朱子，「理」只是「無之必不然，有之不必然」的必要條件，卻不是「有之必然，無之必不然」的充足必要條件，因爲朱子之「理」，「只存有而不活動」，它並不負責必有端。無「端」之發，「理」亦自存；但理雖自存，卻不必有端。理所能負責的，只是這個端如果依理而發，則它一定是善的。但端之發依理不依理，卻須靠工夫決定。

第四、「心」是氣之靈，「情」是心氣之發，「才」是會或能那樣去發，所以亦屬於氣。氣有善有不善，故情與才並不能保證它自己必爲道德地善的，亦並沒有先天的根據使它必爲道德地善的。只有通過後天的「敬」與「格物窮理」之致知工夫，以漸漸迫使它如此。所以朱子是漸修的路，必須加強後天的工夫。他之所以特別重視伊川說的「涵養須用敬，進學則在致知」，其故卽在於此。

二、心性情三分的思想格局

朱子語類卷五、性理二，討論心性情等之名義，乃是對「心性情」之形上學的（宇宙論的）解析，因而奠定了他心性情三分的思想格局。茲引錄其文，分別論述於下。

甲、論性——性即理，性亦只是理

1.「道卽性，性卽道，固是一物。然須看因甚喚做性，因甚喚做道。」

這一條是順著中庸「天命之謂性，率性之謂道」而說。天所命於人、人所得於天的理（善），便謂之性。人循着性之自然（本然）而行，則日用之間，莫不有當行之路，這就是所謂道。

2.「性卽理也。」又云：「性只是此理。」

3.「生之理謂性。」

4.「性則是純善底。」

第⑵條「性卽理」是伊川朱子系統中極爲重要的話。而且，性不是別的，它「只是理」。所以性不是心，亦不是情，心與情皆屬於氣，只有性纔是理，亦只是理。第(3)條是說生不是性，其所以生之理纔是性。第(4)條表示，性卽是理，理無不善，故性無不善，性卽是純善的理。

5.「性是天生成許多道理。」

6.「性是許多理，散在處為性。」

7.「性是實理，仁義理智皆具。」

8.問：「性卽無形，復言以理，理又不可見。」曰：「父子有父子之理，君臣有君臣之理。」

以上四條可以合看。性是天生成的許多道理，這許多理散在於個體，卽是性。性是理，而且是實理（仁義禮智）。朱子曾說「在事喚做理」，性（理）無形，卽事而見，處父子、處君臣，皆是事，故父子有父子之理，君臣有君臣之理。（推之其他，亦然。）

9.鄭問：「先生謂性是未發，善是已發，何也？」曰：「纔成個人影子，許多道理便都在那人身上。其惻隱便是仁之善，羞惡便是義之善。到動極復靜處，依舊只是理。」

按、依朱子，性是理，理是靜的實有，所以是未發。發出來的纔是善，故善爲已發。但朱子又說：「在天地言，則善在先，性在後。在人言，則性在先，善在後。」他所謂「在先」之善，是指理言。理散在於人，方爲性，所以就天地而言，善（理）在先而性在後。（但不能說性爲已發。）他所謂「在後」之善，是指德而言。有天命之性，而後乃能成就善德，所以就人而言，性在先而善在後。

10.「性不是卓然一物可見者；只是窮理格物，性自在其中。」

性不是一個可見之物，它只是理，是形上的實有。而這「只是理」的性本身，卻並不能發用，所以必須通過窮理格物的工夫，而後乃能呈現與實現。

總之，性卽是理，是純善的；性亦「只是理」，是靜的實有。因此，朱子所說的性，雖亦是先天的、超越的，但卻是觀解的、存有論的。性理本身不能活動，只是擺在那裡作爲心氣活動遵依的標準。這個標準雖很尊嚴崇高，但卻無能爲力。如此一來，遂形成實踐動力中心之轉移，卽由性體轉移到對於心氣的涵養（涵養後起之敬心，而不是涵養本心仁體），以及對於心氣之發的察識（察識已發之情變，而不是識仁之體）。性理成爲「只存有而不活動」，此即所謂性體的道德義之減殺。實踐之動力不由本心性體發，而只落在涵養敬心，察識已發，故其工夫是後天工夫，道德亦成爲他律道德。

乙、論心——心性對言，心是氣之靈

1致道謂「心為太極」，林正卿謂「心具太極」，致道舉以為問。先生曰：「這般處極細，難說。看來心有動靜……」。又云：「心之理是太極，心之動靜是陰陽。」

按、「太極」即是「理」。「心爲太極」（心即理）是象山學，「心具太極」是朱子學。朱子說「心之理是太極」。此所謂「心之理」，橫說，是指心認知地攝具之理（如所謂「心具衆理」，便是橫說的心之理）；縱說，則指「心氣之然」的所以然之理。心氣是實然，實然必有其所以然之理，此所以然之理亦即是太極，此是心之存有論的解析。「心之理」是太極，而「心」卻不能即是太極。因爲心有動靜，心之動靜是陰陽（氣），其所以動靜之理纔是太極。因此朱子不說「心即理」。他所謂「心具衆理」，實只是當具，而不是本具。（在朱子，心具與性具不同。性具方是本具，故說性即理。）心之具理，並非必然地內含與內具，所以心不卽是理。心雖不卽是理，但心卻應當如理、合道，應當與理關聯地貫通而爲一。因此必須涵養後天的敬心，並加重窮理致知的工夫。反之，若是心本具理，則理便必然地內含於心、內具於心，心卽是理。既然心本具理，則反求卽得（反身而誠），自不必着意加重後天工夫（後天工夫自不可排斥，但它只是助緣，故無須特意着重），而只須復此本心、致此良知卽可。如此，便是孟子學、陸王學。

2. 問：「靈處是心，抑是性？」曰：「靈處只是心，不是性。性只是理。」

依朱子：「心」是氣之靈，故「靈處」只是心，不是性。性只是理，是形上之實有，與從氣言之心不同。所以心與性爲二，心與理亦爲二。

3.「心者，氣之精爽。」又云：「所覺者，心之理也；能覺者，氣之靈也。」

按、「精爽」二字，語本左傳昭公七年：「用物精多則魂魄强，是以有精爽至於神明。」疏云：「精亦神也，爽亦明也。」左傳原意是解說人死後爲鬼神之理，朱子是借此二字以言心。

精者粗之反，爽者昧之反。氣之粗者昧者聚而成物形，而氣之精者爽者則顯心之靈明之用。說心是氣之精爽，是氣之靈，這是對於心作實然的解析，這實然的解析即是宇宙論的解析。心之靈明知覺與發用流行，即是心氣之靈的氣化不息。故朱子云：

4.「心官至靈，藏往知來。」又云：「心須兼廣大流行底意看，又須兼生意看。」

這便是說的心氣之靈的氣化不息。朱子就心字言「生」，是落在實然之氣上，就其陰陽動靜而言；這與本心仁體之爲道德的創生實體之「創生義」不同。就實然的心氣之靈說廣大流行，亦與天命流行之體的「於穆不已」不同。

5.「性猶太極也，心猶陰陽也。太極只在陰陽之中，非能離陰陽也。然至論，太極自是太極，陰陽自是陰陽。惟性與心亦然。」

這一條是藉太極與陰陽之關係，以指說性（理）不能離心而顯（朱子常說：理無心，則無着處），但性自是性，心自是心，心畢竟不即是性（理）。

6.問心之動、性之動。曰：「動處是心，動底是性。」

此所謂「動處」，意卽實際在動者。「動底」意謂動的所以然，亦卽那個在動者所以能動之理。性（理）自身實不能動。朱子有時說「性之動」，實意只是：動者依性而動，繫屬於性，而爲性所領有。故朱子所謂「性之動」並不是性有動，亦不是性在動；只有「心之動」纔是有動或在動。心有動靜，所以「以氣言」；性無動靜，所以「以理言」。以氣言者爲形而下，以理言者爲形而上。朱子的心性二分，正與他的理氣二分密切相關。

簡括而言，心是氣之靈，能知覺，有動靜，而其所以知覺動靜之理，則是性。所以心不是性，亦不是理。如此論心，自非孟子之本心義。孟子之本心，是實體性的道德心，故心卽是性；本心能自定方向，故心卽是理；本心能起妙用，故心亦是神。按、講本心，亦不必否定氣之靈的心或知覺義認知義的心。二者只是異層，並不矛盾對立。但本心卻不可以氣論，亦不可以知覺認知論。朱子堅持心只是氣之靈的心與認知義的心，而誤解孟子之本心，實有一間未達，故終於轉成另一系統。

丙、論情——心性情對言，心統性情

1.「性者心之理，情者性之動，心者性情之主。」

第一句是說，性不是心，而是心之理。第二句所謂「情者性之動」，其實意只是說情之動是依性而動。第三句說「心」爲「性情」之主，這個「主」字是管攝義，是管家之主，而不是眞正主人之主。在朱子系統中，主人之主，應當在性，而不在心。

2.「性對情言，心對性情言。合如此是性，動處是情，主宰是心。」

這一條很明白地表示，心、性、情相對而言。「合如此」，意郎原本如此，先天如此。性郎是理，所以是先天本然、合當如此的。性無所謂動，動的是情，所以說「動處是情」。至於「主宰是心」的主，仍然是管攝義之主。

3.舊看五峯說，只將心對性說，一個情字都無下落。後來看橫渠「心統性情」之說，乃知此話大有功，始尋得個情字着落，與孟子說一般。孟子言「惻隱之心，仁之端也。」仁、性也，惻隱、情也，此是情上見得心。又言「仁義理智根於心」，此是性上見得心。蓋心便是包得那性情。性是體，情是用。心字只是一個字母，故性情皆從心。

按、胡五峯是心性對揚，以心著性，性是自性原則，心是形著原則，心郎攝情，情郎是仁心本情，並非「情」字沒有着落。五峯是另一系統，與朱子不同。至於橫渠所謂「心統性情」，只是一句獨立的孤語，他說這句話的實義不易確定。朱子是以他自己「心性情三分」的格局去了解，以仁義等爲「性」，以惻隱羞惡等爲「情」，而性與情皆爲「心」所統。而這個「統」字並不是作主的「統屬」義，而是「統攝」義（朱子自己就有「心統攝性情」的話）。但這只是朱子義，而不可據以講孟子，孟子並非心性情三分。故朱子只是以自己之思理解說孟子，並不合孟子本意。

4.「仁是性，惻隱是情，須從心上發出來。心統性情者也。」

說性與情「須從心上發出來」，這個「發」字有歧義。就「情」言，情是從心上發動出來。就「性」言，則不能說性是從心上發出來，而只能說：性是因心知之攝貫而彰顯出來。所以「心統性」是認知地統攝性而彰顯之（未發是渾然，已發是粲然），「心統情」是行動地統攝情而敷施發用（情是從心上發動出來），如此便是「橫說」的心統性情。朱子中和新說所謂由心之靜時見「一性渾然，道義全具」，由心之動時見「七情迭用，各有攸主」，若就此言而說心統性情，亦是「橫說」或「工夫地說」。

而「縱說」或「存有論地說」的心統性情，則在他解孟子心性情時說「惻隱是情，仁是性」而顯出。此時，性爲一邊，心與情爲一邊，實只是性與情對言；只因就「心」之發動而爲「情」、必須關聯着「性」以說明此情之所以然之理，以顯示「然與所以然」之關係，故亦就此而言「心統性情」。實則，此只表示心之實然發動是情，而其所以如此發動之理則是性，在此說心統性情並無實義，實義是在「橫說」處。人這方面還可有縱說橫說二義，而在萬物處，則只有縱說而無橫說，而且言心與情亦皆是虛說之喻解，故在萬物處只成理氣之關係。譬如：

5.問心性情之辨。曰：程子云「心譬如穀種，其中具生之理是性，陽氣發動處是情」。推而論之，物物皆然。

此引伊川語而謂「推而論之，物物皆然」，表示伊川此語亦可視爲理解心性情三者之一般原則。「心譬如穀種」，是綜穀種之全而言「心」，穀種之生長是「情」，而其所以能生長之理是「性」，心與情在此是虛說譬解，說實了，只是氣在生長發動，故實處只在理氣。此便是在萬物處的縱說、存有論地說。若在人處，人實有心，心之實然呈現發動（無論動靜語默）是情，其所以如此呈現發動之理則是性，此是在人處的縱說、存有論地說。

朱子以伊川此語爲一般原則而解析「心、性、情」，對性本身而言（性卽理），是存有論的申明；就說明情之所以然而言，是存有論的解析；就說明心情屬於氣而言，是宇宙論的解析。但若綜起來單就「性」說，則朱子如此而說的性，既與孟子就內在道德性而言性之義不同，與中庸易傳就「於穆不已」之天命流行之體言道體或就「爲物不貳，生物不測」之天地之道言道體、乃至對應個體而貫通着道體以言性體之義，亦不同。如此一提，則可見出朱子之思路，與孟子中庸易傳之言道體性體，確有不能相應相合處。在朱子這裡，(1)性體之道德義之減殺，(2)性體作爲道德創造之實體的創生義之喪失，(3)由存有論的解析去推證、由格物窮理的方式去把握的順取之路，與逆覺體證之路有不同，(4)由存在之然以推證其所以然、「然」與「所以然」不離不雜，亦與「體用不二、卽用見體」之義不同。此四者無可諱也。

（註三）

(1)「性」卽理，亦只是理
- 性理是靜態的形上實有——只是心氣活動所遵依的標準
- 性理既不能妙運氣之生生，故道德實踐之活動中心
  - 轉爲
    - 對心氣的涵養（而非涵養本心仁體）
    - 對心氣之發的察識（而非識仁之體）
  - 性體成爲「只存有而不活動」

此之謂道德義之減殺
- 工夫落於涵養敬心、察識已發——是爲後天工夫
- 道德實踐動力不由本心性體發——故爲他律道德

(2)「心」是氣之靈
- 有知覺
- 有動靜

而所以知覺動靜之理，則是性
- 心不是性
- 亦不是理

所謂
- 心具衆理
- 心具衆德

乃後天當具，非先天本具（故不言心即理）

(3)「情」乃
- 心氣之發
- 心氣之變

故須察識——心性情對言，而心統性情
- 心統性——認知地關聯地統攝性而彰顯之
  - 未發是渾然
  - 已發是粲然
- 心統情——行動地統攝情而敷施發用（情是從心上發動出來）

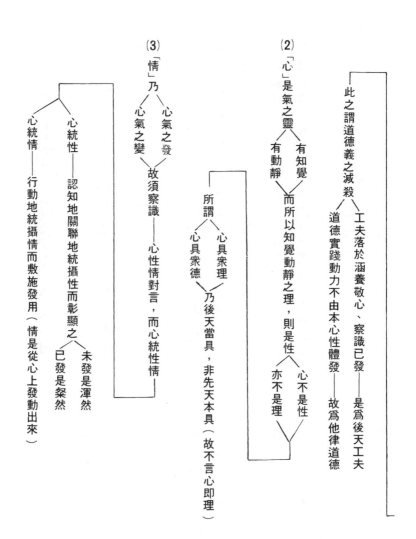

第七節　理氣論大意綜述

一、從理同氣異以言枯槁有性

朱子文集卷四十六，答黃商伯第四書，曾討論到理氣同異的問題：

問云：大學或問言「人物雖有氣稟之異，而理則未嘗不同」。孟子集註謂「以氣言之，則知覺運動，人與物若不異；以理言之，則仁義禮智之稟，豈物之所得而全哉」？二說似不同。豈氣不齊，則所賦之理亦隨之以異歟？

答云：論萬物之一原，則理同而氣異。觀萬物之異體，則氣猶相近，而理絕不同也。氣之異者，純駁之不齊；理之異者，偏全之或異。幸更詳之，自當無可疑也。

所謂「理同」，是說人物普遍地皆有性（性卽理也），而且其所有之性，是一是同。所謂「氣異」，是說每一個體所稟受之氣，或純粹，或駁雜，並不齊一。由於稟氣之不齊，所以理之表現亦有偏與全之不同，甚至還有「能表現」與「根本不能表現」之差別。據此可知，所謂「理之異」「理絕不同」，並不是說理本身有異（理是一是同，不容有異），而只是說理之表現上有異。所謂「氣猶相近」，是指「知覺運動」而言。知覺運動是氣的作用，在這上面，人與物的差異不大，故曰「相近」。氣猶相近，是說氣猶有相近者。既有相近，自然有不相近；因爲不相近，所以理之表現絕不同；假若全相近，便不能說「理絕不同」。大學或問的說法，是「論萬物之一原，則理同而氣異」。孟子集註的說法，則是「觀萬物之異體，則氣猶相近，而理絕不同」。這兩處所說，是朱子論理氣同異極爲重要的話。

依於「理同」之義，朱子又有「枯槁有性」（性卽理也）之說，文集卷五十八答徐子融四書之第三書有云：

> 又謂枯槁之物只有氣質之性，而無本然之性。此語尤可笑！若果如此，則是物只有一性，而人却有兩性矣。此語非常醜差！蓋由不知氣質之性只是此性（本然之性）墜在氣質之中……

按、徐子融來書不存，他的說法已無從詳究，而朱子對他加以陋視，蓋由雙方對「氣質之性」與「本然之性」之理解有所不同之故。若依孟子義，則徐子融的說法亦不見得有何「可笑」

與「醜差」之處。蓋通常說「氣質之性」，是就氣質才質之殊異而說一種性，亦卽所謂氣性才性。如此，則人實有「兩性」——可就兩層面而言性；而物只有「一性」——只能就一層面而言性。孟子說：「口之於味也，目之於色也，耳之於聲也，鼻之於臭也，四肢之於安佚也，性也，有命焉，君子不謂性也。仁之於父子也，義之於君臣也，禮之於賓主也，智之於賢者也，聖人之於天道也，命也，有性焉，君子不謂命也。」這一段話，正表示人之性有兩層面可說。但人之所以爲人的眞性，卻不在於氣質一面（口之於味等），而是在於內在的道德性一面（仁義禮智等）。「氣質之性」一詞，是張橫渠首先提出。正蒙誠明篇云：「形而後有氣質之性，善反之，則天地之性存焉。故氣質之性，君子有弗性焉。」又云：「人之剛柔緩急，有才與不才，氣之偏也。」橫渠的話，很明顯地是在「天地之性」（本然之性）之外，又就剛柔緩急與才不才說「氣質之性」，可見橫渠亦承認人之性可從兩層面說。就此而言，則不僅枯槁之物無本然之性，就是禽獸之類亦不能有本然之性（內在道德性）

但朱子却不這樣講，他是依據「理同氣異」之義，認爲性只是理（所以然之理，非孟子內在道德性之性），只是一個，而「氣質之性只是此性墮在氣質之中」。這句話的意思，是表示：所謂氣質之性，並不是外於本然之性的另一種性，而只是氣質裏面的性之表現，或者說只是在氣質裏面表現的性。氣質不同，所以人物有別——人與物之表現理(性)有偏全之異；

但卻不能因爲人物有別，而說物只有氣質之性而無本然之性。所以朱子又說：

天之生物，有有血氣知覺者，人獸是也。有無血氣知覺而但有生氣者，草木是也。有生氣已絕而但有形色臭味者，枯槁是也。是雖有分之殊，而其理則未嘗不同……若謂纔無生氣便無此理，則是天下乃有無性之物，而理之在天下乃有空闕不滿之處也，而可乎？（文集卷五十九，答余方叔）

朱子之意，天下沒有無性之物，理遍在於天下，不容有空闕不滿之處。無論有血氣知覺者，無血氣知覺而只有生氣者、或生氣已絕而只有形色臭味者，一切物皆有其所以然之理以爲性。順「理」向下說，理遍爲萬物之體；順「物」向上說，萬物皆有其所以然之理以爲性。這「爲體」之理與「爲性」之理，是同一的；因此，「爲其體」等於「爲其性」。朱子從「理同而氣異」以言枯槁有性，乃是形上學的命題。若就萬物既得此理以爲性之後的表現上說，便是「氣同而理異」，所以就知覺運動而言，人與物無有差別，而「仁義禮智之稟，則非物之所得而全」。而人之所以貴於物，亦由此而得以建立。

二、理氣不離不雜

⑴「天地之間有理有氣。理也者，形而上之道也，生物之本也。氣也者，形而下之器也，生物之具也。是以人物之生，必稟此理，然後有性；必稟此氣，然後有形。雖不外乎一身，然其道器之間，不可亂也。」（答黃道夫書）

⑵「有此理方有此氣，旣有此氣，此理方有安頓處。」（答楊志仁）

⑶「理非別是一物，卽存乎是氣之中。無是氣，則是理亦無掛搭處。」（語類卷一）

按、第⑴條答黃道夫，是以形上之道與形下之器分別「理」與「氣」，所謂「道器之間不可亂」，卽是「理氣不雜」之義。第⑵條答楊志仁，是表示理氣雖不混雜，但理亦不能離乎氣，若離氣，則理無安頓處。此卽「理氣不離」之義。第⑶條接着說明理卽存乎氣之中，離了氣，理便沒有掛搭之處。

(4)「以意度之，此氣是依傍這理行，及此氣之聚，則理亦在馬。蓋氣則能凝結造作，理卻無情意、無計度、無造作。只此氣凝聚處，理便在其中。」（語類卷一）

按、理是靜的，無有情意，亦無計度、造作；總之，理無能無力，能與力是在氣處。但氣須依理而行，所以「只此氣凝聚處，理便在其中」。這仍然是論理氣不離不雜之義。

(5)「理搭在陰陽上，如人跨馬相似。」又云：「馬一出一入，人亦與之一出一入。」（語類卷九十四）

據此條，不僅可見「理氣不離不雜」（不離，是指說理與氣二者關係之深密；不雜，是指說理與氣畢竟是二而非一），而且亦可看出朱子之理「只存有而不活動」。依朱子，性是理，而心是氣，故「心」與「理」爲二。理既與心爲二，則此理便只是一個「作爲存有」之靜態的、形式意義的純一之理，而並無心義、活動義。必須言「心卽理」，心與理爲一之理，方是「卽存有卽活動」者。因爲其理「只存有而不活動」，所以「理搭在陰陽上」，確實「如人跨馬相似」。「馬一出一入」，人跨在馬上，自然「亦與之一出一入」。活動者是馬，人則隨馬出入而已。明儒曹端嘗謂，依朱子此言，則「人爲死人」，「理爲死理」。（明儒學案卷四十四）曹端所議固嫌太重，卻亦見到朱子所體會之理，是只存有而不活動者。理是存有，當然無所謂「死」。但雖無所謂死，卻亦不是如活人之騎活馬，眞能操縱、控制、而駕馭之。「理」，是道德創生的實體，但若依朱子之所體會，則此作爲創生實體之「理」的創生義、妙運義、自發自律義，皆將喪失。（象山嘆朱子「泰山喬嶽，可惜學不見道」，主要卽就此而言。）

凡上引朱子所說「無是氣，則是理亦掛搭處」，「氣是依傍這理行，及此氣之聚，則理亦在焉」，「理搭在陰陽上，如人跨馬相似」，皆是理氣不離不雜。朱子所說的理，是存在之理，亦可以說是「使然者然」的實現之理。但由於只存有而不活動，所以這個實現之理是靜態的「使然者然」，而不是「動態地創生之」的「使然者然」（註四）。換言之，這「只存有而不活動」的「理」，是在「氣」背後，靜態而超越地、同時亦卽存有論地主宰而定然之。（理使氣必須如此、定然如此，此便是理主宰氣而定然之，這是理與氣的正面關係。說二者不離不雜，則從反面說。）然而，如此而言的理氣關係，卻不是動態地實現之、定然之，亦卽並非那作爲創生實體的卽存有卽活動的「理」創生之、妙運之、因而有氣化動靜之相生不息的大用。這是朱子的橫攝系統與正宗儒家之直貫系統，最中心最本質的差異所在。所以，問題之關鍵只在「心」與「理」析而爲二、而使理成爲只存有而不活動，而不在「理氣爲二」(註五)。「理氣爲二」與「心理爲二」不同。心理可以是一，而理氣不能是一。若說「理氣是一」，則這個「一」是圓融義的一，但仍然與「心理是一」不同。

「理氣不離不雜」，若只做形式語句看，與「理氣爲二」同樣無問題。孟子中庸易傳所表示的道德創生實體及其所妙運創生者，亦並非可離可雜，不過不只是不離不雜，而可進一步說「體用不二、卽用見體」等圓融義。故吾人亦不可因見朱子說不離不雜，便以爲他所說的理氣關係同於直貫系統。朱子之不離不雜，是就「由然推證其所以然」而說，理旣不能創生地實現此存在之然，則理與氣之間亦不能有那些體用不二、卽用見體等圓融義。當然，在理氣不離不雜之下，通過涵養察識以及格物窮理以致知的工夫，朱子自亦可以達到一種境界，是卽：心氣之動全依理而動，乃至只見有理，不見有氣。但它總不同於直貫系統中「全體是用、全用是體，體用不二、卽用見體」之義。(註六)

三、理之「一」與「多」

朱子嘗言：「統體一太極，物物一太極」。太極卽是理。理，就其爲至極的「大總腦」

而順說，則統體地遍爲萬物之體，所以說「統體一太極」。由存在之然而逆說（按、個體之物、以及個體物身上所發生的一切事或種種事象，皆是存在之然），則理又分別地爲萬事萬物所以然之理，因而亦卽爲萬物之性，故又說「物物一太極」。朱子亦常說：太極含萬理，具衆理，有動靜之理，「許多道理條件皆由此出」。然則，⑴理究竟是一乎？抑是多乎？⑵理之爲一是何意義？其眞能爲一乎？⑶理之爲多是何意義？其眞能爲多乎？⑷如其爲多是定多（實多），則其爲一便是綜體，此綜體之一可散而爲萬理，而一只是虛名。如此則不能眞爲一，而畢竟只是多。⑸如果其一是眞一（是整一之一，不是綜體），則其爲多只是權說。權說之多不是定多，它總可以收縮而爲一，而多乃是假象。如此則不能眞爲多，而畢竟只是一。——朱子之意究竟如何？依牟先生之解析與衡定，認爲朱子之意，理之一是眞一，理之多則只是權說之假象，此可曰「一理而多相」（多，是理隨事物而顯示之相）。試本其意略作說明。

一、就存在之然，而說理分別地爲事物所以然之理，是由於「存在之然」之多，而權說理之多，實則理只是整全之一。又因存在之然有相（有彼此之差別），而權說爲彼理此理；實則整全之理無相可見，故不可分割爲定多，而說實有此理與彼理。

二、就每一物皆有其所以然之理以爲性（本然之性）而言，萬物皆得同一之理、整全之理。就得同一之理而言，則存在之然雖不同，而其所得以爲性的理卻無不同。此表示：作爲萬物之性的理，不因存在之然的不同而不同。既然無有不同，便不能有定多之理，亦不能有彼理與此理之差別。（事有差別，理無差別。）就得一整全之理而言，則其所得以爲性的理，不是得一個綜體之全，而是得一個整一之全。

三、總之，事是多而理是一。猶如月印萬川，萬川之月只是天上之月，而川月之多則是權說之假象。至於仁、義、禮、智、信等等雖是實理，但此等等實理仍然是落在事行上而爲多。吾人亦可忘悼這些名目，而只肯定一個理。

四、朱子說太極有動靜等等之理，又說太極含衆理。實則，這裡無所謂「有」，亦無所謂「含」。朱子這些話，是順權說之多而方便說。尅實而言，只是如此：太極之整一對動之然說，卽爲動之理；對靜之然說，卽爲靜之理；對惻隱羞惡之情說，卽爲惻隱羞惡之理；對舟車磚椅乃至枯槁之物說，卽爲此等等存在之然的所以然之理。而並不是太極含有此等等之理，亦不是此等等之理而總屬於太極。據此可知，只太極便是動之理、靜之理，而不是太極中別有一個動之理單管動，別有一個靜之理單管靜。其餘可類推。譬如，不是太極中有一個惻隱或羞惡之理單管惻隱或羞惡，而是太極本身卽是惻隱之理，卽是羞惡之理。這樣的理，纔是整一之理，亦才可以說萬物所稟之理是同一之理、而且無有不全。

以是，朱子所說之理（太極），亦不可以柏拉圖之理型（型式）爲解。一因柏拉圖之理型是定多，不同於朱子說衆理之多只是權說之多；二因柏拉圖之理型可用以界定物類（用以下定義），而朱子所說的存在之理卻不是一物的定義之理。

四、理先氣後、理生氣

關於「理先氣後」的問題，朱子語類卷一、理氣上，有下列各條：

(1)「太極只是一個理字。」

(2)「太極只是天地萬物之理。」在天地言，則天地中有太極。在萬物言，則萬物中各有太極。未有天地之先，畢竟是先有此理。動而生陽，亦只是理。靜而生陰，亦只是理。

(3)問：「昨謂未有天地之先，畢竟是先有理，如何？」曰：「未有天地之先，畢竟也只是理。有此理，便有此天地。若無此理，便亦無天地，無人無物，都無該載了（該、包也，載也）。有理，便有氣流行，發育萬物。」曰：「發育是理發育否？」曰：「有此理，便有此氣流行發育，理無形體。」

按、太極是天地萬物之理，未有天地之先，畢竟先有此理。有理，便有氣流行發育。理無形體，故不直接說理流行發育。朱子嘗言：「理者天之體，命者天之用。」（語類卷五）故言天命流行而不言天理流行。朱子言理，總重其超越義，以言理先氣後。

(4)問：「先有理，抑先有氣」？曰：「理未嘗離乎氣。然理、形而上者，氣、形而下者。自形而上下言，豈無先後？理無形，氣便粗，有渣滓。」

按、「先」只是「本」義。本，應該先在。這「先在」，不只是邏輯上的先在，而且是形而上的先在。這個先在是必須肯定的。

(5)或問「必有是理，然後有是氣，如何？」曰：「此本無先後之可言。然必欲推其所從來，則須說先有是理。」

(6)或問「理在先，氣在後」。曰：「理與氣本無先後之可言。但推上去時，卻如理在先，氣在後相似。」

(7)問「有是理，便有是氣，似不可分先後。」曰：「要之，也先有理。只不可說今日有是理，明日卻有是氣。也須有先後。且如萬一山河大地都陷了，畢竟理卻只在這裡。

此三條皆言「理先氣後」，而第(7)條所謂「要之，也先有理。只不可說今日有是理，明日卻有是氣」。此明白表示，理之先，非時間之先。唐君毅先生在其中國哲學原論上册，曾言及「理先氣後」亦可有時間上先後之一義。其言曰：「氣在流行之歷程中，其依理而生生，即成先後之段落。此中後一段落，同根於一統體之理。後一段落之氣未生時，此統體之理已先表現於前一段落，則當吾人觀此前一段落之氣之理時，即可說其在時間上亦先於後一段落之氣也。」唐先生說氣之流行可分爲先後之段落，而引出「理先氣後亦可有時間上先後」之一義，這個說法，自可啓人之思，但亦須善會其意，不可誤解。依朱子義，氣之依理而生生，只是以理爲本，故說形上之先即可。

又，第(7)條既言理先氣後，亦言理之自存自有。山河大地即使全陷塌了，理亦依然永恆自存。朱子這個意思說得甚爲嚴肅。語類卷一又有一條：

問：「天地會壞否？」曰：「不會壞。只是相將人無道極了，便一齊打合，混沌一番，人物都盡，又重新起！」

這幾句話，更透露出嚴肅的蒼涼悲壯之情。理無斷滅，氣化不息。卽使人物都盡，宇宙亦將重新又起。這悱惻莊嚴的仁心悲情，卻正是儒家性理學的本分。語云：天變地變，而道不變。又有詩句云：世界有窮願無窮。此亦正可烘托儒者的悲懷與信念。

在此，還有一個「理生氣」的問題。

理，無論理解爲「只存有而不活動」或「卽存有卽活動」，皆可以說「理生氣」。所謂「理生氣」，並不是從理中生出氣來。只是說，依傍此理，氣始有合度之生化。就人而言，則是依此理而引生心氣的革故生新。心氣通過其心知之明之認識理、嚮往理，而卽依理而引生心氣的合度之行；反之，若不依理，則必昏沉墮落而暴亂。此便是朱子系統中的「理生氣」。（此意，並請參看上第四節對「仁說」第二段之疏解。）——若「理」是「卽活動卽存有」的實體，是道德創生的實體，則理之生氣，便是此理鼓舞之、妙運之，以引生氣之生化不息，並使之表現合度之生化。但仍然不是說此氣可從實體中生出。講義理不能只是訓詁解字，訓詁明並不就能義理明，亦可由此而見。

(1) 理同氣異

- 理同——從人與物皆得理以爲其性而說——唯人能全性盡性，物則否，故就理之表現而言，人與物又有不同
- 氣異——從人與物稟氣之不齊上說——人得其全者通者，物得其偏者塞者——唯人與物皆能知覺運動，故氣上亦有相近之處

(2) 性即理，理遍在於天下，不容有空闕之處——天下沒有無性之物，故曰枯槁有性

- 朱子不承認
  - 人有兩性：本然之性，氣質之性
  - 物只有氣質之性，而無本然之性

  之說，而認爲性只有一個
- 故據理同氣異之義，而說氣質之性，只是此性（本然之性）墮在氣質之中
- 其意乃謂
  - 順理向下說，理遍爲萬物之體，體即萬物之性
  - 順物向上說，萬物皆有其所以然之理以爲其性

  此乃朱子之獨義

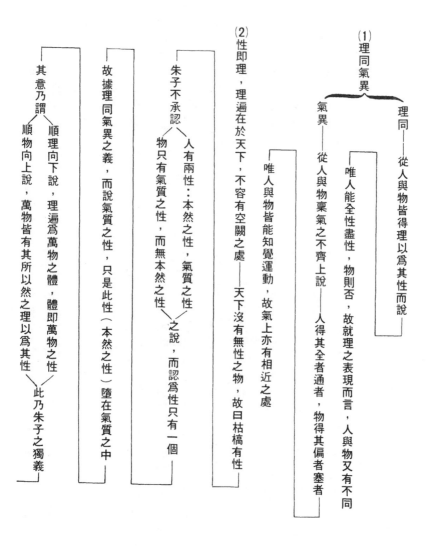

- 而橫渠提出
  - 天地之性
  - 氣質之性

  二辭，正謂
  - 人能盡本然之性，人性可從兩層面說
  - 物不能盡本然之性，故只有氣質之性

(3) 理氣
- 不離——理寓於氣，離了氣，則無掛搭處
- 不雜——理屬形上，氣屬形下，不可混雜

氣能凝結造作，但須依理而行

- 然而，理
  - 無情意
  - 無計度
  - 無造作

  只存有而不活動——此則喪失理之
  - 妙運創生義
  - 自發自律義
- 同時須知，朱子言理氣之問題
  - 不在理氣爲二（理氣本有形上與形下之別）
  - 而在心理爲二（心神理本是一，不容離析）

(4) 理之一與多
- 一是眞一——是整一之一，並非綜體——統體一太極
- 多是假象——是理隨事物而顯示之相——物物一太極

一理而多相

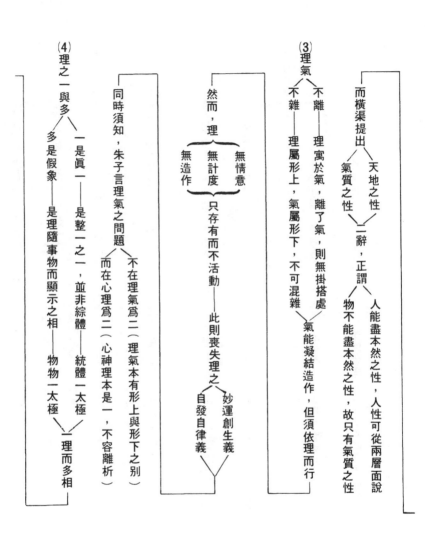

- 柏拉圖之理型可用以界定物類（用以下定義）——是定多
- 朱子之理（太極）只是一
  - 所謂「太極具衆理」，猶如月印萬川
  - 萬川之月是權說之多，不礙月只是一

(5) 理先氣後——先乃「本」義，應該先在——形而上的先在（非時間之先在）

- 有理，便有氣之發育流行——但理無形體，故不直說理發育流行
- 理自存自有——故曰「且如萬一山河大地都陷了，畢竟理卻只在這裡」

(6) 理生氣

- 儒家本義：理
  - 鼓舞之
  - 妙運之
  - 以引生「氣」之生生不息，並使之表現合度之生化
- 朱子義
  - 依傍此理，氣始有合度之生化（不依理，則氣將昏墮暴亂）
  - 心氣通過心知之明之
    - 認識理
    - 嚮往理
    - 而即依理而引生心氣之合度之行

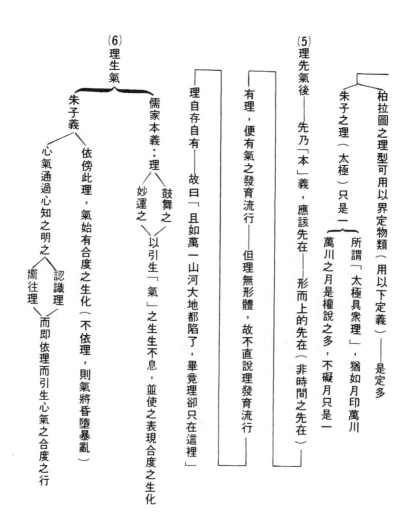

第八節　結論：簡括朱子學的綱脈

朱子所完成的義理系統：⑴客觀地就「理」說，是本體論的存有系統，就「氣」說，是只以屬於存有的理（不能妙運創生的只存有而不活動的理）而定然之的氣化的宇宙論。⑵主觀地就「工夫」說，是認知的靜涵靜攝的系統；就「道德」說，雖亦有道德的意義，但卻是他律道德。牟先生名此為：主智主義的道德的形上學。這在儒家的大流中，並沒有正統的地位，亦當不得正宗。只有以明道為代表的一大系，由「道體、性體、心體」所展示的形上學，纔是眞正儒家的「道德的形上學」。

朱子順承伊川由存在之「然」以推證其超越的「所以然」之路而前進，乃是一種存有論地、推證地分解的方式，或者說是「即物而窮其理」的認知的方式。如此而把握的理，只是對存在之然而靜態地定然之、規律之的「存在之理」，如說為「使然者然」的「實現之理」（使本質與存在結合為一的理），亦只是靜態地、形式地使然者然（只是氣所依傍而凝結造作的所以然之理），而不是「動態地創生之」的使然者然。因為朱子所體會的道體、性體，是經過分解而割截了「心義、神義、寂感義」的「只是理」。所以，無論太極之爲理或性之爲理，皆是只存有而不活動的，只是靜態的存有，而不是卽活動卽存有的動態的存有（動態的，是就其卽寂卽感、妙運生生而言）。如此體會道體、性體，(1)既不合先秦儒家由「維天之命，於穆不已」之最原始的智慧而來的天道天命觀（此義最爲明道所契切）；(2)亦不合濂溪由誠體寂感之神以說天道；(3)亦不合橫渠由太虛寂感之神以說道體性體。此之謂：道體義、性體義之迷失與旁落。

因此，朱子的性理義，實只是性理的「偏義」，其「只是理」的性理，不能與「誠、神、心、寂感」通而爲一。所以，在朱子學中，

(1)自宇宙論而言，「理」與「氣」成為橫列的相對之二，神與理亦為二。

(2)自道德實踐而言，「心」與「性」亦成為橫列的相對之二，心與理亦析而為二。

關於性理之「偏義」與「全義」的說明，請參看北宋篇第七章附論：「性卽理的兩個層次與朱子學之歧異」一文，茲從略。

依於朱子「心性情三分」「理氣二分」之義理間架，亦遂決定了他「靜養動察」乃至「卽物窮理」的工夫格局：(1)「性」卽是理，性亦「只是理」，是「只存有而不活動」的靜態

的實有。所以性理只是心氣活動所遵依的形式標準，而它本身則不能活動（不能妙運生生）。性理的道德意義與道德力量既已減殺而虛弱，則道德實踐的活動中心，便不能不由性體而轉移到：對於心氣的涵養、以及對於心氣之發的察識。所謂「涵養」，是以肅整莊敬之心，汰濾私意雜念，以達到「鏡明水止」、「心靜理明」之境。所謂「察識」，是以涵養敬心而顯現的心知之明，察識已發之情變，使心之所發的情變皆能合理中節。順「察識於已發」而推進一步，便是「卽物而窮其理」。朱子這個「靜養動察」的工夫格局，實際上就是伊川「涵養須用敬，進學則在致知」二語的詳密化。⑵心性對言，「心」是氣之靈。心能知覺，有動靜；而所以知覺、所以動靜的理，則是「性」。因此，心不是性，亦不是理。至於朱子說「心具衆理、心具衆德」，這個「具」只是後天工夫地「當具」，而不是先天實體地「本具」。若是先天本具，便應該說「心卽理」了。⑶「情」是心氣之發。心性情對言，而心統性情。依朱子義說「心統性情」，這個「統」字當是統攝統貫之義，而不是作主的統帥統屬之統。「心統性」是認知地關聯地統攝性而彰顯之（未發是渾然，已發是粲然）；「心統情」則是行動地統攝情而敷施發用（情是從心上發動出來）。

進一步，朱子又以其心性情三分、理氣二分之思想間架說「仁」。伊川早有「仁是性，愛是情」之言，朱子承之，乃將「仁體」亦支解爲心性情三分、理氣二分（仁只是性、只是理，惻隱之心與愛之情，則屬於氣），故曰「仁者，心之德、愛之理也」。意思是說，仁不是心、亦不是愛，而只是「愛的所以然之理、而爲心所當具之德」。仁不再是具體活潑的生生之仁，而成爲抽象的、理智的、平面的，只是一個「普遍而不具體、超越而不內在」之形上的抽象的理。理是形上的「有」，依理而發爲情，方是「在」。理旣體會爲「只存有而不活動」，所以是「有而不在」者。必須「心性情合一」的仁體，纔能「卽有卽在」。在朱子，「在」與「有」分而爲二，形上之理（仁、性）爲「有」，形下之氣（心、情）爲「在」。如此分解，雖很能顯示朱子思理之精澈一貫，但這種「由定義或名義之方式入」的講法，卻把「仁」講得不具體、不內在了。卽此可知，朱子對論語之「仁」與孟子之「本心、四端之心」並沒有恰當相應的了解。他亦不了解明道言仁的義旨。他反對上蔡以覺訓仁，又反對龜山以「萬物一體」說仁，正表示他對明道言仁的綱領無所契會。

由於朱子貫徹伊川之轉向，遂使太極性體之「於穆不已、生物不測」或道德創造之本體宇宙論的立體直貫之「創生型、擴充型」，轉而爲認識論的橫列之「靜涵型、靜攝型」。而凡是孟子中庸易傳與宋儒「本體宇宙論的」立體直貫之辭語，皆爲朱子所不能正視、不能了解、甚至誤解而不喜。他所不滿的，皆屬於直貫型。他所稱賞無異辭的，只有伊川一人。朱子能貫徹伊川之思路而獨成一型，固然非常偉卓，在文化學術上亦有甚大之意義與作用。但朱子之系統，卻不是先秦儒家發展成的內聖成德之教的本義與原型。就宋儒而言，朱子亦並不眞能集北宋理學之大成（他只繼承伊川一人）。所以，朱子之傳統，並不等於孔孟中庸易傳之傳統；以儒家之大流爲準，朱子自不得爲正宗。若必欲以朱子爲大宗，則其大宗之地位，乃是「繼別爲宗」。牟先生這個簡別，甚爲妥恰。（註七）

附註

註一：此所引朱子語，皆見語錄卷五十九、論孟子告子篇關於「性無善無不善」之討論。

註二：語見朱文公文集卷五十八、答陳器之二書之第二書。此乃朱子晚年論四端的成熟之作。全文引見「心體與性體」第三册四〇七頁。

註三：按、此四點是判分直貫系統與橫攝系統之要點，由於朱子常依附經典而說話，所以歷來講朱子之學者亦在此混雜不明，欲對之作一清楚之疏別，並不容易。牟先生「心體與性體」第三册四七六至四八五頁，對此有精詳之說明，請參看。

註四：按、「使然者然」，「然者」指氣；理，則是氣所依傍而如此這般地凝結造作的所以然之理。「使」字，若是動態地使之，便含有妙運創生義；若是靜態地使之，便只是然者（氣）所遵依的超越的形上之理。

註五：按、明儒羅整菴、劉蕺山、黃梨洲，皆不就朱子對理之體會有不同而加以簡別疏導，卻只就理氣之分而直接去爭理氣之二不二，此既不足以難朱子，而於問題之關鍵，亦未能確切把握也。

註六：關於直貫系統所說之圓融義，北宋篇第九章第一節有較爲集中之說明，請參看。

註七：請參看北宋篇第七章附論一文之末段。

第六章 象山心學與朱陸異同（上）

第一節 陸學淵源及其時代課題

一、象山小傳

陸九淵，字子靜，江西撫州金谿人。少朱子九歲而早卒八年。生於宋高宗紹興九年，卒於光宗紹熙三年（西元一一三九——一一九二），五十四歲。晚年講學於貴谿之應天山，以其形似巨象，改名象山，自號象山翁。學者稱象山先生。象山爲唐末宰相陸希聲之七世孫。其父賀，字道鄉。年譜說他「端重不伐，究心典籍，見於躬行。酌先儒冠昏喪祭之禮行於家，弗用異敎」。這位持道守正的賢者，生有六子，象山最幼。長兄九思，字子彊，撰有家訓飭子孫，朱子特爲作序。次兄九敘，字子儀，善治生，經營先世遺留之藥肆，一家衣食百用，盡出於此。三兄九臯，字子昭，文行俱優，家塾授徒，晚爲鄉官，嘗重訂大學章句。四兄子韶，字子美，號梭山，隱居不仕，與兄弟共講古學，有文集曰梭山日記，中有居家正本及制用二篇，黃東發謂其「殆可推之治國」。五兄九齡，字子壽，學者稱復齊先生。涵養深密，躬行篤實，道德繫天下重望，有文集行於世。宋元學案云：「三陸子之學，梭山啓之，復齊昌之，象山成之」。

象山穎悟早發，八歲讀論語，則疑有子之言爲支離。讀孟子書至曾子「江漢以濯之，秋陽以暴之，皜皜乎不可尙已」之言，歎曰：「曾子見得聖人高明潔白如此！」又疑伊川之言與聖人之言不類。早在四歲時，嘗問其父：「天地何所窮際？」至十三歲聞人言「上下四方曰宇，古往今來曰宙」，大省曰：「原來無窮。」乃書曰：「宇宙內事，乃己分內事，己分內事，乃宇宙內事。」之後，又有言曰：「東海有聖人出焉，此心同，此理同也。西海有聖人出焉，此心同，此理同也。南海北海有聖人出焉，此心同，此理同也。千百世之上與千百世之下有聖人出焉，此心同，此理同也。」

象山厭習科擧時文，至三十四歲始應進士試及第，而立時聲振行都，學者多從之遊。返家，題舊屋曰「槐堂」，開始授徒，以辨志、明本心為講學宗旨。三十七歲應呂祖謙之約，偕季兄復齋與朱子會於鵝湖。四十二歲訪朱子於南康，遊廬山，講君子喻於義一章於白鹿洞書院。四十九歲登應天山講學，前後五年，相繼來問學者達數千人。五十三歲詔知湖北荊門軍（相當於郡守之職），囑弟子傅季魯留山講學。次年十二月，以血疾卒於荊門任所。

二、陸學之淵源

陸氏兄弟「自為師友」，並無師承。象山論學書信中凡徵引古語，大部分是孟子之言，開口即得，左右逢源，於孟子義理之熟，古今無匹。象山自述其學，「因讀孟子而自得之於心」。與路彥彬書亦云：「竊不自揆，區區之學，自謂孟子之後，至是而始一明也。」象山直承孟子，以倡明聖道自任，而全祖望乃謂程門自謝上蔡以後，王信伯、張橫浦等人，皆象山之前茅，又說橫浦為「陸學之先」。全氏所說，皆浮泛不切之語，並無的實之見。只因當初朱子視上蔡等人「下梢皆入禪學去」，又指象山為禪，故全氏隨順朱子之意而如此云云耳。

實則，象山與姪孫濬書已云：「至於近時伊洛諸賢，研道益深，講道益詳，志行之專，踐行之篤，乃漢唐所未有，其所植立成就，可謂盛矣。然江漢以濯之，秋陽以暴之，未見其如曾子之能信其皜皜。肫肫其仁，淵淵其淵，未見其如子思之能達其浩浩。正人心，息邪說，距詖行，放淫辭，未見其如孟子之長於知言、而有以承三聖也。」又語錄云：「至伊洛諸公，得千載不傳之學，但草創未爲光明。今日若不大段光明，更幹當甚事？」象山看二程，猶是「草創未爲光明」，故舉示中庸孟子之句，由三義以指出二程諸人之造詣未能幾及於曾子、子思、孟子之境。象山直承孔孟而以聖道自任，務求聖人之學「大段光明」。後人不此之求，卻捕風捉影，說東說西，甚是無謂。

三、象山面對的時代課題

象山面對的時代課題，一是將士人的精神生命，從科擧中拯救出來。二是從當時物欲意見之風習中，透出聖賢學問之眞精神。

科擧制度，本爲取士用賢，而其流弊，不但破壞士大夫的人品，並且破壞文化精神以及治國平天下之事業。士人讀聖賢書是爲作時文，作時文是爲考科擧，考科擧是爲了作官，作官是爲了一人一家之富貴利祿。故象山與傅克明書云：「今時士人讀書，其志在於學場屋之文，以取科第。」又與李宰書云：「今天下士皆溺於科擧之習，觀其言，往往稱道詩書論孟，綜其實，特借以爲科擧之文耳。」其得意弟子傅子淵問學於象山之後，亦自悔曰：「向來只知有擧業，觀書不過資意見耳。」白鹿洞書院講義有云：「科擧取士久矣，名儒鉅公皆由此出，今爲士者固不能免，然場屋之得失，顧其技與有司好惡如何耳，非所以爲君子小人之辨也。」在象山文集中，類此之言很多，無須再擧。象山不忍士人糟蹋自己，所以特在這方面費其心力以期救人於溺。他二十七歲與童伯虞書有云：「僕處足下之館幾半載，而不能回足下眷眷聲利之心，此誠僕淺陋之罪。」又語錄云：「有議論者，先生曰、此是虛說，或云、此是時文之見。學者遂云：孟子闢楊孟，韓子闢佛老，陸先生闢時文。先生聞之云：此說也好，然闢楊墨佛老，猶有些氣道，吾卻只闢得時文！因一笑。」象山這一笑，是解嘲，也是感歎。

其次，宋代重文輕武，士人所受政治束縛較少。故宋代乃意見最多，議論最盛的時代。一般的議論，固然是夾雜着趨時尚新好名爭勝的虛說浮辭，卽使是講學論道，亦只是落在書本上，而不是立足於生命，故其意見議論，依然是虛說浮辭，並無當於聖賢學問。而象山所謂學問，乃繼承儒家傳統，指做人而完成德性人格而言。故曰：「學者所以爲學，學爲人而已。」「須思天之所以與我者是甚底，爲是復要作人否，理會得這個明白，然後方可謂之學問。」「諸處方嘵嘵然談學問時，吾在此，多與後生說人品。」（皆見語錄）。在他與鄧文範的書信中，對於當時的士習與學風，曾有兩句極為中肯的話：「愚不肖者之蔽，在於物欲，賢者之蔽，在於意見。」凡是固執己意的成見，以偏概全的偏見，利便自己的私見，人云亦云的俗見，全都是所謂「意見」，而非「正見」。必須是自得於心的主見與擇善固執的定見，方是正見。人當然要有正見，但卻不可以意見作怪。一般人的「物欲」，還比較易於點醒而超拔，而所謂賢者的「意見」，卻已形成錮蔽執着，極不容易對付消解。所以象山常說「與有意見人說話，最難！」而從當時「物欲、意見」之風習中，透出中國文化之眞生命眞精神，以拯救當時知識分子拘蔽而又虛浮的心靈，便是象山畢生志業的中心點。

第二節　象山學之綱維

象山之學，只是「先立其大」，只是「一心之朗現、一心之申展、一心之遍潤」，眞是簡易直截。但要講象山學，卻又甚難。因為象山沒有分解，他要做的分解，孟子早做過了。象山曾說：「夫子以仁發明斯道，其言渾無罅縫。孟子十字打開，更無隱遁。」既已十字打開，便無須再做分解了。故牟先生說象山學是「非分解的性格」，是第二層序上的學問。（與「分解地立義」之爲第一層序者不同。）他只是根據孟子而講實學，以抒發他的實感實見，而歸於實理實事之踐履。在此，試分三端，以略述象山學之綱維。

一、辨志、辨義利

志，是行爲發動的根源所在。辨志，就是要遮撥物欲、排斥意見，使世俗的名銜、地位、官爵、權勢，皆攀緣不上，使是非善惡、正邪誠僞，皆昭然朗現，使人不能不在這根源究竟之地，作一眞正的抉擇，以決定自己做人的方向途徑。此便是象山教人的霹靂手段。但辨志亦須有個標準，而利己或利人卽是從道德意識中顯發出的、簡明直接之準衡。利己，卽是私、卽是利；利人，卽是公、卽是義。此卽象山所謂「義利之辨」「公私之辨」。

象山說：「上是天，下是地，人居其間，須是做得人，方不枉了。」又說：「今人略有些氣燄者，多只是附物，原非自立也。若某則不識一字，亦須還我堂堂地做個人。」科名、知識、權爵、富貴，皆是物。「附物」者只是依他力，只是氣燄薰炙。唯立志者纔能持守自立，纔有堂堂地做人的精神氣概。人首先必須自覺地做個人，有此自覺，卽有道德意識之醒豁，以分辨公私義利。據語錄記載：「先生嘗云：傅子淵自此歸其家，陳正己問之曰：陸先生何言？乃對曰：辨志。復問：何所辨？曰：義利之辨。——若子淵之對，可謂切要。」又一條云：「陳正己自槐堂歸，人問先生所以教人者，正己曰：首尾一月，先生諄諄然只言辨志。」首尾一月，言不離辨志，可見象山不是據「書」而講學，而是以「人」來講學。他講的是「人學」，是「生命的學問」。若與生命不相干，安得爲正學，安得爲聖賢學問？

象山講義利之辨，講得最精到、最痛快的，是在白鹿洞書院應朱子之約，講「君子喻於義，小人喻於利」。茲節錄其講義於後：

子曰：「君子喻於義，小人喻於利。」此章以義利判君子小人，辭旨曉白。然讀之者苟不切己觀省，亦未能有益也。某平日讀此，不無所感。竊謂君子於此，當辨其志。人之所喻，由其所習，所習由其所志。志乎義，則所習必在於義；所習在義，斯喻於義矣。志乎利，則所習必在於利；所習在利，斯喻於利矣。故學者之志，不可不辨也。

科擧取士久矣，名儒鉅公皆由此出，今為士者固不能免此。然場屋之得失，顧其技與有司好惡如何耳，非所以為君子小人之辨也。而今也以此相尚，使汩沒於此而不能自拔，則終日從事者雖曰聖賢之書，而要其志之所鄉，則有與聖賢背而馳者矣。

推而上之，則又惟官資崇卑祿廩厚薄是計，豈能悉心力於國事民隱，以無負於所任使之者哉？從事其間，更歷之多，講習之熟，安得不有所喻，顧恐不在於義耳。誠能深思是身不可使之為小人之歸，其於利欲之習，怛焉為之痛心疾首，專志乎義而日勉焉，博學審問慎思明辨而篤行之。由是而進入場屋，其文必皆道其平日之學，胸中之蘊，而不詭於聖人。由是而仕，必皆供其職，勤其事，心乎國，心乎民，而不為身計，其得不謂之君子乎！

據年譜記載，當時天氣微寒，朱子聽了，而汗出揮扇，還有人感動流淚的。講畢，朱子離席言曰：熹當與諸生共守，以無忘陸先生之訓。再三云：熹在此不曾說到這裡，負愧何言！乃復請筆之於書，後又刻之於石，朱子特爲作跋，有云：「至其所以發明敷暢，則又懇到明白，而皆有以切中學者隱微深痼之疾，蓋聽者莫不動心焉。」又與楊道夫云：「曾見陸子靜義利之說否？曰：未也。曰：這是子靜來南康，熹請說書，卻說得這義利分明，是說得好。如云，今人只讀書，便是利。如取解後，又要得官，得官後，又要改官，自少至老，自頂至踵，無非爲利。說得來痛快，至有流涕者。」象山自己曾說講義文字發明精神不盡，當時說得來痛快。可惜象山口說的言詞，如今已無由知聞了。

二、復其本心，先立其大

志是心之所之，亦是心所存主，此乃各人自己生命中之事，故各人之志，亦惟各人自知。人何以能辨自己所志者是義或是利？又如何能保證從義而棄利？此則涉及心與理的問題。亦卽所謂「本心」的問題。

象山與李宰書有云：「天之所以與我者，卽此心也。人皆有是心，心皆具是理，心卽理也。」「心卽理」之心，乃是自具理則性的道德的本心。本心是天所與我者，故心所發之志，自然與天地不限隔，而可與天道天理相通。但常人溺於利欲或意見，而把本心遮斷了，只在利欲意見中打滾，此便是象山所謂「主客倒置」，「如在逆旅」。因爲利欲意見是後起的，外來的，故爲客，爲客者非主，故「如在逆旅」。必須突破利欲意見的關卡，而直透到念慮之萌處，纔能與主人（本心）接上頭。此時，主人便自會做主。主客分明，義利自辨，正如慧日澄空，陰霾自消。所以辨志卽是辨義利，而義利之辨的同時，亦卽是「復其本心」。本心既復，則應事接物之理皆從本心流出，如此，自然志於義，自能從義而棄利。

要復本心，自須有工夫，是卽所謂「存養」、亦卽孟子所謂「養其大體」「先立其大」。

象山與曾宅之書有云：「蓋心、一心也，理、一理也。至當歸一，精義無二，此心此理，實不容有二。……只存一字，自可使人明得此理。此理本天所與我、非由外鑠。明得此理，卽是主宰，眞能爲主，則外物不能移，邪說不能惑。」心既然卽是理，自無理外之心，亦無心外之理。存得此心，卽可明得此理，明得此理，卽是復其本心。本心既復，自能自發命令，自定方向，以透顯其主宰性，而不移不惑。象山又說：「必深思痛省，抉去世俗之習，如棄穢惡，如避寇仇，則此心之靈，自有其仁，自有其智，自有其勇。私意俗習，如見晛之雪，雖欲存之而不可得。此之謂先立其大。」（與傅克明書）。人開端一念，便棄去私意俗習，以恢復本心之智、仁、勇，此便是先立其大。孟子曰：「先立乎其大者，則其小者弗能奪也」。大，指心而言，小，指耳目之官而言。先立其大，卽是立此心（復本心），立此心，是立此心之理（心卽是理）。而此心之理，實卽天理，故後來王陽明便直接說爲「良知之天理」（良知卽是天理）。

有人譏象山講學，只有一句「先立其大」。象山聽了，說：「誠然」。蓋千言萬語打併爲一，亦就是這一句。這個「大」，卽是本心，本心卽是天理，卽是天道。在象山，只須說個「先立其大」，便是「天道性命相貫通」的大義。內聖成德之敎的綱領，正在於此。象山與馮道之書有云：「天之所以爲天者，是道也。故曰唯天爲大。天降於人，人受中以生，是道固在人矣。孟子曰從其大體，從此者也；又曰養其大體，養此者也；又曰直養而無害，無害乎此者也；又曰先立乎其大者，立乎此者也。居之謂之廣居，立之謂之正位，行之謂之大道；非居廣居，立正位，行大道，則何以爲大丈夫？」象山所謂「從此、養此、無害乎此、立乎此」之「此」字，正是指人所受於天者而言，究其實，亦卽「本心」「大體」是也。

三、心卽理，心同理同

象山論學，不常說「性」，因爲心卽是性。心性不二，乃孟子舊義，亦是伊川朱子以外，所有宋明儒者所共許的通義。象山直下從「明本心、先立其大」入手，故其學只是一心之朗現與申展。所謂「心卽理也」，是表示本心自具理則性，心本身卽是道德的律則。仿康德之語意，吾人可說，由於心之自律性，卽顯示它自己卽是立法者。以是，吾人只須存養本心，擴充本心，則其自覺自律性，便自能純亦不已地起作用而表現道德行爲。故象山云：「苟此心之存，則此理自明；當惻隱自惻隱，當羞惡、當辭讓、是非在前，自能辨之……所謂溥博淵泉，而時出之。」可知本心卽是道德價值的根源，只要開發這個本源，就如「溥博」之淵泉，而能「時出」之，世間萬德亦便自然由此流出，而沛然莫之能禦了。

象山慨歎「今之學者，只用心於枝葉，不求實處」，於是又舉孟子盡其心知其性，知其性則知天矣之言，說道：「心只是一個，某之心，吾友之心，上而千百載聖賢之心，下而千百載復有聖賢，其心亦只如此。心之體甚大，若能盡我之心，便與天同。爲學只是理會心。」這「心之體甚大」的心，卽是「涵萬德，生萬化」的本心，所以「心」一方面是道德的創造原理，亦是宇宙萬物的實現原理。若能盡我之心，便自然可與天同。心與天同，卽是心與理一。於此，象山便說：「萬物森然於方寸之間，滿心而發，充塞宇宙，無非斯理。」蓋理由心發，不由外鑠。滿心而發，則此理充塞宇宙。理盈滿於宇宙，亦卽是心盈滿於宇宙。象山曾表示道：「吾於踐履，未能純一，然纔自警策，便與天地相似。」與天地相似，便是與天地不隔。這感通不隔的生命，卽是與宇宙通而爲一的生命。所以象山又說：「宇宙內事，乃己分內事。己分內事，乃宇宙內事。」天地化育萬物，是宇宙內事。贊天地之化育，以使萬物各得其所、各適其性、各遂其生，便是人分內事。若推進一步而究竟言之，則宇宙之化育，實卽吾心之化育。程明道已經表示：「只心便是天」，「只此便是天地之化」。象山亦說：「四方上下曰宇，古往今來曰宙。宇宙便是吾心，吾心卽是宇宙。」（以上所引，皆見語錄）又說千萬世之前與千萬世之後、以及東西南北海有聖人出焉，皆同此心、同此理。（見全集卷二十二雜說）。這心同理同之心，乃是超越時空之限隔而絕對普遍的心。吾人之本心既與宇宙不限隔，則此與宇宙通而爲一的心，卽是天心，卽是天理，此之謂「心同理同」。

此心此理既不容有二，則存心明理之道，亦極簡易。故象山曰：「根本苟立，保養不替，自然日新」。「存心卽是明理」。「宇宙自有實理，所貴乎學者，爲能明此理耳。此理苟明，自有實行，自有實事。德則實德，行則實行。」（與曾宅之書）。象山所謂「實理」，亦卽陽明所謂「良知天理」。此「天所與我、心所本具」的理，是有根的，實在的，故曰「實理」。實理顯發而爲行爲，卽是「實行」；表現爲人倫日用家國天下之事，卽是「實事」；得之於心而凝爲孝弟忠信……卽是「實德」。象山常說，天下學問只有二途：「一途議論，一途樸實」。他自稱其學爲「實學、樸學」，並說：「千虛不博一實，吾平生學問無他，只是一實。」（語錄）。由實理流出而爲實事，此便是象山學之精神。

第三節　鵝湖之會與鵝湖會詩的義理

朱陸二人的交涉，是從鵝湖之會開始，而一般論及鵝湖之會，多語焉不詳。爲此，特先略述鵝湖之會的緣起及其講論的內容大要，其次說明二陸鵝湖會詩所顯示的義理。

一、鵝湖之會

朱陸鵝湖之會，在南宋孝宗淳熙二年（西元一一七五）。關於鵝湖論道的內容，直接的文獻記載相當簡略。大致說來，朱子方面似乎不願提起這件事，所以王懋竑的朱子年譜考異亦說：「鵝湖之會，年譜不詳，語錄無及之者。」而朱子年譜關於此事的記載，還是轉錄於象山年譜和象山語錄的。然而，象山語錄與象山年譜的記述，亦仍然不夠詳備。

甲、先看象山全集卷三十四「語錄」中的敘述：

> 呂伯恭為鵝湖之集，先兄復齋謂某曰：伯恭約元晦為此集，正為學術異同。某兄弟先自不同，何以望鵝湖之同？先兄遂與某議論致辯，又令某自說，至晚罷。先兄云，子靜之說是。次早，某請先兄說。先兄云，某無說，夜來思之，子靜之說極是。方得一詩云：「孩提知愛長知欽，古聖相傳只此心。大抵有基方築室，未聞無址忽成岑。留情傳註翻榛塞，着意精微轉陸沉。珍重友朋勤切琢，須知至樂在於今。」某云：詩甚佳。但第二句微有未安。先兄云，說得恁地，又道未安，更要如何？某云，不妨一面起行，某

沿途卻和此詩。

及至鵝湖，伯恭首問先兄別後新功，先兄舉詩纔四句，元晦顧伯恭曰：子壽早已上子靜舡了也。（舡、一作船。舡亦船也。）舉詩罷，遂致辯於先兄。某云，途中某和得家兄此詩云：墟墓興哀宗廟欽，斯人千古不磨心。涓流積至滄溟水，拳石崇成泰華岑。易簡工夫終久大，支離事業竟浮沉。舉詩至此，元晦失色。至欲知自下升高處，真偽先須辨只今。元晦大不懌。於是各休息。

翌日，二公商量數十折，議論來，莫不悉破其說。繼日，凡致辯，其說隨屈。伯恭甚有虛心相聽之意，竟為元晦所尼。

乙、再看象山年譜三十七歲下的記載：

呂伯恭約先生與季兄復齋，會朱元晦諸公於信州之鵝湖寺。復齋云云，見前卷三十四（按即前引語錄首段所記）。……復齋與張欽夫書云：「某春末會朱元晦於鉛山，語三日，然皆未能無疑。」按呂成公譜：乙未四月訪朱文公於信州之鵝湖寺，陸子靜、子壽、劉子澄，及江浙諸友皆會，留止旬日。

郭斌俊父錄云：「朱呂二公，語及九卦之序，先生因亹亹言之。大略謂：復，是本心復處。如何列在第三卦，而先之以履與謙？蓋履之為卦，上天下澤。人生斯世，須先辨得俯仰乎天地，而有此一身，以達於所履。其所履有得有失，又繫於謙與不謙之分。謙則精神渾收聚於內，不謙則精神渾流散於外。惟能辨得吾一身、所以在天地之間、舉錯動作之由，而收歛其精神，使之在內而不在外，則此心斯可得而復矣。次之以常固，又次之以損益，又次之以困。蓋本心既復，謹始克終，曾不少廢，以得其常，而至於堅固。私欲日以消磨而為損，天理日以澄瑩而為益。雖涉危蹈險，所遭多至於困，而此心卓然不動。然後於道有得，左右逢其原。如鑿井取泉，處處皆足。蓋至於此，則順理而行，無纖毫透漏。如巽風之散，無往不入。雖密房奧室，有一縫一罅，即能入之矣。二公大服。」

朱亨道書云：「鵝湖講道，切誠當今盛事。伯恭蓋慮陸與朱議論猶有異同，欲會歸於一，而定其所適從。其意甚善。伯恭蓋有志於此，語自得則未也。臨川守趙景明，邀劉子澄、趙景昭。景昭在臨安，與先生相欵，亦有意於學。」

又云：「鵝湖之會，論及教人。元晦之意，欲令人泛觀博覽，而後歸之約。二陸之意，欲先發明人之本心，而後使之博覽。朱以陸之教人為太簡，陸以朱之教人為支離。此頗不合。先生更欲與元晦辯，以為堯舜之前，何書可讀？復齋止之。趙劉諸公，拱聽而已。先發明之說，未可厚誣。元晦見二詩不平，似不能無我。」

元晦書云：「某未聞道學之懿，茲幸獲奉餘論，所恨匆匆別去，彼此之懷，皆若有未既者。然警切之誨，佩服不敢忘也。還家無便，寫此少見拳拳。」

據上引象山語錄與年譜之言，再加上其他相關之記述，我們對鵝湖之會，可作如下之說明與了解。

第一：參加鵝湖之會的人頗不少，而主要人物是朱子、二陸和呂祖謙四人。（呂祖謙，字伯恭，人稱東萊先生。）朱子與二陸是双方的論主，但鵝湖之會的主動發起人，卻是學術異同的局外人呂伯恭。呂氏家學淵源，自北宋呂公著以下，載入宋元學案者，計七世十七人。南渡之後，更號稱得中原文獻之傳。伯恭秉承門第家風，重在持盈保泰，喜和不喜爭，喜通融不喜矯激。所以他熱心想要調和朱陸異同。他既是朱子最親密的朋友，而對象山又極爲稱賞。當象山三十四歲應進士試時，伯恭爲考官，他看到象山的易卷，「擊節歎賞」。讀其天地之性人爲貴論，「益加歎賞」。他對主考官尤袤說：「此卷超絕有學問者，必是江西陸子靜之文，此人斷不可失也。」同時又叮囑考官趙汝愚留意。尤趙二人亦嘉賞象山之文，遂中選。後來，伯恭與象山見了面，還特別說道：「未嘗欵承足下之教，一見高文，心開目明，知其爲江西陸子靜也。」可見他對象山的傾心。伯恭既與朱陸双方皆敬重相知，當他發現二人講學宗旨有所不同時，自然要設法疏通調和。

第二：朱子年譜記載，淳熙二年乙未夏四月，伯恭入閩訪朱子，留止旬日（伯恭答邢邦用書，則云春末入閩），共同商定近思錄。又云：「伯恭歸，先生送之至信州鵝湖寺，江西陸九齡子壽、九淵子靜等皆來會。」根據朱子象山二年譜的記述，可知鵝湖之會必是伯恭藉入閩之便，特地穿針引線而促成的。至於朱子年譜所謂朱子送伯恭到鵝湖，象山兄弟「來會」云云，只是作年譜者在行文之時的賓主輕重之筆。事實上朱子是應伯恭之邀約而行的，要說是送客，亦只是順水推舟而已。至於象山兄弟，自是接受伯恭之約而赴會，象山語錄及年譜已說得很清楚。而伯恭之所以選擇鵝湖爲朱陸相會的地點，一因信州是江西入閩入浙以及閩浙入江西的交通站，又正好是朱、陸、呂等人居地的中心點；二因信州鵝湖是唐朝以來聞名天下的名山，伯恭選擇這個地方爲論道之所，蓋亦有名山賢哲、地靈人傑之意。

第三：鵝湖論道三日，所議論的內容應該不少。但我們今天所能知的，歸結一下，不過下列幾點：

1.首日見面，朱子聽了復齋前四句詩，便判說復齋已上了象山之船。接着聽象山之詩到第六句，竟臉色都變了，等聽完後二句，更是大不高興。

2. 論及教人，朱子之意，欲令人泛觀博覽，而後歸之約。二陸之意，欲先發明人之本心，而後使之博覽。朱以陸之教人爲太簡，陸以朱之教人爲支離。

3. 象山暢論九卦之序，使朱呂二人大爲佩服。

4. 第二日，朱呂二人商量數十折（內容不詳，意謂前後提出數十論點），與象山論辯，都爲象山所破斥。

5. 第三日，繼續論辯。朱子方面的議論隨說隨屈，而象山佔了上風。據象山說，伯恭很有虛心相聽之意，而爲朱子所阻。

(1)(2)(3)三點皆屬第一日的議論，但第(3)點論易卦之序，與朱陸異同並不直接相關。(4)(5)二點則分別爲第二、第三兩日的論辯，其內容已無從知曉。

第四：鵝湖之會，在朱子，大概意不得申。所以除了會後致書二陸，說到「彼此之懷，皆若有未既者，然警切之誨，佩服不敢忘。」另與王子合書亦提到「講論之間，深覺有益。」（朱子年譜卷之一上）。此外，朱子幾乎絕口不提。而在二陸（尤其象山）方面，則似乎以鵝湖之會爲得意之筆。所以象山語錄中猶津津樂道。

二、二陸鵝湖會詩所顯示的義理

二陸鵝湖之會的詩，主要是根據孟子而措辭，而象山之詩尤爲警策而挺拔。牟先生曾對此二詩作過解說，玆本其意將二詩所表示的義理，分句疏解如下：

甲、復齋之詩

孩提知愛長知欽　古聖相傳只此心

欽，敬也。孟子謂人皆有良知良能，孩提之童，無不知愛其親，及其長也，無不知敬其兄。此詩第一句，卽本此而言。親親之仁，敬長之義，卽是孔孟所點出的仁義之本心。故第二句便接着說聖人之道，自古傳至於今日者，只是這個「知愛知敬」的仁義之本心。

大抵有基方築室　未聞無址忽成岑

人必須有本心，乃能擴而充之。將此理推之於造房屋，亦須有基有址，方能據以築屋以成高樓大廈，無基無址，便只是空中樓閣而已。故曰有基方得築室，無址何由成岑？岑，尖而高之山，在此可喻高聳矗立之屋宇。這二句的意思，實亦本於孟子「原泉混混，不舍晝夜，盈科而後進，放乎四海，有本者若是」之義。有基有址，方能築屋成岑，亦猶有本有源，乃能放乎四海。總之，一切要有本有源，纔能生發價值。講學論道，當然更要發明仁義之本心。故下接五六句云：

留情傳註翻榛塞　着意精微轉陸沉

凡講內聖之學，必先辨本心，此是直接相干之第一義。如不能正視此義，而只是「留情傳註」，則反爲記傳註疏中衆說紛紜的異辭碎義所蔽塞，而難窺本眞。如此，便反而爲榛莽所阻塞了，又如你在文字句解上「着意精微」，但因不能辨明本心之故，縱然字面上講得十分好，文義上十分精細深入，亦是歧出。卽使不歧出，亦將落於第二義第三義，而不能上達以得其本。如此，豈不是「轉陸沉」了麼？

珍重友朋勤切琢　須知至樂在於今

「在於今」三字，是點出學問之至樂，卽在於此本心之當下呈現。除此，別無至樂。而朋友之切磋琢磨，正不在於文字傳註，而在本心呈露，交相印證，以發明聖學，此方是最須「珍重」之事。到得這個地步，學術之異同，纔好商量，纔能對聖賢學問有眞實之體悟，而獲得學問義理之「至樂」。

乙、象山之詩

墟墓興哀宗廟欽　斯人千古不磨心

禮記檀弓下記魯人周豐之言曰：「墟墓之間，未施哀於民而民哀，社稷宗廟之中，未施敬於民而民敬。」此卽詩首句之所本。人見墟墓便興起悲哀之感，見宗廟卽興起欽敬之心。而此悲哀之感與欽敬之心，正是人所同有的千古不磨滅的本心。聖人與凡人，同此心，同此理，東海西海與上下千古之人，亦同此心，同此理。人人皆同的本心，卽是人之所以爲人的眞實本體。象山直下指出這千古不磨之心，是人人本有的永恆普遍之本心，所以不必言「傳」。亦因此故，象山說復齋詩第二句「微有未安」。其實，只要義理明徹，說「傳心」亦未嘗不可。程明道告神宗曰：「先聖後聖，若合符節。非傳聖人之道，傳聖人之心也。非傳聖人之心，傳己之心也。己之心，無異聖人之心。廣大無垠，萬善皆備。欲傳聖人之道，擴充此心焉耳。」據明道此意，復齋詩句亦並無不安，只是不如象山詩句之能當下認取，而直顯警策之意而已。

涓流積至滄溟水　拳石崇成泰華岑

此二句，本於中庸二十六章：「今夫山，一拳石之多，及其廣大，草木生之，禽獸居之，寶藏興焉。今夫水，一勺之多，及其不測，蛟龍魚鼈生焉，貨財殖焉。」中庸之譬喻，是承上文「天地之道，可一言而盡也。其爲物不貳，則其生物不測」之義而來。滄溟之水，始於涓涓之泉源，泰華之岑（泰山華嶽），起於一拳之土石。若無涓流拳石，又何來滄溟之水與泰華之岑？天地之道，一而不二，而其創生萬物，亦只是從此本體（本源）流行而生成。人之本心是德性之根，價值之源，人文世界之一切價值，亦是本心之仁的不斷呈現。天地間若沒有吾人之本心，還有什麼所謂眞、美、善，更何從而有眞美善的價值之創造？象山敎人

「發明本心」，亦只是要挺立這個價值創造之主體而已。所以五六句云：

易簡工夫終久大　支離事業竟浮沉

此所謂「易簡」，不是方法上之泛言，而是直接從易繫辭傳上「乾知大始，坤作成物。乾以易知，坤以簡能。易則易知，簡則易從」之義而說，並非隨處皆泛言一個易簡。乾坤是萬化之源。乾，是創造原則，無心而成化，故其知也易（知、主也，主生化之事）。坤，是終成原則，簡而不繁，故易從。但吾人必須通過仁心之自覺、以開闢這個簡易之本源，然後，萬物之生化，人間之事業，人生之行爲，乃能得其條理而暢通，而成爲易知易從、可久可大之價值創造。此簡易之本源，就超越面說，是乾坤，就內在面而落於主體說，便是本心。吾人若不知此簡易之本源，而只是歧出去「留情傳註」，重點只落於外在之知解上，則對於「自覺地相應道德之本性而作道德實踐」，便將成爲兩不相干。所謂「支離」，即是「不相干」之意，並不是泛指博文爲支離。就客觀理解與學術研究而言，並無所謂支離的問題。此意必先確切了解，不可在此起誤會。

欲知自下升高處　真僞先須辨只今

這是象山直接就「相應道德本性而作道德實踐」的內聖之學，以指說講學進路之眞僞。此眞僞之分，只在是否能當下肯認這個「道德創造之源」的本心，此便是「自下升高」之關鍵。所謂「先須辨只今」，亦卽先須辨明此當下呈現之本心，這是內聖成德之學的生死關，是關乎義理生命之升降隱顯與生死的。象山常說「此是刀鋸鼎鑊的學問」，這就是其關口的所在。在這一點上，象山有所謂「辨志」，有所謂「辨義利」，有所謂「先立其大」，有所謂「尊德性」，這些話，就直接相應道德本性而作道德實踐的第一義而言，都是最爲本質的肯要語，都是本乎孟子之義而說的。

綜觀象山兄弟之詩，可以看出是本於孟子而立言，而兼及中庸易傳之義，此與先秦儒家內聖成德之學的中心義旨，是眞能相應而無所乖違的。象山語錄云：「先兄擧詩纔四句，元晦顧伯恭曰：子壽早已上子靜船了也。」及聞象山之詩至五六句，「元晦失色」，至七八句，「元晦大不懌」。朱子何以如此？蓋朱子未與二陸見面之前，便風聞象山「似有脫略文字，直趨本根之意」。又說「近聞陸子靜言論風旨之一二，全是禪學」云云。於是心中一直只想着象山之「乖僻」，而不知二陸之所陳述，正是內聖踐履之正大矩矱。要說子壽上別人之船，亦是上的「孟子船」，不能說「上子靜船」。至於象山之詩乃是本於孟子中庸易傳而說，何以聞之「失色」，何以「大不懌」？只爲朱子先入爲主，心中只遐想象山「脫略文字」「盡廢讀書」，形成自家心中之禁忌，連帶地對先秦儒家內聖成德之學的中心義理，亦遂漫忽而未能正視。朱子既未能正視此二詩所表示的眞實意義，便亦決定了鵝湖之會商量學術異同之目的必將落空。惟象山英年氣盛，亦可能給予朱子以言詞態度上之刺激，同時對於朱子方面的意思，亦可能「粗心浮氣」而未能平心予以分疏。但在義理宗旨上，二陸之詩所顯示的立場，是堅實而中肯的。

鵝湖會後三年，朱子過鉛山，復齋訪之。朱子返閩，寄和詩云：

德義風流夙所欽　別離三載更關心（德義風流，或作德業流風）
偶扶藜杖出寒谷　又枉藍輿度遠岑
舊學商量加邃密　新知涵養轉深沉（涵養，或作培養）
卻愁說到無言處　不信人間有古今

朱子此詩，意味甚好。五六句言商量舊學，涵養新知，尤見朱子爲學之精勤。但據末二句看，他仍誤會二陸之學爲無言之教，唯恐二陸脫略人間古今之事，而入於空疏。此其故，總由朱子信「心」不及，不能肯認「本心」爲道德創造之根源，不解孟子與象山「先立其大」之切義。而且，縱然是「無言」，亦不必即是脫略人間古今，亦並不與禪相干。孔子不云乎：「予欲無言。」又云：「天何言哉？四時行焉，百物生焉。天何言哉？」無言之境，理所應有。有此境界，並不就表示「只認無，而不肯定有」。孔子欲無言，易繫辭亦謂「易無思也，無爲也」，此又何妨其言生生之仁與生生之易？象山之學，實最篤實而正大。其辨儒佛之言云：「儒者雖至無聲無臭、無方無體，皆主於經世。釋氏雖至未來際普渡之，皆主於出世。」其言如此切實而警策，何至於脫略人間古今，而流於空疏？可知朱子對於象山之學，實甚隔閡。

(1)辨志
- 義利之辨
- 公私之辨

由義由公，乃能超離私欲意見之陷溺與拘蔽，而
- 先立其大
- 復其本心

本心朗現，自我作主，自能不依附於
- 知識科名
- 富貴權爵

而堂堂地做個人

(2)

此心
此理

不容有二——心即理（心自具道德理則）

存得此心即可明得此理
明得此理即是復其本心

於此
自發命令
自定方向
自作主宰
以顯發本心之智仁勇，故能
不憂、不惑、不懼
不淫、不移、不屈

(3)

本心受之於天（心同理同）

宇宙內事（天地化育而生生不息）——即己分內事
己分內事（人贊化育使各遂其生）——即宇宙內事

天人本無二
宇宙不會限隔人
人自限隔宇宙耳
宇宙人生通而爲一，同是一「生德」之發育流行

(4)

心之體甚大

盡我之心，便與天同（知性知天）——心性天是一
滿心而發，充塞宇宙（無非斯理）——心與理爲一

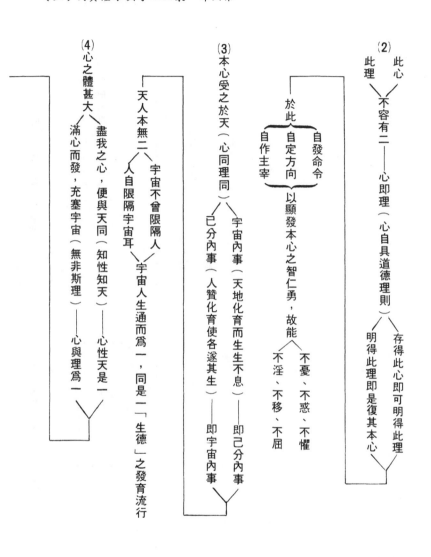

一心之朗現、申展、遍潤
- 吾心即是宇宙
- 宇宙即是吾心

故曰：一念警策便與天地相似

(5) 宇宙自有實理——存心即是明理——理既明則自有
- 實行——實理所顯發
- 實事——實理所貫徹
- 實德——實理所凝成

天下學問，只有二途
- 一途樸實
- 一途議論

十虛不博一實——實學

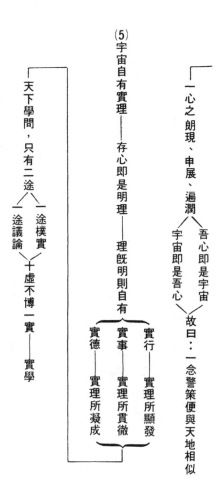

第七章　象山心學與朱陸異同（下）

第四節　朱陸異同述評

一、性即理與心即理

象山與朱子的異同，八百年來一直喧騰衆口，而眞能得其實者蓋寡矣。一般雖亦知道朱陸異同的中心點，是落在「性卽理」與「心卽理」的問題上，但對於這兩句詞語的實義，卻又不能得其確解。只管把「性卽理」與「心卽理」看做是單純的對立，彷彿這一字之差，眞成水火之不相容。事實上，在象山陽明書中，「性卽理也」四字不一而見，可知陸王同樣亦講「性卽理」，只是程朱（此指伊川與朱子，明道不在內）不能講「心卽理」耳。因爲朱子所理會的「心」「性」「理」，不但與象山不同，與整個儒家傳統之大流皆有歧異。

在朱子的系統中，心性理之實義如下：

(1)「心」，是實然的心氣之心，不是超越的道德的本心。

(2)「性」，是與心相對爲二的性，不是本心卽性、心性是一的性。

(3)「理」，是割離了心義、神義、寂感義的「只存有而不活動」的「只是理」，而不是與心神寂感融而爲一的「卽存有卽活動」的理。

總之，朱子不解孟子的「本心」義，而以心屬於氣，故以爲「心」不是理，「性」纔是理（而且只是理）。而象山直承孟子「本心卽性」之義，故不以朱子爲然，而以爲：不但性是理，心亦是理，所以便直接舉示「心卽理」。玆以二圖簡示如左：

朱子：性—理（形上）

心—氣（形下）

1. 性卽理，亦只是理，屬形而上，超越而普遍。
2. 心不是性，亦不是理，而是氣之靈，屬形而下。
3. 心性二分，心與理亦析而為二。

象山：性＝理＝心

1. 心卽是性，性是理，心亦是理。
2. 心性不二，心理不二，性理亦不二。
3. 心、性、理三者同質同層，可以畫等號。

據此可知，朱陸異同的癥結，只在於「心性是否爲一」這個關節上。若本心卽性、心性是一，則朱陸之學自可會通；若朱子學中「心性爲二」的分解無所改變，則朱陸之不能會通，便是義理上之必然與定然。故終於成爲兩個不同的義理系統。至於「博與約」、「太簡與支離」、「尊德性與道問學」等等的問題，都可以加以疏通，而不足構成兩家異同之眞正焦點。玆分別略加疏導，以明其實義而解其糾結。〔另外，象山五十歲時，曾與朱子書信往返，辯論周子之太極圖說。就辯論之題目而言，朱子對太極圖說的了解大體不誤（但將太極體會爲只是理，則不合周子原意）。而象山對太極圖說致疑的論點，則並不能客觀地站得住。但象山發動此次辯論，實只是借題發揮，以辯斥朱子，故自以爲致朱子各書，皆「明道」之文。

關於此次論辯之內容與双方之得失，可參看牟先生「心體與性體」第一册周濂溪章第二節第五段。」

二、博與約

朱子欲令人泛觀博覽，而後歸之約。二陸欲先發明人之本心，而後使人博覽。此表示双方對教人爲學之方法入路，有所不同。

孔子早有「博學於文，約之以禮」的話。但孔子的話，並不表示對博文與約禮之先後，作了絕對之限定。人若能先「克己復禮」而後「博學於文」，豈不更好？（漢人有云：士先器識，而後文藝。亦是這一層上的道理。）作爲一個「士」，當然要讀書，更要讀聖賢之書。但在科舉制度之下，讀書只成爲求取私人利欲之工具（今之知識分子，一窩風地唸科技、讀學位，亦仍然是科舉功名之觀念意識，所謂利祿之途使然也），如此，讀書不但無益，而且壞了心術，壞了學脈。關於這一點，朱子亦有同感。他撰婺源藏書閣記有云：「自秦漢以來，士之所求於書者，類以記誦剽竊爲功，而不及窮理修身之要。」他確定窮理修身爲讀書之目的，提出「讀書只是見得許多道理」，而「以心體之，以身踐之」的讀書方法。他上孝宗劄子云：「爲學之道，莫先於窮理，窮理之要，必在於讀書。」上光宗疏又云：「居敬持志，爲讀書之本，循序致精，爲讀書之法。」爲學就是要把書上的理逐漸積起來，一點不放鬆。所以他對讀書有「緊硬寨」與「猛火煮，文火溫」之喻。他教人博覽，唯博覽乃能窮理，窮得了理，然後方能約之於身，以切己受用。這就是朱子教人爲學的大體宗旨。

而象山教人，則不先從讀書着手，而是先要「切己自反」，以「啓發人之本心」。人能直透到念慮萌發的本心之源處，自然就辨得是非，辨得義利。他與朱濟道書云：「誠能立乎其大者，則區區時文之習，何足以汩沒尊兄乎？」又宜章縣學記亦云：「從事場屋，今所不免。苟志於道，是安能害之哉？」他是要人在念慮初萌處，先作個價值之轉換，他認爲人必須明本心，志於道，然後讀書纔有個頭腦，纔能樹立價値之準據。如此，不但讀書有益，即考科學時文，亦可無害。若缺少明本心這段工夫，便是不知學。人不知學，「雖日日博學之、審問之、愼思之、明辨之、篤行之，然不知博學個什麼？審問個什麼？愼思個什麼？明辨個什麼？篤行個什麼？」（見語錄）。反之，本心既明，則道理只是從我心中流出，讀書只是本心的一個印證，此卽象山所謂「學苟知本，六經皆我註脚」之意。到得此時，任你博覽也好，精讀也好，細解文義也好，略觀大意也好，都是我心作主，都能切己受用。

他與邵中孚書云：「大抵讀書，訓詁既通之後，但平心讀之，不必强加揣量……或有未通處，姑缺之無害。」可見象山教人雖不先從讀書入手，但並不輕忽讀書。他與陳正己書有云：「前言往行，所當博識，古今興亡治亂，是非得失，亦當廣求而詳究之。」語錄並云：「漢書食貨志，後生可先讀；又着讀周官考工記。」據此，可見象山不僅不輕忽讀書，且教人要博學廣求而詳究之。他責備包顯道輕忽讀聖賢書，說是「可謂奇怪」。他又以「束書不觀，游談無根」爲學者之大病。至於他自己，更是勤勉爲學。朱子曾懷疑象山教人之法，會助長人之懶散。象山說：「某從來勤理會，長兄每四更一刻起時，只見某在讀書，或檢書，或默坐，常說與子弟以爲勤，他人莫及。今人卻言某懶，不曾去理會，好笑。」他甚至還說「後生唯讀書一路」，但「所謂讀書，須當明物理，揣事情，論事勢」。一日，季兄復齋問他在何處做工夫，他答道：「在人情、事勢、物理上做些工夫。」（以上皆見語錄）可知象山是要把讀書爲學歸結到實理實事上。實理實事不能以讀書爲主，而要通過人的道德主體（本心）之判斷體認，以表現爲眞實之行爲，纔算是實理實事。此便是象山要人先發明本心，然後使之博覽的原因所在。

就讀書之事本身而言，「由博返約」似乎不成問題。然一思及人果爲何而讀書？如何讀書方能有益？讀書是目的，還是手段……如此一一加以思省，則象山的態度是不能不鄭重正視的。須知博與約不是一個寡頭的方法論上的問題，也不能把博與約擺在一個單純之對比上作孰先孰後之想。象山說「學問之大本旣立，而萬微不可不察」。又說「大綱提掇來，細細理會去」。又說「須是下及物工夫，則隨大隨小有濟」。（皆見語錄）。可見「發明本心」「先立其大」不是一句空話，本立之後，正有許多事在。反之，本心不明，縱博覽群書，亦與自家生命不相干。朱子常歎象山門下「多持守可觀」，而自己這邊「卻於緊要事上多不得力」。於此，亦可略窺個中消息矣。

三、太簡與支離

「太簡」是朱子語，象山只言易簡。易簡不是方法上的泛言，而是就易繫「乾以易知，坤以簡能」而說。乾坤是萬化之源，人之本心亦涵萬德，生萬化。故「乾知坤能」這個易簡的本源，一落於主體，便是本心。通過心之自覺，纔能樹立主宰性，纔能相應道德之本性而作道德實踐。如此，學問便有個頭腦，有個把柄。故易繫辭傳曰：「易簡則天下之理得矣。」否則，讀書博學便將落於外在之知解上而與生命脫節，與道德實踐不相干。

而象山所謂「支離」，實卽「不相干」之謂。不相干的博學，只是與生命脫節的空議論，只是外在的閒知識。人在這方面縱然超常出衆，亦只是在眞理之海中頭出頭沒載浮載沉而已。

故象山常責人「粘牙嚼舌」「起爐作竈」「杜撰立說」「無風起浪，平地起土堆」。類此情形，皆是不相干的支離的虛說虛見，而非坦然明白的實理正見，故不能據之以作道德實踐。可知「支離」是單就「不能相應道德實踐」而言，並非泛指博文為支離。康德曾說：人順道德自律以表現道德行為，便一切顯得單純而簡易。反之，若依他律而為，便有許多牽連而無窮複雜（大意如此）。象山所謂「易簡工夫」，既是落在內聖成德的道德實踐上說，則康德的話，正為象山作了一個明確的註脚。

文信國公衣帶贊有云：「讀聖賢書，所學何事？」「所學何事」乃是一句緊切之言。人能知曉所學何事，卽是「易簡」，此時讀聖賢之書，亦便是實學。反之，博讀聖賢之書而不知所學何事，便是「支離」。人狃於常情俗事，不知道德實踐為何物，乃以外在之知解為平實，而妄引聖言，美其名曰「下學而上達」。殊不知對道德實踐而言，外在之知解，正是歧出而不平實者。歧出而不平實之下學，如何能夠上達？孔子曰：「不怨天，不尤人。下學而上達，知我者其天乎！」若不能洞悟生命之源的本心仁體，以沛然莫之能禦，如何能不怨天，不尤人？又如何能達到「知我其天」，而與宇宙生命通而為一？據上文所說，可知在「博與約」「太簡與支離」這個問題上，象山並未過責朱子，而是朱子對象山所謂「易簡」與「支離」的實義，未能契知深會，所以他總誤會象山「脫略文字」，「盡廢讀書」。

朱子一生的學問是「窮理以致其知，反躬以踐其實」。但窮理以致其知的向外活動，並不一定可以作爲反躬以踐其實的途轍或手段。王陽明曾說：「縱格得草木來，如何反來誠得自家意？」黃梨洲亦說「縱能合得本體上，已費轉手。」（見明儒學案）。由向外窮理轉爲反躬（向內）以踐其實，雖有可能，但極不容易。朱子自己在堅苦艱辛之磨練中，能夠「以心體之，以身踐之」，是因爲在他讀書博文的後面，有其剛毅的德性在那裏作主，所以成爲大賢。但他總以爲窮理致知是反躬踐實的途轍或手段，所以當他立教之時，便特別着重讀書窮理。然而別人未必有他那樣强烈的道德意識與爲學的勁力，便很難「反躬以踐其實」。而且，連朱子自己有時亦覺得是支離。他與呂子約書云：「向來誠是太涉支離，蓋無本以自立，則事事皆病耳。」與象山書云：「熹衰病日侵，所幸邇來日用工夫，頗覺省力，無復向來支離之病。」但又一書云：「病中絕學捐書，卻覺身心收管，似有少進處。向來泛濫，眞是不濟事。」其實，身心能否收管，在於能否「先立其大」，而不在「絕學捐書」。象山並不主張絕學捐書也。可見朱子對象山始終不相契，所以最後仍然對象山「詆言攻之」。

四、尊德性與道問學

朱子答項平甫書有云：「大抵子思以來，教人之法，尊德性，道問學，兩事爲用力之要。

今子靜所說是尊德性，而某平日所聞，卻是道問學上多。所以爲彼學者，多持守可觀，而看道理全不仔細。而熹自覺於道理上不亂說，卻於緊要事上多不得力。今當反身用力，去短集長，庶不墮於一邊耳。」象山聞之，曰：「朱元晦欲去兩短合兩長，然吾以爲不可。既不知尊德性，焉有所謂道問學？」（見象山年譜四十五歲下引錄）

朱子以象山所說是尊德性，自己卻是道問學上多，故主張「去短集長，以免墮於一邊」。象山則以爲「既不知尊德性，焉有所謂道問學」？其實，朱子欲「去兩短，合兩長」，亦未爲不可。但首先須知「尊德性」既不是望文生義所意謂的以德性爲尊，亦不是通常所謂重視道德之意，而是要直下肯認本心之道德創生義。如此，纔能如孟子所說「沛然莫之能禦」，纔能如中庸所說「溥博淵泉，而時出之」。所謂尊德性，卽是尊的這個德性，所謂先立其大，亦是立的這個大，這纔是道德的根源。此義既立，在在都是眞實的道德實踐，事事都是尊我之德性。無論研究學問，應事接物，乃至凡百技藝，都是吾分內事，都是本心的發用流行，而「道問學」自然含在其中。如此，方是「去兩短，合兩長」。

然而，朱子並不能正視此本心之道德創生義，而認爲心是氣之靈；心能知覺，有動靜，而所以知覺動靜之理，則是性。心不是性，亦不是理，故只言「性卽理」，而不言「心卽理」。在朱子學統中的道問學，常對道德踐履無有多大助益，此便是他自認「於緊要事上常不得力」之故。因爲「外在知解，文字理會」式的明理，本與道德踐履沒有本質的相干。只靠「敬貫動靜，涵養於未發，察識於已發」的後天工夫，對於促成眞實的道德實踐，在力量上本不十分充沛。故朱子與林擇之書云：「陸子靜兄弟，其門人相訪者，氣象皆好。此間學者卻與渠相反。初謂講道漸涵，自能入德，不謂末流之弊，只成說話。至人倫日用最切近處，都不得毫末氣力，不可不深懲而痛警之也。」可見朱子亦已見出此種道問學之弊。但只知痛，而不知痛之所以生，則其反省仍然是不夠的。朱子爲學極有勁力，但其勁力，始終只落在「涵養須用敬，進學則在致知」。而敬的工夫，又只是精神之凝聚收斂，其本身並無內容，不能生發價值創造之力量，更不是價值創造之本源。朱子既未能反到本心充沛處，以肯定本心之道德創生義，則其所謂「深懲痛警」，仍然是不切肯綮，不夠力量的。

至於象山所謂「旣不知尊德性，焉有所謂道問學」，亦應有個簡別。蓋道問學，有與尊德性相干的道問學：第一義的道問學；亦有與尊德性不相干或很少相干的道問學：第二義的道問學。象山意指的是前者，而朱子所做則大體屬於後者。道問學之所以與尊德性相干，關鍵就在你是否眞能尊德性（復其本心，先立其大，以透顯道德之根，開出價值之源），能尊則相干，不能尊則不相干。在這個意思上，象山所說是對的。但道問學的範圍甚大，除了內聖成德之學以外，一般的外在知解、客觀研究、文字理會，以及如今之科學知識，皆大體是中立的，此種純知識之興趣，有相當的獨立性，而朱子在這方面亦有很强的興趣。就這方面說，則不知尊德性，亦可以有道問學。故不能直接說：不知尊德性，則無道問學。只能說：不知尊德性，則道問學不能有助於道德之踐履。象山只管從內聖踐履上說學問，對於一般性的第二義的道問學，沒有表示附帶的容許，所以朱子不服，而且生出誤會。朱子重視讀書，重視卽物窮理，而以爲象山根本輕視道問學，這自然是誤會。其實，象山何嘗輕視道問學？又何嘗輕略文字而反對讀書著書？他與趙詠道書有云：「豈可言由著書反有所蔽？當言其心有蔽，故其言有蔽，則可也。」尊德性，則本心起用而無所蔽。只要眞能尊德性，則道問學不但無礙於道德實踐，且可助成而且充實恢廓吾人之道德踐履。問題只在朱子不能肯認本心之道德創生義，而象山又不兼容第二義之道問學的獨立意義。由於二人未能平情了解對方學問之脈絡，所以終於無法深相契知以求會通。

尊德性，乃是道德實踐之事。所謂道德實踐，不可狹看。凡一切價值的成就創造，都是道德實踐的內容。成就德性人格，是主觀面的道德實踐。而科學家、事業家、政治家乃至軍事家等等，本其不安不忍之心，以善盡其職分，只要不是出之於利欲之念，則他們所成就的知識功業，都是價值世界應有之事，都屬於客觀面的道德實踐。但如人不知尊德性（沒有道德意識之自覺挺立），則他所成就的知識亦可爲禍人類，而他依據各種知識所成就的功業，亦可落到利己而損人或利少數人而損及多數人的地步。據此，則吾人亦可進一步說：不知尊德性，則一切學問事業，都不可能成就眞實而圓滿的價值。此所以「利用、厚生」而必先之以「正德」。象山所說，雖不免有疏略，但其深慧卓識，不可掩也。

本節論述朱陸異同，意在辨明兩家問題的癥結，句句只就道理說話，並無尊此抑彼之意。朱子博大，象山正大，並爲大儒。後人濫加美言，並不足以增光先哲；同理，淺識者妄加詆毀，又何足減損先哲賢德？學術乃天下公器，前人見到說到處，吾人信守勿失；其未見到說到者，吾人補其闕略，以繼踵再進，光大發揚。如此，方是用心之正道。

(1) 朱陸異同
- 朱子只言性即理，不言心即理
- 象山既言性即理，亦言心即理

→ 故二家異同之關鍵，只在心與性是否合一
- 朱——性只是理，心屬於氣——心性爲二，心理爲二，只性理不二
- 陸——性固是理，心亦是理——心性不二，心理不二，性理亦不二

(2) 博與約
- 朱——主先泛觀博覽，而後歸之約
- 陸——主先發明本心，而後再博覽
- 此乃本末問題，非寡頭的方法論之問題

(3) 太簡與支離
- 朱以陸爲太簡——「易簡則天下之理得矣」
  - 先立其大，即是易簡
  - 陸之簡並非不讀書也
- 陸以朱爲支離——支離乃不相干之謂
  - 落於文字知解，即與生命不相干
  - 並不是直接以讀書本身爲支離也

(4) 尊德性與道問學
- 朱子以象山爲尊德性，自己則於道問學上多，故欲去兩短合兩長
- 象山則以爲既不知尊德性，焉有所謂道問學，故不許可朱子之意
- 實則
  - 固然有與尊德性相干之道問學
  - 亦有與尊德性不相干之道問學
  - 二者皆須承認，唯
    - 朱子既未加分別
    - 象山又偏指其一
    - 然究極言之，不尊德性，則一切學問事業最後皆將落空，故象山之言實甚警策

第五節　象山與禪

一、朱子對象山之稱賞與攻其爲禪

象山說「朱元晦泰山喬嶽，可惜學不見道，枉費精神，遂自擔閣。」（語錄）。可見他對朱子的學問路數雖不相契，但對朱子「泰山喬嶽」之弘大氣象則能欣賞。朱子對象山亦有稱賞，茲擇四則於後：

(1)答張欽夫書云：「子壽兄弟氣象甚好。其病卻是盡廢講學，而專務踐履；卻於踐履之中，要人提撕省察，悟得本心，此為病之大者。要其操持謹質，表裡不二，實有以過人者。」（鵝湖會講之歲）

按、於踐履之中，提撕省察，悟得本心，此完全是相應孟子精神而發，是自覺地相應道德本性而作道德實踐之最本質的關鍵，如何能說是「病之大者」？且悟得本心，則本心自然作主。此時，該講學則講學，該讀書則讀書，該做事則做事，又如何能說「其病卻是盡廢講學」？唯朱子雖不契象山之學問路數，但仍稱賞其人品，故既曰「氣象甚好」，又曰「操持謹質，表裡不二，實有以過人者」。

(2)答呂伯恭書云：「子靜舊日規模終在………然其好處，自不可掩覆，可敬服也。」（象山訪白鹿洞書院之歲）

(3)有學者因無極之辯，貽書於朱子以詆象山，朱子復其書云：「南渡以來，八字着腳，理會着實工夫者，惟某與子靜二人而已。某實敬其為人，老兄未可輕議之也。」（辯太極圖說之歲）

(4)答諸葛誠之書云：「子靜平日所以自任，正欲身率學者一於天理，而不以一毫人欲之私雜於其間，恐決不至如賢者之所疑也。」（象山受詔知荊門之歲）

據此三則，可知朱子對象山之為人、為學以及任道之重，始終相信而讚賞。唯朱陸二人雖在人品上互相敬重，但在學問上則各有軌轍，而不能相契。

象山極自信，對朱子之學始終沒有一句酬應之言。而朱子雖受氣，卻含忍自制，總想「兼取兩家之長」。在象山並非激情，而是實見得如此，所以壁立千仞，不事敷衍。而朱子到忍無可忍之時，則反而不免情激於中，對象山「誦言而攻」。

朱子攻象山，主要有兩點：第一，是說象山不讀書而廢講學。實則，象山既勤讀書，而亦終身講學。朱子之講學，重點落在講書，理會文字；象山之講學，則主要是辨義利，明本心，此其所以不同耳。第二，是攻象山爲禪。朱子信「心」不及，故不喜人說悟本心。又因看重下學窮理，故不喜人說當下卽是。其實，「本心」之說始於孟子，悟本心、明本心，與禪何關？至於「當下卽是」，雖非古聖賢語，但亦並不是沒有這個意思。如孔子曰「仁遠乎哉？我欲仁，斯仁至矣」。豈不是當下卽是？中庸云「道不遠人，人之爲道而遠人，不可以爲道」。豈不是當下卽是？孟子曰「萬物皆備於我矣，反身而誠，樂莫大焉」。豈不亦是當下卽是？而且象山所謂當下卽是，既是本於孟子「道在邇而求諸遠，事在易而求諸難」所反示之簡易而言，亦是本於「本心」之呈露，「若決江河，沛然莫之能禦」而言。可見「當下卽是」與「禪」並不相干。

朱子一口咬定象山是禪，至晚年尤甚，而且憾恨之情溢於言表。象山既卒，朱子答詹元善書有云：「子靜旅櫬經由，聞甚周旋之，此殊可傷。見其平日大拍頭，胡叫喚，豈謂遽至此哉！然其說行於江湖間，損賢者之志，而益愚者之過，不知此禍又何時而已也。」纔說完「此殊可傷」，緊接着便評斥象山講學是「大拍頭，胡叫喚」，甚至以爲象山之學，將減損賢者之志，增益愚者之過；朱子這種說法，不但過甚其辭，而且自顯迫狹。又答趙然道書云：「荆門之訃，聞之慘怛，故舊凋落，自爲可傷，不計平日議論之異同也。來喻謂恨未及見其與熹論辨有所底止，此尤可笑。蓋老拙之學，雖極淺近，然求之甚艱而察之甚審，視世之道聽塗說於佛老之餘、而遂自謂有得者，蓋嘗笑其陋而譏其僭。豈今垂老而肯以其千金易人之敝帚者哉！」朱子自言其學求之甚艱，象山語錄亦云「莫厭辛苦，此學脈也」。則象山之學，又豈輕易哉？又豈「敝帚」哉？總之，此兩書氣象甚差，且傷忠厚。朱子大賢，何以如此？無他，其激情所使然也。而象山則決不如此。故其評斥朱子，皆就實見而言，辭旨正大，無一語動氣激情者。而象山門下諸人，雖或氣勢逼人，但無一人流於狂放，則陸學之眞切篤實，不可誣也。象山之書信文字，亦正大光暢，篇篇可讀。

象山對於朱子攻其爲禪，始終不作一句辯解。正見象山器量弘卓，未嘗把禪看得很高很大，而梗塞於心，形成禁忌。語錄有一條云：「吾之言道，坦然明白……凡有虛見虛說，皆來這裡使不得。今之談禪者，雖爲艱難之說，其實反可寄託其意見。吾於百衆人前，開口見膽。」開口卽是本心，故開口卽見肝膽。象山心懷坦蕩，故視朱子之攻訐，不值置辯。後人或認此乃朱子擊中象山痛處，故不能答辯。此類人不但是象山所謂「么麼小家相」，不識大理，而且器識短淺，常以小人之心度君子之懷，不僅厚誣象山，亦爲朱子增過。

二、象山辨佛

象山語錄有云：「吳君玉自負明敏，至槐堂五日，每舉書句爲問，先生隨其所問，解釋其疑。……再三歎曰：天下皆說先生是禪學，獨某見得先生是聖學。」可見誤會象山爲禪的正不止朱子一人。但天下人道聽塗說，其誤會尚可原諒，而朱子之誤會則令人遺憾。其實，象山分判儒佛之異，最爲精透。

與王順伯第一書云：「某嘗以義利二字判儒釋，又曰公私，實卽義利也。儒者以人生天地之間，靈於萬物，貴於萬物，與天地並爲三極。天有天道，地有地道，人有人道。人而不盡人道，不足以與天地並。人有五官，官有其事。於是有是非得失，於是有教有學，其教之所從立者如此，故曰義曰公。釋氏以人生天地間，有生死，有輪迴，有煩惱，以為甚苦，而求所以免之……其敎之所從立者如此，故曰利曰私。惟義惟公，故經世。惟利惟私，故出世。儒者雖至無聲無臭，無方無體，皆主於經世。釋氏雖至未來際普渡之，皆主於出世。」

按、詩大雅文王之篇云：「上天之載，無聲無臭。」易繫辭傳上云：「神無方而易無體。」蓋天道生生，易道亦生生，其生化之用，神妙而不可測，實無聲臭、無方體，而自然能範圍天地之化，曲成萬物之宜，顯諸仁，藏諸用，以裁成輔相，成就人文世界。故象山以爲雖至無聲無臭，無方無體，皆主於經世。

第二書云：「某嘗謂儒為大中，釋為大偏。以釋與其他百家論，則百家為不及，而釋為過之。原其始，要其終，則私與利而已。來敎謂佛說出世，非舍此世而於天地之外別有樂處。某本非謂其如此，獨謂其不主經世，非三極之道耳。」

按、佛家既然「非舍此世而於天地之外別有樂處」，何不直下肯定人道人文而亦主經世？今既視人世爲幻化，爲苦海，故終非天地人三極之道耳。

語錄云：「釋氏立教，本欲脫離生死，唯主於成其私耳。此其病根也。」

又云：「佛老高一世人，只是道偏，不是。」

又云：「諸子百家，說得世人之病好，只是他立處未是。佛老亦然。」

象山把握義利公私分判儒釋，是第一着的本質之辨。明道亦云：「佛學只是以生死恐動人。」又曰：「皆利心也。」又曰：「其術只是絕倫類。」象山之言，旨意正與明道相同。宋儒之判儒釋，闢佛老，乃基於道德意識文化意識。既非宗教學術上之排斥，尤非意氣上之爭勝，其實意只是要恢復魏晉以下闇然不彰之聖賢學問，以光暢中華民族之文化生命，保持文化生命之發展與創造，此乃承擔文運，接續文化慧命之態度，何等光明俊偉，何等正大堅卓！幾見逃於佛溺於佛者，而能有此面對文化生命表示負責之器識與心靈乎？而義利公私之辨，正為學術文化之血脈所在。為利為私則死，為義為公則生，除此，更無他道！

由義利之辨向外發展，即是事業。象山常引用易傳之言：「舉而措之天下之民，謂之事業。」所以孟子之民貴民本思想，只有象山能夠完全承當。

第六節　象山之政治思想

一、民貴君輕、以民爲本

民主政治最主要的精神基礎，是人格尊嚴（人權觀念實由此而引出）。人格的尊嚴，來自人性的自覺。而人性自覺，正是儒家學說的中心。至孟子而特爲深透。故有「民爲貴，社稷次之，君爲輕」之說，此實可視爲中國民主政治思想之先導。但到秦漢以後，政歸君主專制，所以政治上只有「愛民思想」，而未嘗再聞「民貴君輕」之論。至宋儒正視孟子的性善說，孟子之書乃與論語並尊。而象山更以上承一千五百年前之孟子自任，而倡「心卽理」之說，認爲理乃人與天地所同有，人能信得本心卽天理，卽可信得自己「與天地相似」。這纔是人格之高度完成，亦是人性尊嚴之高度表現。

以是，象山總以誘導人自覺其人格之尊嚴，爲敎人入手之處。他說：「學者須是弘毅，小家相的人得人憎。」「此是大丈夫事。么麼小家相者，不足以承當。」「上是天，下是地，人居其間，須是做得人，方不枉了。」「要當軒昂奮發，莫恁地沉埋在卑陋凡下處。」（皆見語錄）。此種意識轉到政治上，必然是人人皆爲頂天立地之存在，而不容專制之夫恣肆於生民之上。故象山政治思想之第一義，卽是發揮民貴君輕之說。

象山認爲政治只是爲了人民，故與徐子誼書有云：「天生民而立之君，使司牧之，設官置吏，所以爲民也。民爲大，社稷次之，君爲輕。民爲邦本，得乎丘民爲天子，此大義正理也。」又曰：「後世人主不知學，人欲橫流，安知天位非人君所得而私？」「自周衰以來，人主之職分不明……孟子曰：民爲貴，社稷次之，君爲輕。此卻知人主職分。」他認爲人主不知職分，卽當去之。故曰：「湯放桀，武王伐紂，卽民貴君輕之義。孔子作春秋之言，亦是如此。」「成湯放桀於南巢，唯有慚德。……此是湯之過也。」（皆見語錄）。既然民貴君輕，而除獨夫以革命，便是天經地義之事，故認爲商湯不應有「慚德」。這種思想，連他老成持重的四兄梭山亦有。語錄記載他的學生嚴松問梭山：

「有問孟子說諸侯以王道，是行王道以尊周室，抑行王道以得天位？當如何答？梭山曰：得天位。松曰：卻如何解後世疑孟子教諸侯簒奪之罪？梭山曰：民為貴，社稷次之，君為輕。先生再三歎曰：家兄平日無此言論。良久又曰：曠古以來無此議論。松曰：伯夷（叩馬諫武王伐紂）不見此理。先生亦云。松又云，武王見得此理。先生曰：伏羲以來，皆見此理。」

至於他季兄復齋，不但有此思想，且有大志。象山卒前一月致書女兄云：「先教授兄有志天下，竟不得施。」這話雖說其兄，其實亦是象山自道。可見陸氏之學，是對客觀理想與時代使命，有着承担之志概的。故熊十力先生常稱贊象山兄弟民治思想之言論甚偉云云。

二、理與名分

中庸云：「仁者人也，親親爲大。義者宜也，尊賢爲大。親親之殺，尊賢之等，禮所生也。」孟子亦以齒、德之尊與爵位之尊爲天下三達尊。尊其所當尊，乃是義道（客觀精神所顯立之道），故正名定分，在原則上無可反對。但自秦漢以來，特重君臣上下之名分，甚至以所謂名分者，直指官職爵位而言。如此，則孟子所謂「天下之達尊三，齒一，德一，爵一」，遂去其二而僅存其一矣。象山對這種名分之說，甚表痛憤。他認爲天下之是非，在「理」而不在「名分」。他答劉伯協書有云：

「來書所謂犯名分之語，甚未當理。名分之說，自先儒尚未能窮究，某素欲著論以明之。流及近世，為弊益甚。至有郡守貪墨庸繆，為厲民之事，縣令以義理爭之，郡守輒以犯名分劾縣令。朝廷肉食者不能明辨其事，縣令竟以罪去。此何理也？理之所在，匹夫不可犯也。犯理之人，雖窮富極貴，世莫能難，當春秋之誅矣。際此道不明不行之時，群小席勢以從事，亦何嘗不假道理以為說，顧不知彼所謂道理者，皆非理也。」

象山所說，已甚明曉。(1)名分必須服從理，理之所在，任何人皆不可犯。(2)「窮富極貴」之帝王，臣民雖一時無可奈何他，但終必受春秋史筆之誅貶。（在此，實顯示象山對家天下之不滿。只爲一時轉不出「政道」之觀念，故仍就春秋誅貶以爲說耳。）(3)當權在勢之輩，雖有一套名分道理可資曲說，但決不是眞正的道理。象山要求人臣要挺拔自立，人君要守職分，他再三說設官置吏是爲民，不是爲君，君與臣只是分工合作，以爲人民處理事務。故臣子只應「與民同好惡」以服從民意，而不應唯君上之命是從。象山之言，不但卓絕千古，而且直是說得痛快。

三、政見與政才

語錄有云：「或問先生見用，以何醫國？先生曰：吾有四物焉。問何物？曰：任賢，使能，賞功、罰罪。」任賢使能，卽孟子所謂「賢者在位，能者在職」。而賞功罰罪，亦只是明賞罰之意。象山所說，並無特殊之處。然吾人須知：國事者，衆人之事也。衆人之事是公共事務，公共事務本是平平實實，而醫國之道，亦只是要平要正，如何容得下奇特繆巧？而且，吾人若略察南宋之吏治情勢，便知象山所說的醫國四物，正是切中時弊，對症下藥之方。

關此，不必多說。玆只就他對當時政治之二大基本主張略作說明：

一、復國仇：他在國學，主要是講春秋。從他遺留的部分講義看，一是講明君臣職分乃在爲民，二是講明華夷之辨。他說：「版圖未歸，讎恥未復，生聚敎訓之實，可爲寒心。執事者方雍雍于于（自得貌，無所知貌）以文書期會之隙，與造請乞憐之人，俯仰酬酢而不倦，臣竊惑之。」（第一劄子）又云：「二聖之仇，豈可不復？今吾人高居無事，優游以食，亦爲可恥。乃懷安，非懷義也。」（語錄）。他少時聞長上言靖康間事，卽剪去指爪學弓馬。到後來爲京官時，並特意講求武略，訪求智勇之人，與之商榷，益知武事利弊形勢要害。將家子李雲因他之教誨，而放棄打刼起事，爲國出力。可見象山是個劍及履及，不尙空談的人。而後世每謂陸王之學空疏，眞是可怪！

二、整頓吏治：象山對於吏治，第一，要求士大夫熟悉薄書名數，以去胥吏之奸。他與趙子直書云：「弊之難去者，大抵在簿書名數之間，此乃奸貪寢食出沒之處，而爲吾人所疏者。比嘗考究此等，頗得其方。要須一事精熟……不知節目名數之詳，鮮有不爲其所欺者……世儒恥及簿書，獨不思伯禹作貢成賦，周公制國用，孔子會計當，洪範八政首食貨，孟子言王政，先制民產，正經界，果皆可恥乎？」又云：「薄書整齊明白，吏無所容其奸，則奸民懼而奸事理，良民下戶畏事之人，不復被擾矣。」可見象山不但讀書，且閱及薄書，但此乃重視「事」，不是重視「書」。（重視事，故能付諸實踐，完成事功；若只重視書，便只知記聞炫博，做一書虫而已。）象山所謂「要須一事精熟」之一事，乃指財賦而言。他與人談田賦，皆能原原本本，將其利弊得失說得委曲盡致。足見他是個「踐其所言，行其所信」的人。第二，爲了整頓奸吏，象山反對「以廢弛包庇爲寬仁」的政風。他主張爲政要論是非，不應在寬仁上論長短。朱子在浙東痛抑滑吏，許多人批評他失之太嚴，象山卻爲他抱不平，說「元晦在浙東，大節甚偉」云云。他認爲爲治貴能去惡揚善，故常引左傳「除惡務盡」之言，他是嚴於官吏而寬於人民的。若反過來嚴於人民而寬於官吏，則政治未有不敗者。

象山深服孟子，但卻不是食古不化的人。有一次他與樞密使王謙仲語及孟子「闢土地，充府庫」一段，因云：「今日正求此輩而不可得！」謙仲爲之色變。按、孟子之時，諸侯攻伐聚歛，人臣闢土地，充府庫，乃暴虐人民之行爲，是爲君，非爲民也。故孟子斥爲「民賊」。而南宋乃偏安之局，正需任用能吏以「闢土地，充府庫」，勵精圖治，生聚國力，以圖恢復，故象山以爲「方今正求此輩而不可得」。王謙仲亦當時賢者之流，只因死看聖賢之書，不知當務之急，故聞語而色變耳。象山又云：「當時諸公見上下相安，內外無事，便以爲太平氣象。獨鄭溥之一語極好：而今只要向虜人借登泰山耳。」（皆見年譜）。這眞是感深痛切之言！（按、古者，天下昇平，則行封禪禮於泰山以頌功德。而南宋之時，泰山已淪於金人之手，南宋君臣果自以爲太平氣象，豈眞要向虜人借泰山以行封禪禮耶？是豈不可恥可哀之甚矣乎！）

在南宋苟偸之政局下，象山沒有輔政之機會。他爲政的才能與績效，只有從他知荆門軍十六個月的具體實施中，略窺一二。

象山五十一歲奉詔，五十三歲九月三日到任，五十四歲十二月十四日便卒於荆門任所。他以講學的態度做官，延見僚屬如朋友，敎民如子弟，雖賦隸走卒，亦喩之以義理。下情盡達無壅，郡境之內，官吏之貪廉，民俗之習尙，忠良材武與滑吏强暴，皆得之於無事之日。

（皆見行狀）。他在任內的具體建樹，略有下列各端：

1.新築城池：荊門已算南宋近邊之郡，而竟無城壁。原初設計築城須銀二十萬兩。象山審度，決計召集義勇，優給傭值，躬自勸督，僅費銀三萬而事成。（見年譜）。

2.整理簿書：郡中公案，散積資庫，象山令吏各檢尋本案文書，收附架閣，有無皆登諸其籍，俾有稽考。（見與張監書）。

3.整理財稅：罷去各種煩苛手續，減輕稅率，使民堪負荷。逃稅之風既絕，稅收之數倍增。酒稅亦如之。荊門近邊，民改用鐵錢，而輸納則用銅錢，民煩而受損。象山奏請改納鐵錢，百姓稱便。（見行狀）。

4.整習武備：荊門軍士多逃徒，視官府如傳舍，緩急無可使者。象山乃信捕獲之賞，重奔竄之刑。又數閱射，中者受賞。役則加傭值，相與悉心弓矢。他日，兵官按閱，獨荊門整習，他郡所無。平民亦得參與按射，中者同賞。（見行狀）。

5.重視治安：修煙火保伍，盜賊無所隱慝。（見與鄧文範書）。又年譜引答倉使書云：「比來訟牒益寡，終月計之，不過二三紙。此間平日多盜，今乃絕無。」

6.興學校，勸耕稼，置醫院官……皆簡易見效。朱子來書引人言，謂荊門之治「政教並流，士民化服」。丞相周必大與人書云：「荊門之政，可以驗躬行之效。」（皆見年譜引）。

象山在治事為政上所表現的作為，是從「本心」發用流露出來。從本心（內在的道德心）流露出的作為，亦就是道德自身的建構。因為不安不忍的本心，必然要通出去，以與社會生民、天地萬物渾然而為一體，這是儒家學問的血脈所在，而象山之學正緊切地把握了此一精神。故象山之心學，一面表現為建立個人與國家社會之必然關聯，一面發為人人對國家社會負責之生命力的發皇。此即象山學之實踐性、及其所以為正大之所在。

附識：

清代以來，陸學幾無解人。民國以還，熊十力先生論及象山，時有發人深省之言。後徐復觀先生撰「象山學述」，對象山學之精神面目，頗有發明。而牟先生撰「象山與朱子之爭辯」一長文，表述象山之學，尤為鞭辟入裡。本文於六十一年撰寫之時，於上述書文，多有參證，特此說明。

第八章　朱陸門人及其後學

第一節　朱子之門人與後學

朱子門庭廣大，宋元學案卷六十二至卷七十所錄，皆其正傳。但內在於朱子學的系統而言，各種重大之問題，幾乎全為朱子所釐定，他的門人後學已經不能再有大的開發了。本節只擇要而述，不能詳備。

一、蔡西山及其家學

蔡元定，字季通，福建建陽人，學者稱西山先生。生於宋高紹興五年，卒於寧宗慶元四年（西元一一三五至一一九八），六十四歲。著有大衍詳說、律呂新書、燕樂原辨、皇極經世太玄潛虛指要、洪範解、八陣圖說。

元定與三子皆師事朱子，但西山蔡氏之學，可說是得之於家傳。元定之父發，博覽群書，號牧堂老人。元定少時，他父親將二程語錄、邵子經世、張子正蒙交給他，說：此孔氏正脈也。元定「深涵其義，既長，而辨析益精。」（註一）當元定初見朱子，朱子叩其學，大爲驚訝，說「此吾老友也，不當在弟子列」。可知元定從學朱子之前，已經有了深厚的家學根柢。元定在朱子門下，年事最長（少朱子五歲而早卒二年），位望最尊，朱子亦特別器重他而樂意與他相談，往往通夕對牀以達旦。有時候，朱子還能由元定處得到啓悟（如朱子參究中和，由舊說轉關到新說，便是與元定談論而引發機竅）。朱子晚年讀參同契（東漢魏伯陽撰），亦向元定參決所疑，而元定應答灑然無滯碍。朱子致書元定，說道：「每念遠別，不勝悵惘，至於讀書玩理，欲講而無從，又不但常人離別之思也。某連日讀參同契，頗有趣。知千周萬徧，非虛言也。」又說：「以此極思向來承晤之樂，未知此生能復相從如往時否耳。」（註二）在朱子之道問學與格物窮理中，本不止是空泛的讀書，而實隱藏有純知識一面的眞精神，元定尤其具有這種純知識的興趣，而且很有這方面的才智，所以二人論學亦最爲投契。凡遇異篇奧傳、微辭深義，朱子常使元定先加討究，而後親作折衷。二人問答之辭，曾輯爲「翁季錄」（翁謂晦翁，季謂季通，乃元定之字也），可惜此書已失傳了。

元定學問的路數，頗與北宋邵康節相近似。鶴林玉露（南宋羅大經撰）謂：「濂溪、明道、伊川、橫渠，講道盛矣；因數明理，復有一邵康節出焉。晦庵、南軒、東萊、象山，講道盛矣；因數明理，復有一蔡西山出焉。孔孟教人，言理不言數，邵蔡二子欲發諸子之所未發，而使理與數燦然於天地之間，其功亦不細矣。」按、邵子之學，其子伯溫稍能述之，而實不足以言承續。而元定之學，則其季子九峯力能繼踵而卓然成家。元定與其父發，加上三子四孫，號爲「蔡氏九儒」云。

元定之(1)長子蔡淵，號節齋，著有訓解意言辭象四卷，又有卦爻辭旨、易象意旨。(2)次子蔡沆，號復齋，著有春秋五論、春秋大義、春秋衍義，又作敬義大旨、復卦大要二篇。(3)季子蔡沈，隱於九峯，學者稱九峯先生。生於宋孝宗乾道三年，卒於理宗紹定三年（西元一一六七至一二三〇），六十四歲。元定遭僞學之禁，貶放道州（周濂溪的家鄉），九峯徒步數千里隨侍至貶所，父子二人相對，略無怨歎嗟勞之語，而日唯以義理相怡悅。這種樂道忘憂的精神，是很可欽佩的。元定卒於貶所，九峯又徒步數千里護柩而歸。這時九峯年僅三十，便立志棄去舉業，一以聖賢爲法。朱子一生遍注群經，只剩下書傳未作，卒前一年特囑付九峯作書集傳，十年而成。這就是元明以來，士人必讀的尚書蔡傳。另外，洪範九疇之數，學者失傳，元定獨心得之而未及論著，亦寄望於九峯。蓋自康節傳圖書之蘊，以爲易出於河圖，洪範出於洛書，九峯乃專依洛書而言洪範，沉潛反覆數十年，而後完成洪範皇極一書。其自序有云：

「天地之所以肇者，數也。人物之所以生者，數也。萬事之所以失得者，數也。數之體，著於形；數之用，妙乎理。非窮神知化、獨立物表者，曷足以與此哉？……先君子曰：洛書者，數之原也。余讀洪範而有感焉。上稽天文，下察地理，中參人物古今之變，窮義理之精微，究興亡之徵兆，顯微闡幽，彝倫攸敘，真有天地萬物各得其所之妙。歲月侵尋，粗述所見，辭雖未備，而義則著矣。其果有益於世教者否乎？皆所不敢知也。雖然，余所樂而玩者，理也；余所言而傳者，數也。若其所以數之妙，則在乎人之自得焉爾。」

九峯的洪範皇極圖（含九九圓數、方數、行數、積數諸圖）、洪範皇極內篇、範數圖八十一章，皆錄列於宋元學案卷六十七、九峯學案中。

元定之孫，有四人入學案。⑴蔡格，號素軒，節齋之長子。行高而德厚，學足而望隆。著有至書、廣仁說。⑵蔡模，號覺軒，九峯之長子。嘗輯朱子所著書爲續近思錄、易傳集解、大學衍說、論孟集疏、河洛探賾，行於世。⑶蔡杭，號久軒，九峯之次子。博通經史，邃於理學。紹定間中進士，官至參知政事，是蔡氏九儒中唯一宦途通顯的人。⑷蔡權，號靜軒，九峯之三子，嘗爲書院山長，以訓誨人才爲事。長兄覺軒輯續近思錄等書，皆與靜軒參考而後成編。

二、黃勉齋及其支裔

黃榦，字直卿，福建閩縣人，學者稱勉齋先生。生於宋高宗紹興二十二年，卒於寧宗嘉定十四年（西元一一五二至一二二一），七十歲。勉齋初從學於朱子，夜不設榻，衣不解帶，少倦，則微坐一倚，或至於達旦。後朱子以女妻之。著有經解文集行於世。

勉齋嘗撰聖賢道統傳授總叙說，謂周濂溪繼孔孟不傳之緒，二程得統於周子，朱子又得統於二程。文末並擧示「居敬以立其本，窮理以致其知，克己以滅其私，存誠以致其實」四語，以爲「千聖萬賢所以傳道而教人者，不越乎此矣」。而朱子之門，後儒又多推勉齋爲能接其傳云。

勉齋篤實强毅，在朱子門下，允爲第一高第。黃東發日抄有一段記述：

「乾（道）淳（熙）之盛，晦庵、南軒、東萊稱三先生。獨晦庵先生得年最高，講學最久，尤為集大成。晦庵既沒……獨勉齋先生強毅自立，足任負荷。如輔漢卿疑惡亦不可不謂性；如李公晦疑喜怒哀樂由聲色臭味者為人心、由仁義禮智者為道心；如林正卿疑大易本為垂教，而伏羲文王特借之以卜筮；如真公（德秀）刋近思錄，語先近思而後四書；先生皆一一辨明，不少恕。甚至晦翁謂春秋止是直書，勉齋則謂其間亦有曉然若出微言者；晦翁論近思先太極說，勉齋則謂名近思反若遠思者；晦翁解人不知而不慍，惟成德者能之，勉齋提云、是君子然後能不慍，非不慍然後為君子；晦翁解敏於事而慎於言，以慎為不敢盡其所有餘，勉齋提慎字本無不敢盡之意，特以言易肆，故當謹耳。凡其於晦翁沒後，講學精審不苟如此。」

正因爲勉齋講學精審不苟，所以對於師門之學，眷眷深摯。他說：

「自先師夢奠以來，向日從遊之士，識見之偏，義利之交戰，而又自以無（聲）聞為恥，而言論紛然，誑惑斯世。又有後生好怪之徒，敢於立言，無復忌憚。蓋不待七十子盡沒，而大義已乖矣。由是私竊懼焉。故願得強毅有立，趨死不顧利害之人，相與出力而維持之。」（註三）

勉齋期求後學之情，如此眞摯熱烈，所以終能得到傳人而支裔繇流。其中最主要的一支，是由何基、而王柏、而金履祥、一直衍續到明初的方孝孺。

(1)何基（西元一一八八至一二六八），字子恭，浙江金華人，人稱北山先生。他承父命從勉齋問學，勉齋告以必有眞實心地與刻苦工夫而後可。北山悚然受命，於是研精覃思，平心易氣，以俟義理之自通。凡所讀書，朱墨標點，義顯意明，有不待論說而自見者。他一生未嘗立異以爲高，亦不徇人而少變。嘗云：「爲學，立志貴堅，規模貴大，充踐力行，死而後已」。又曰：「治經當謹守精玩，不必多起議論。有欲爲後學言者，謹之又謹可也。」有文集三十卷，其中與弟子王柏問答者佔十八卷，有時一事往復議論十餘次，北山始終不變其說。可算得是學有定見、不惑不搖了。(2)王柏（西元一一九七至一二七四），字會之，號魯齋，金華人。初登北山之門，北山授以立志居敬之旨。從此發憤勵學，益趨精密。日用從事，嚴敬整飭，子弟白事，非衣冠不見。來學者衆，必先之以大學。但魯齋不贊成朱子爲大學作補傳，認爲「格物之傳不亡，無待於補」。他的見解與輔廣弟子董槐之說相同。（註四）。

⑶金履祥（一二三二至一三〇三），字吉父，浙江蘭溪人，學者稱仁山先生。凡天文地形禮樂田乘兵謀陰陽律曆之書，莫不探究。師事魯齋，從而登北山之門。自此以後，講貫益密，造詣益邃。宋季國勢阽危，任事者束手罔措，仁山獨進奇策，請以舟師由海道直趨燕薊，俾能擣虛牽制，以解荊襄之圍。他敘明海島險易，歷歷有據，可惜未被採用。宋亡之後，屏居金華山中，著書講學以終老。論者以爲「北山之清介純實似尹和靖，魯齋之高明剛正似謝上蔡，而仁山則兼得之而充於一己」。著有通鑑前編二十篇、大學章句疏義二卷、論孟考證十七卷、書表注四卷、文集六卷。（按、仁山門下，有許謙、柳貫，所求於道者已稍淺，再傳宋濂，遂成文章之士。文與道本不相離，惟文顯則未免道薄耳。幸三傳至方孝孺，幾幾乎復振道學之緒，惜以凶終，不得其傳。）

另有饒魯，亦爲勉齋大弟子。魯字伯輿，號双峯，江西餘干人。先從李敬子宏齋（亦朱子門人），後從勉齋。勉齋問論語首言時習，習是如何用功？双峯曰：「當兼二義，繹之以思慮，熟之以踐履」。勉齋深契之。著有五經講義、論孟記聞、春秋節傳、學庸纂述、近思錄注。双峯再傳有陳澔，撰有禮記集說，成爲明代以後士人必讀之經傳。

三、潛庵、北溪諸子

輔廣，字漢卿，號潛庵。在朱子門下，以端方沉碩、用志堅苦著稱。僞學之禁方嚴時，學徒多因利害相避而去，唯漢卿不爲所移。朱子亦說：「當此時立得脚定者甚難，唯漢卿風力稍勁」。著有四書纂疏、六經集解、詩童子問、潛庵日新錄、師訓編。其三傳弟子，有黃東發，說見後。

陳淳（西元一一五三至一二一七），字安卿，號北溪，福建龍溪人。年將四十，始見朱子於漳州（時朱子爲漳州守）。後十年，復見朱子陳其所得，時朱子已寢疾，語之曰：「如今所學，已見本原，所闕者下學之功爾。」自是所聞皆切要語，凡三月而朱子卒。北溪守師門之學甚固，有云：

「文公表出近思錄及四子書，以為初學入道之門，使人識聖門蹊徑。於此融會貫通，以作權度，去讀天下群書，究人生萬事。非謂天下道理皆叢萃該備於此，可以向此取足，便安然兀坐，持循把守；以為聖賢事業盡在此，無復他求，便可運用施為，無往而不通；

是大不然也。程子曰，須大其心使開濶。如只孤孤單單、窄窄狹狹去看道理，左動右礙，前觸後窒，更無長進之望矣！」（註五）

這段話說得很平實。但北溪自己卻正是「窄窄狹狹」看道理者。他衞師門之學而過甚其力，操異同之見而過甚其辭，朱陸門戶之爭，多半是由北溪而決其瀾的。

此外，朱子門人之較著者，有李燔，字敬子，號宏齋，江西建昌人。嘗有言云：「凡人不必待仕宦方有功業，但隨力到處，有以及物，卽功業矣。」敬子心事如秋月，史臣李心傳論當時高士屢召不起者，以敬子爲海內第一。宋史說他居家講道，與黃榦並稱，曰黃李。另有張元德、廖子晦、李公晦、詹元善，皆朱門高足，並見宋元學案卷六十九、滄洲諸儒學案上。又有陳器之、葉味道等，見宋元學案卷六十五、木鐘學案。玆不贅。

四、眞西山與魏鶴山

眞德秀，字景元，福建浦城人，學者稱西山先生。生於宋孝宗淳熙五年，卒於理宗端平二年（西元一一七八至一二三五），五十八歲。慶元五年進士，官至參知政事。西山立朝前後不滿十年，而奏疏不下數十萬言，直聲震朝廷。遊宦所至，惠政深洽，中外交頌。每入都門，人皆驚傳傾動，塡途塞巷而迎觀之。當慶元之初，韓侂胄立僞學之名以錮善類，凡近時大儒之書皆遭禁絕。西山晚出獨立，慨然以斯文自任，講習而服行之。黨禁既開，正學復明於天下。後世遂多西山守護倡導之功。西山早年從朱子門人詹體仁（元善）遊。著有大學衍義、對越甲乙稿、西山文集、讀書記等。

與西山同時，有魏了翁鶴山。二人齊名，不分甲乙。但服膺朱子之學的黃東發（年輩晚於西山四十餘年），卻對西山頗有微詞（宋史本傳亦然）。一則曰，理宗之時，天下所素望出任相職者，以西山文行聲迹最著，而東發論當時有宰相器者，獨推袁甫（號蒙齋，象山門人袁燮之子，嘗從學於楊慈湖），而深惜西山之無實。二則曰，理宗端平親政，廣召賢者入朝，此正世運安危升降之機，而西山趨召，竟阿附時相鄭清之，略無靖獻。全祖望據此而慨歎曰：「西山之望，直繼晦翁，然其晚節何其委蛇也？」又謂西山嘗從楊慈湖遊，慈湖戒其須忘富貴利達之心，而西山未能終身踐此言也。至於學術方面，黃梨洲曾就西山鶴山二人作過比論：「兩家學術雖同出考亭，而鶴山識力橫絕，眞所謂卓犖觀群書者。西山則依傍門戶，不敢自出一頭地，蓋墨守而已。」（註六）全祖望認爲黃梨洲的話，可謂知言。

魏了翁，字華父，四川蒲江人。與眞西山同年生，而卒於理宗嘉熙元年（西元一一七八至一二三七），六十歲。鶴山因輔漢卿與李敬子而得聞朱子之學，遂奮然興起，成就卓然。嘗築室白鶴山下，開門授徒，士爭先負笈從之。學者稱鶴山先生。著有鶴山師友雅言、鶴山大全集。宋元學案卷八十、鶴山學案，選錄其大全集，有云：

「某向來多作易與三禮工夫，意欲似讀詩記之類為一書。比來山間溫尋舊讀，益覺今是昨非。安知數年後不又非今也？以此多懼，不敢輕有著述。

又見得向來參看先儒解說，不如一一從聖經看來。蓋不到地頭親自涉歷一番，終是見得不真。來書乃謂只須祖述朱文公。文公諸書，讀之久矣，正緣不欲賣花擔頭看桃花，須樹頭根底，方見得活精神也。（答周子口書）

鶴山雖私淑朱子，而不守故常。他的識力，絕非固蔽自封者可比。所以凡有所言，大體皆明徹洞達，無迂腐氣。玆再錄數則於後，以見其概：

「天地不可量也，古今不可度也，人以七尺之軀，方寸之心，立乎兩間，形氣所拘，僅百年耳。然而由百世之上，以考諸太古久遠二帝三王之事，隨其心之所之，如生乎其時、立乎其位、與之周旋也。蓋蓍龜不可方物也，而是心之動，見乎卜筮；鬼神不可見聞也，而是心之誠，行乎祭享；萬世之後不可藝極也，而是心之靈，著乎方冊；舟車所至不可限極也，而是心之明，光乎日月。然則心者神之舍，所以範圍天地，出入古今，錯綜人物，貫通幽明，其遠若此。彼溺於文藝、泥於佛老、沉於功利者，尚為知所以用其心乎？況又文藝之末，如纂緝駢麗；佛老之弊，如梵唄土木；功利之下，如聲色貨寶；抑在所不足言矣！胡公康侯嘗為學者言：或尚友古人，或志在天下，或慮在後世，或不求人知而求天知。皆所謂心遠也。」（心遠堂記）

「心之神明，則天也。此心之不安，則天理之所不可。天豈屑屑然與人商校是非耶？詩云，敬天之怒，無敢戲渝。違心所安，是戲渝也。」（跋師厚卿致仕詩）

「聖人之心，如天之運，純亦不已；如水之逝，不舍晝夜。雖血氣盛衰，所不能免，而才壯志堅，始終勿貳，曷嘗以老少為銳惰、窮達為榮悴？文辭之士有虛憍恃氣之習，方其年盛氣強，位重志得，往往以所能眩世。歲慆月邁，血氣隨之，則不惟文辭衰颯不振，雖建功立事，亦蓄縮顧畏，非盛年之比。此無他，非有志以基之，有學以成之，徒以天資之美，口耳之知，才驅氣駕而為之耳！」（夢筆山房記）

由這幾段文字，可知鶴山之卓犖。尤其「聖人之心，如天之運，純亦不已」以及「心之神明，則天也；此心之所以不安，則天理之所不可」數句，皆儒家正宗之語脈，而已脫出朱門言心之故轍。

五、黃東發與王深寧

黃震，字東發，浙江慈溪人。約生於寧宗之末，理宗寶祐四年進士，度宗時爲史館檢閱，與修寧宗理宗兩朝國史實錄，又撰理度兩相政要。宋亡，年未及六十，餓而卒。門人私謚曰文潔先生。東發之學，源出潛庵輔氏，而實得之於朱子與諸儒之遺書。嘗語人曰：非聖賢之書不可觀，無益之詩文不可作。著有東發日抄一百卷，大體皆躬行自得之言。論者謂東發上接朱子之傳，黃梨洲則以爲「日抄之作，折衷諸儒，卽於考亭亦不肯苟同，其所自得之者深也。今但言文潔之上接考亭，豈知言哉」？（註七）

東發本籍定海，後徙慈溪。晚年官歸，復居定海之澤山，已而又僑寓鄞縣之南湖諸地。東發既沒，子孫多居澤山。元末，學者建澤山書院以祀之。全祖望撰澤山書院記，有云：「朱徽公之學統，累傳至双峯北溪諸子，流入訓詁派。迨至咸淳（度宗年號）而後，北山、睿齋、仁山起於婺（金華），先生起於明（四明），所造博大精深，徽公瓣香爲之重整。婺學出於長樂黃氏（勉齋），建安（謂朱子）心法之所歸，其淵源固極盛。先生則獨得之遺籍，默識而冥搜，其功尤巨。試讀其日抄諸經說，間或不盡主建安舊講，大抵求其心之所安而止，此其所以爲功臣也。」（註八）

王應麟，字伯厚，浙江鄞縣人。生於宋寧宗嘉定十六年，卒於元成宗元貞二年（西元一二二三至一二九六），七十四歲。理宗寶祐四年中博學宏詞科，官至禮部尙書。宋亡不仕，學者稱厚齋先生。所著有困學紀聞、玉海、通鑑地理考、漢制考、深寧集等書。

深寧嘗從學於眞西山之弟子王埜，故說者多以深寧爲朱學。然深寧之父撝乃呂東萊之再傳，又從楊慈湖之弟子史獨善遊；深寧紹其家訓，與呂學陸學皆有淵源。且深寧又嘗從遊於湯東澗，東澗乃陸學。可知深寧之學兼取諸家，不由一路。然觀其綜羅文獻，實師法呂東萊，故全祖望說他「獨得呂學之大宗」。

入元以後，深寧懷亡國之痛，有言曰：「士不以秦賤，經不以秦亡，俗不以秦壞」。其志念可謂深哉。深寧弟子最著者有天台胡三省、鄞縣史蒙卿。宋亡，皆隱居不仕。三省撰資治通鑑注及釋文辨誤百餘卷，蒙卿爲史獨善之孫，史氏一門皆陸學，至蒙卿改而宗朱。

六、文信國之正氣

文天祥，字宋瑞，又字履善，號文山，江西廬陵吉水人。生於宋理宗端平三年，卒於元至元十九年（西元一二三六至一三八二），四十七歲。二十舉進士，對策，理宗親拔爲第一，考官王應麟奏曰：「是卷古誼若龜鑑，忠肝如鐵石。敢爲得人賀」。所謂文如其人，考官亦可謂能識鑒矣。

度宗咸淳九年（文公三十八歲，是年襄陽降陷），召爲湖南提刑，見故相江萬里，萬里素奇文公志節，語及國事，愀然曰：「吾老矣！世道之責，其在君乎！」恭帝德祐元年，元兵入寇，詔天下勤王，文公捧詔涕泣，遂起義兵，諸豪傑群起響應，得萬人之衆。事聞於朝，召以江西提刑安撫使入衞京師。其友以事勢已去，止勿行。文公曰：「事不可爲，吾亦知之。然國家養育臣庶三百餘年，一旦有急徵天下兵，無一人一騎入都門，吾深恨之。故不自量力而以身徇，庶天下忠臣義士，將有聞風而起者。義勝者謀立，人衆者功濟。如此，則社稷猶可保也。」

德祐二年正月，元兵迫臨安，文公除右丞相，奉使軍前，被拘。至鎭江，夜逃入眞州，又泛海至溫州。時臨安已破，恭帝被執歸元都。文公聞益王未立，上表勸進，益王立於福州，是爲端宗。召進文公爲左丞相，都督江西，雩都一役，大敗元軍，民氣大振，一時號令達於江淮。轉戰年餘，終於寡不敵衆，乃入粵，而端宗又崩。陸秀夫等擁立衞王（帝昺），召封文公爲信國公。進屯潮陽，元將張弘範掩至，文公與將士方飯於五坡嶺（今海豐縣北），不及戰，遂被執。見弘範不拜，請就死，弘範義之。過崖山，弘範使文公召張世傑，乃書過零丁洋詩與之。詩曰：

辛苦遭逢起一經　干戈歷歷四周星
山河破碎風拋絮　身世飄零雨打萍
皇恐灘頭說皇恐　零丁洋裡歎零丁
人生自古誰無死　留取丹心照汗青

次年（元世祖至元十六年），張弘範襲崖山，陸秀夫負帝昺溺海死，宋亡。當文公被執時，取懷中腦子（毒藥）盡服之，不死，在道途八日不食，又不死，既至燕京，元世祖欲畀以大任，終不屈。被囚三年，志節彌堅，遂遇害，臨刑，顏色不少變，南向而拜，從容就死。其衣帶有贊曰：

孔曰成仁，孟曰取義；惟其義盡，所以仁至。
讀聖賢書，所學何事？而今而後，庶幾無愧。

文公之師歐陽守道，號巽齋，學宗朱子。然文公之學，豈可以某家某派論之哉？就文公而言，人卽學，學卽人，其學全幅是仁義，其人全幅是正氣。以生命之表現，爲儒聖成德之教作見證，捨公而誰？嗚呼偉矣！其所著文集、指南錄、吟嘯集，皆行於世。宋元學案卷八十八、巽齋學案、文文山案中，錄其御試策全文（二十歲所作）、西澗書院釋菜講義、正氣歌幷序，字字出自肺肝，句句皆至性至情之流露，此誠生命文字通而爲一者！

第二節　象山之門人與後學

一、楊慈湖與甬上諸賢

楊簡，字敬仲，浙江慈溪人，學者稱慈湖先生。生於宋高宗紹興十一年，卒於理宗寶慶二年（西元一一四一至一二二六），八十六歲。慈湖在象山門下，年輩最長（少象山二歲），從遊最早，享壽最高，造詣最深，影響最大，而傳衍亦最久遠。慈湖之學，以「不起意」爲宗。其奏寧宗有曰：陛下自信此心即大道乎？寧宗曰：然。問：日用如何？寧宗曰：止學定耳。慈湖曰：定無用學。但不起意，自然靜定，是非賢否自明。慈湖「不起意」之旨，實本象山。黃梨洲曰：

> 象山說顏子克己之學，非如常人克去一切忿慾利害之私，蓋欲於意念所起處，將來克去。故慈湖以不起意爲宗，是師門之的傳也。而考亭謂除去不好底意見則可，若好底意見，須是存留。……案、慈湖之告君曰：「此心卽道，惟起於意卽失之：起利心焉則差，起私心焉則差，起權心焉則差，作好焉、作惡焉、凡有所不安於心焉，皆差；卽此虛明不起意之心以行，勿損勿益，自然無所不照。」然則不起意之旨，亦略可識矣。

（註九）

按、象山以爲天下學問只有兩途：「一途朴實，一途議論。」又說「愚不肖者之蔽，在於物欲；賢者之蔽，在於意見」。又說「與有意見人說話，最難！」一般的議論、意見，皆是繞出去說話，與自家生命有何相干？必須「先立其大」「盡我之心」，做成一個人，方是立人品的德性之學——所謂朴實之學。朱子不解象山意思，卻在這裡將意見分爲好底不好底，依象山看來，仍然是「用心於枝葉，不求實處」。「實處」只是本心，理在我心，由之而行，何等坦然明白！須知事有曲折，理無曲折。討論某一件事，可以有所謂好的意見或不好的意見，但這裡是講聖賢學問，是做人的緊要關頭。在道德的踐履上，只有「義之與比」，豈能容你顧念思慮、作好作惡（好、惡皆讀去聲）？當你意見一萌，便是「起於意」，便是作意計較，便是「放心」而歧出，而不是「本心作主」循理而行了。慈湖教人「不起意」，豈是要你槁木死灰、做個癡呆？只是要人「復本心」、「由仁義行」而已。

學問必須與「己」打合作一片，己與道、己與物，皆不容分隔成兩截。慈湖著有甲乙稿、冠記、昏記、喪禮記、家祭記、釋菜禮記、己易、啓蔽等書，而以「己易」最能見其意。玆節錄數段於下：

易者，己也，非有他也。以易為書，不以易為己，不可也。以易為天地之變化，不以易為己之變化，不可也。天地、我之天地，變化、我之變化，非他物也。私者裂之，私者自小也。包羲氏欲形容易是己而不可得，畫為一。於戲！是可以形容吾體之似矣。又謂是雖足以形容吾體，而吾體之中又有變化之殊焉。又無以形容之，畫而為--。一者吾之一也，--者吾之--也，可畫而不可言也。可以默識而不可加知也。一者吾之全也，--者吾之分也。全卽分也，分卽全也。

夫所以為我者，毋曰血氣形貌而已也。吾性洞然無際而非量，天者、吾性中之象，地者、吾性中之形，故曰在天成象，在地成形，皆我之所為也。混融無內外，貫通無異殊，觀一畫而其指昭昭矣。厥後又繫之辭曰：乾。乾、健也。言乎千變萬化，不可紀極，往古來今，無所終窮，而吾體之剛健未始有改也。言乎可指之象，則所謂天者是也。天卽乾健者也，天則一畫之所似者也，天卽道也，天卽易也。地者，天中之有形者也。吾之血氣形骸，乃清濁陰陽之氣合而成之者也。吾未見乎天與地與人之有三也。三者形也，一者，性也，亦曰道也，又曰易也。名言之不同，而其實，一體也。

善學易者，求諸己，不求諸書。古聖作易，凡以開吾心之明而已。……能識惻隱之真心於孺子將入於井之時，則何思何慮之妙，人人之所自有也，純誠洞白之質，人人之所自有也，廣大無疆之體，人人之所自有也。此心常見於日用飲食之間、造次顛沛之間，而人不自省也。……可強可弱者，血氣也；無強無弱者，心也。有斷有續者，思慮也，無斷無續者，心也。能明此心，則思慮有斷續而吾心無斷續，血氣有強弱而吾心無強弱，有思無思，而吾心不二也。不能明此心，則以思慮為心，雖欲無斷續，不可得矣；以血氣為己，雖欲無強弱，不可得矣；雖欲造次於是、顛沛於是，無須臾不於是，勉強從事，不須臾而罷矣！況於造次乎？況於顛沛乎？

孔子主忠信。忠信者，誠實而已，無他妙也。而聖人以為主本。或者過而索之，外而求之，必反失。忠信之心，即道心，即仁義禮智之心，即是不勉而中、不思而得之心。通於一，萬事畢。差之毫釐，繆以千里。不遠而復，此心復也。頻復頻放而頻反也，亦危矣。然已復則如常矣，無咎也。得此則吉，失此則凶。無慮他日之吉凶，但觀一念之得失。當乾之初而不肯潛，此心放也；當五而不能飛，此心固也；當三而不惕，此心慢也；當四而不疑，此心止也。循吾本心以往，則能飛能潛能疑能惕，能用天下之九，亦能用天下之六，能通天下之故。仕止久速，一合其宜，周旋曲折，各當其可，非勤勞而為之也，吾心中自有如是十百千萬散殊之正義也。禮儀三百，威儀三千，非吾心外物也。故曰性之德也，合內外之道也，故時措之宜也。

慈湖此處所說，皆不失儒門義理之矩矱，而實亦發揮象山「宇宙卽是吾心，吾心卽是宇宙」、「此心同，此理同」、「人與天地不限隔」、「能盡此心，便與天同」之義。天道不外人道而立，易道易理亦不外吾心而別有所在。生生之謂易，易道生生，仁道亦生生。己之仁，己之本心，卽是易也。故曰「己易」。

慈湖弟子袁甫（蒙齋）云：「慈湖先生平生踐履，無一瑕玷。處閨門如對大賓，在闇室如臨上帝。年登耄耋，兢兢敬謹，未嘗須臾放逸。學先生者，學此而已。若夫掇拾遺論，依放近似，而實未有得，乃先生之所深戒也。」（註一〇）而朱學之徒（陳北溪尤甚）每詆象山慈湖爲禪，此固是門戶之偏見，亦實由學識之有差。（既不識儒家之大義、深義，亦不解禪之所以爲禪，復不知作用層上的工夫與境界，乃儒釋道三教所可共同而相通者。）

與慈湖同時，有袁燮、舒璘、沈煥，與慈湖合稱甬上四先生。

袁燮，字和叔，浙江鄞縣人，學者稱絜齋先生。先從象山季兄復齋遊，後學於象山。一日，豁然大悟，乃筆之於書：「以心求道，萬別千差；通體吾道，道不在他。」爲國子祭酒時，延見諸生，必告以反躬切己、忠信篤實爲道本。每言人心與天地一本，精思以得之，兢業以守之，則與天地相似。聞者竦然有得。嘗謂「凡身外之物，皆可以寡求而易足。惟此身與天地並，廣大高明，我固有之。朝夕磨礪，必欲追古人而與俱。若徒儕於凡庸，而曰是亦人爾，則吾所不敢也」。又曰：「道不遠人，本心卽道。知其道之如是，循而行之，可謂不差矣。吾道一以貫之，非吾一以貫之。舜由仁義行，非行仁義。若致力以行，則猶與仁義爲二也。」（註一一）絜齋有子名甫，號蒙齋，官至兵部尙書。少從父訓，又從慈湖問學。自謂吾觀草木之發生，聽禽鳥之和鳴，與我心契，其樂無涯云。著有蒙齋文集、中庸講義四卷，所闡多陸氏宗旨。有題慈雲閣詩云：「不見慈湖二十年，憂心如碎復如顚；我來忽見慈雲閣，恍若慈湖現我前。」

舒璘，字元質，浙江奉化人，學者稱廣平先生。與兄琥弟琪同受業於象山之門，琥與琪皆頓然有省悟，廣平則曰：「吾非能一蹴而至其域也，吾惟朝夕於斯，刻苦磨礪，改過遷善，日新有功，亦可以弗畔云爾」。唯廣平雖立身方嚴，而敎學者則循循善誘，講求涵泳，時人稱其如熙然之陽春。著有詩學發微、詩禮講解、廣平類解。類稿中有云：「本原旣明，是處流出。以是裕身則寡過，以是讀書則蓄德，以是齊家則和，以是處世則當。」慈湖謂廣平孝友忠實，道心融明。絜齋亦說他平生發於言語，率由中出，未嘗見其一語之妄。有五子，能承傳家學。定川、慈湖，皆以女妻廣平之子，則其家風之循謹可知。

沈煥，字叔晦，浙江定海人，學者稱定川先生。楊、袁、舒皆師象山，定川則師事復齋。定川頎而美髯，偉儀觀，尊瞻視，音吐鴻暢。復齋稱其「挺然任道之資也」。居官服職，輒有善學，而秉性剛勁，所至小人忌之，故宦途多阻，終貧病而卒。丞相周必大聞其訃，曰：「追思立朝不能推賢揚善，予愧叔晦；益者三友，叔晦不予愧也」。絜齋狀其行云：「君雖人品高明，而其中未安，不容自恕。知非改過，踐履篤實。其始面目嚴冷，淸不容物，久久寬平，可敬可親。面攻人之短，退揚人之善。切磋如爭，歡愛如媚，古所謂直而溫、毅而宏者，殆庶幾乎！」

黃梨洲曰：楊簡、袁燮、舒璘、沈煥，所謂明州四先生也。慈湖每提「心之精神謂之聖」一語，而絜齋亦曰「古者大有爲之君，所以根源治道者，一言以蔽之，此心之精神而已」。是可以觀四先生學術之同矣。文信國云：「廣平之學，春風和平。定川之學，秋霜肅凝。瞻彼慈湖，雲間月澄。瞻彼絜齋，玉澤冰瑩」。一時師友，聚於東浙，嗚呼盛哉！（註一二）

二、傅夢泉與槐堂諸子

傅夢泉，字子淵，江西南城人，學者稱曾潭先生。少時習學業，讀書不過資意見。及學於象山，始知入德之方。嘗謂人曰：「人生天地間，自有卓卓不可磨滅者。果能於此涵養，於此擴充，則良心善端，交易橫發，塞乎宇宙，貫乎古今。」子淵機警敏悟，疏通洞達。象山論及門之士，以子淵爲第一。中進士後，分教衡陽，士人歸之者甚衆。象山知荆門軍時，有人呈送子淵與周平園論學五書，象山見後，大爲歎賞，說：「子淵擒龍打鳳手也」。後爲寧都知縣，化之以道，鄉俗大變。時人以爲有西漢循吏之風。張南軒稱其剛介自立，朱子亦稱其剛毅，而不滿其論學。象山則說子淵疏節濶目，佳處在此，病處亦在此。

黃梨洲曰：「陸子在象山五年間，弟子屬籍者至數千人，何其盛也！然其學脈流傳，偏在浙東，此外則傅夢泉而已。故朱子曰：浙東學者，多子靜門人，類能卓然自立，相見之次，便毅然有不可犯之色。然則此數千人者，或多旅進旋退之士耳。」（註一三）按、宋元學案卷七十七、槐堂諸儒學案，列象山門人六十一人，再傳以下三十餘人。玆擇其著者數人以述之。

鄧約禮，字子範，江西建昌人，而寓居臨川。師事象山甚早，在槐堂中稱齋長。有求見象山者，象山或令先從約禮問學。學者稱直齋先生。象山嘗謂「夢泉宏大，約禮細密。」爲溫州教授時，與葉水心甚相得云。

黃叔豐，字元吉，江西金谿人。爲象山仲兄之婿，師事象山最久。象山論及門之士，首傅子淵，次鄧文範、次卽黃元吉。象山知荆門軍，元吉從之，記所問答語，題曰荆州日錄。時傅子淵分教衡陽，與漕使陳傅良（君擧）論學，傅良心折其言而未能深信，適元吉自荆門至，傅良聞其講論，始深信之。象山曾說：「元吉相從十五年，最得老夫鍛鍊之力。前數年病於逐外，中間數年換入一意見窠窟，又數年換入一安樂窠窟，近年痛加鍛鍊，始壁立無依傍」。同門嚴松以爲元吉之學，當出子淵之上。元吉諸僚壻（連襟）如張商佐、熊鑑、周清叟（廉夫），俱師事象山。象山卒，廉夫祭文有云：「天爲斯文，乃生先生。指學者之膏肓，示入聖之門庭。不繳繞而支離，誠坦然而可行。暴之以秋陽之白，濯之以江漢之清。繼孟子之絕學，舍先生其誰能！」

傅子雲，字季魯，江西金谿人，學者稱琴山先生。年方成童，卽登象山之門，以年少，象山令先從鄧約禮學，後升弟子之位。象山四十九歲登應天山（後改名象山）講學，學者以年齒列席次，季魯居末。象山令設一席於旁，時令季魯代講。有疑之者，象山曰：「季魯，天下英才也」。及象山爲荊門守，執季魯之手而語之曰：「書院事俱以相付，爲我善永薪傳」。又謂諸生曰：「吾遠守小郡，不能爲諸君掃清氛翳，幸有季魯在。願相親近」。象山曾說季魯骨相寒薄，雖能明道，恐不能行道。後奉大對，葛丞相期以首選，不果。季魯曰：「場屋之得失，窮達不與焉。終身之窮達，賢否不與焉」。時人以爲名言。紹定四年（距象山之卒已三十九年），慈湖弟子袁甫持節江西，修明象山之學，爲建象山書院。時槐堂高足惟季魯在。所著有易傳、論語集傳、中庸大學解、童子指義、離騷經解。撫州守葉夢得乃季魯弟子，建三陸祠於金谿，以先生配。

李伯敏，字敏求，江西高安人。從學於象山，問如何立志？象山曰：「立是你立，卻問我如何立！若立得住，何須把捉？孔門唯顏曾傳道，他未有聞。蓋顏曾從裡面來，他人從外面入去。今所傳者，乃子夏子張之徒外入之學。曾子所傳，至孟子不復傳矣。吾友卻不理會根本，只理會文字！實大則聲宏，若根本壯實，怕不會做文字？今吾友文字自文字，學問自學問，若此不已，豈止兩段，將百碎！」乃問近來日用常行，覺精健否？胸中快活否？伯敏云：「近日別事不管，只理會，我亦有適意時」。象山曰：「此便是學問根源處，若能無懈怠，暗室屋漏如此，造次必於是，顚沛必於是，何患不成？故曰君子以自昭明德。古之學者爲己，所以自昭其明德。今學者只用心於枝葉，不求實處。孟子謂盡其心者知其性，知其性則知天矣。心卽是一個心，某之心，吾友之心，上而千百載復有一聖賢，其心亦只如此，心之體甚大，若能盡我之心，便與天同。爲學只是理會心。誠者自成也，而道者自道也，何嘗徒騰口說？」伯敏又嘗以書信通問朱子，朱子答云：向來見陸文所聞如何？若以爲然，當用其言，專心致志，庶幾可以有得。不當復引他說以分其志。伯敏得書，終身爲象山之學，不復名他師。一日，象山謂之曰：「吾友近來精神都死，卻無向來亹亹之意。不是懈怠，便是爲他異說壞了。學問當有日新之功，今吾友守定，如何得活？」伯敏自此大有精進。嘗有詩云：紛紛枝葉漫推尋，到底根株只在心；莫笑無弦陶靖節，個中三歎有遺音。

三、陸學的傳衍

陸學的傳衍，盛於浙東。尤其慈湖一脈，遍布江南，四明一郡尤盛。

(1)袁甫蒙齋，已略說於上。(2)鄞縣史彌忠、彌堅、彌鞏昆弟，皆從慈湖、絜齋學。方史彌遠當國之時，彌忠等或避嫌辭官，或守正不阿，皭然不染，時論稱之。(3)另有彌遠之甥陳習庵，亦從慈湖遊。任太常博士時，獨爲袁絜齋議謚號，餘皆擱筆謝絕。而居官論政，尤切直敢言。史彌遠問之曰：吾甥殆好名耶？習庵答道：「好名，孟子所不取也。夫求士於三代之上，唯恐其好名。求士於三代以下，唯恐其不好名耳。」(4)慈溪桂石坡，問道於慈湖，慈湖告以「心之精神之謂聖」。石坡講學之語，多本於師說，曰明誠，曰孝弟，曰顏子四勿，曰曾子三省，其言樸實無華葉，而以躬行爲務。石坡享耆壽，東浙推爲楊門碩果。(5)慈溪又有童居易，學者稱杜洲先生，亦師事慈湖，世傳其學。其孫童金建杜洲六先生書院，講學甚盛。

四明而外，慈湖之徒尚有嚴陵一脈：(1)錢時，嚴州淳安人，學者稱融堂先生，爲慈湖之高弟。袁甫爲江東提刑，建象山書院，特延融堂爲講席。其論學大抵發明人心，指摘痛決，聞者皆警然有得。著有周易釋傳、尙書演義、四書管見、春秋大旨、冠昏記。⑵融堂門人有夏希賢，學者稱自然先生。究明性理，洞見本原，杜門不出者三十餘年。家無隔宿之糧，而泰然自若。有三子，皆承其學，而仲子溥最著。⑶夏溥，字大之。博通經學，詩亦自成一家。入元，遂爲大師。鄭師山、趙東山，皆嘗從學。（註一四）

至於江西，乃陸學之家鄉，而槐堂諸子之聲光反不如浙東。象山卒後，槐堂諸人亦漸次老死，乃有⑴鄱陽三湯出而講學。伯氏湯千存齋與季氏湯中息庵，大體主朱學，而仲氏湯巾晦靜則由朱入陸，其從子漢亦主陸學。⑵湯漢，號東澗，爲太學博士，遷太常少卿，度宗即位，以端明殿學士致仕。有文集六十卷，今佚。東澗有自警語云：「春秋責備賢者，造物計較好人，一點莫留餘滓，十分成就全身」。王應麟謂此老晚節，庶幾踐斯言也。⑶晦靜另一門人徐霖，號徑畈，原籍西安。理宗淳祐四年，試禮部第一，授沅州敎授，上疏言史嵩之姦，見者咋舌。遷著作郎，乞外，知撫州，一月擧政，以言去，士民遮道，至不得行。後知汀州，卒於任，理宗特賜田以旌其忠直。徑畈乃晚宋陸學之大宗。衢州守某，嘗築精舍請徑畈講學，聽者至數千人。然宋史排陸學，故徑畈論學之語不可得而詳。（註一五）

四、謝疊山之氣節

謝枋得，字君直，江西弋陽人，學者稱疊山先生。生於宋理宗寶慶二年，卒於元世祖至元二十六年（西元一二二六至一二八九），六十四歲。疊山從學於徐徑畈，徑畈稱其「如鷙鶴摩霄，不可籠縶」。寶祐間舉進士，對策，極攻丞相董槐與宦官董宋臣。後又得罪賈似道，謫居興國軍，咸淳三年始赦歸。恭帝德祐初，以江東提刑招諭使知信州。明年，元軍入臨安，信州亦陷。疊山變姓名走福建建寧唐石山，轉茶坡，寓居逆旅，麻衣履鞋哭於道，人以為顛病也。已而走建陽，賣卜於市，拒不收錢，惟取米物。其後，人稍稍識之，多延至其家教子弟。

至元二十三年（文山死後之四年），集賢殿學士程鉅夫薦宋臣二十二人，以疊山居首，辭不起。又明年，行省丞相奉旨來召，疊山曰：「上有堯舜，下有巢由，枋得姓名不祥，不敢奉詔」。尚書留夢炎又薦，疊山曰：吾年六十餘，所欠一死耳。福建參政魏天佑見朝廷以求賢為急，欲薦疊山以邀功，疊山不從，强之北行。至京師，問謝太后欑所及瀛國所在（恭帝與太后北擄，太后憂死，恭帝降為國公，故疊山問之），再拜慟哭。疊山在北行途中，絕食二十日而不死，乃勉强略進菜蔬，及至京師，困殆已甚。尋病，遷憫忠寺，見曹娥碑，泣曰：小女子猶爾，吾豈不汝若哉？留夢炎持藥雜米進之，怒斥曰：吾欲死，汝乃欲活我耶？終不食而死。

疊山與人書，嘗云：「人可回天地之心，天地不能奪人之志。大丈夫行事，論是非不論利害，論逆順不論成敗，論萬世不論一生。志之所在，氣亦隨之。氣之所在，天地鬼神亦隨之。」末句「氣之所在，天地鬼神亦隨之」，眞足爲忠臣烈士生色！

宋亡之後，疊山遁跡山野，欲爲遺民而不可得。屢徵不起，逼迫上京，與文山先後死元都，氣節凜烈，大義昭然！

第三節　附說：宋元之際與元儒之學

自宋室南渡，北方陷於金。及蒙古聯宋以滅金，南宋亦衰微不振，國勢阽危。元世祖在位三十五年，即位之二十年，宋帝昺溺海死，宋亡。故元世祖之初，北爲元，南爲宋，此所謂宋元之際也。

一、元初北方之儒

金之滅(西元一二三四)早於宋之亡(西元一二七九)四十餘年。北方本無儒學。某年,元師侵宋,屠德安,姚樞在軍前,凡儒道釋醫卜占,皆以一藝得活,虜之北歸。趙復(字仁甫,湖北德安人,至燕而常有江漢之思,故學者稱江漢先生)亦在囚虜中,姚樞與之言,大奇之。屢欲尋死所,姚樞勸說百端,終至於燕,以所學教授,弟子從者百餘人。姚樞、許衡、劉因諸人,亦因江漢而得見周張程朱之遺書。姚樞等人乃建太極書院於燕京,立周子祠,以二程張楊游朱配食。於是北方始有儒學。而許衡、劉因,爲元初北方二大儒。

許衡,字仲平,號魯齋,河內人(今河南沁縣)。生當宋寧宗嘉定二年,卒於元世祖至元十八年(西元一二〇九至一二八一),七十三歲。許衡早年流離世亂,而好學不倦,後訪姚樞於蘇門山,抄取程朱遺書而讀之,遂成名儒。至元八年,以集賢大學士兼國子祭酒,成就甚衆。元初數十年中稱名卿材大夫者,大抵皆出其門。嘗云:「綱常不可亡於天下,苟在上者無以任之,則在下者之任也。」(註一六)

劉因,字夢吉,河北容城人,學者稱靜修先生。生當宋理宗淳祐九年,卒於元世祖至元三十年（西元一二四九至一二九三），四十五歲。少時爲訓詁疏釋之學，歎曰，聖人精義，殆不止此。後於趙江漢得周程邵張朱呂之書，始曰：我固謂當有是也。至元十九年，徵爲承德郎右贊善大夫，教近侍子弟，未幾，以母疾辭歸。二十八年，以集賢學士嘉議大夫召，固辭不就。劉因雖生於金亡後之十五年，但其先世仕於金，故哀金之詩甚多，雅不欲仕於元。初，許衡應召，過眞定，劉因謂之曰：「公一聘而起，無乃速乎？」答曰：「不如此則道不行」。後劉因不受集賢之命，或問之，乃曰：「不如此則道不尊」。（註一七）

二、南方民間之學

元時，北方官學尊程朱，而南方乃故宋之地，朱陸之學並行。元初，有金履祥隱居金華山中講學，以延朱子勉齋一脈（已見上第一節之二）。至於象山之學，雖爲官府所排斥，而民間陸學之緒，猶不泯焉。

吳澄，字幼淸，江西撫州崇仁人，學者稱草廬先生。生於宋理宗淳祐九年，卒於元順帝正統元年（西元一二四九至一三三三），八十五歲。草廬於度宗時擧鄉試。入元，程鉅夫（草廬同門友，双峯再傳）以侍御史求賢江南，起草廬至京師，以母老辭歸。武宗至大元年

（六十歲）召爲國子司業，首日，爲學者言：

「朱子於道問學之功居多，而陸子以尊德性之學為主。問學不本於德性，則其蔽必偏於言語訓釋之末，故學必以德性為本，庶幾得之。」

議者據此，遂以草廬爲陸氏學，不合許氏（衡）倡信朱子之意。草廬聞之，即日謝去。未幾，又以集賢直學士召，不果行。英宗即位，遷翰林學士，泰定元年爲經筵講官，請老而歸。考草廬仕爲學官，雖職名幾變，而爲時甚短，其一生講學之功，仍在民間。著有五經纂言（其中禮記纂言，成於晚年，故特爲精博）、草廬精語、文集，行於世。

草廬壽八十五，其一生三分之二在元朝，最爲元代大儒。黃百家云：「草廬從學於程若庸，爲朱子之四傳。考朱子門人多習成說，深通經術者甚少。草廬五經纂言，有功經術，接武建陽（指朱子），非北溪諸人可及也。」（註一八）然草廬嘗云：

「徒求之五經，而不反之吾心，是買櫝而棄珠也。不肖一生切切然惟恐墮此窠臼。學者來此講問，每令其主一持敬以尊德性，然後令其讀書窮理以道問學。有數條目警省

之語，又揀擇數件事，以開導學者格致之端。是蓋欲先反之吾心，而後求之五經也。」（註一九）

此則又是象山宗旨矣。草廬序象山語錄云：「道在天地間，古今如一，當反之於身，不待外求也。先生（指象山）之敎以是，豈不至簡至易而切實哉！不求諸己之身而求諸人之言，此先生之所大憫也。」草廬又嘗問學於程紹開，紹開與徐徑畈之弟子徐直方（古爲）爲同調。故草廬與陸學亦有淵源。紹開嘗築道一書院，以合朱陸兩家之說。草廬兼取朱陸，其亦紹開先啓之歟？

稍後於草廬，有陳苑中興陸學。苑字立大，江西上饒人，人稱靜明先生。生於宋理宗寶祐四年，卒於元文宗至順元年（西元一二五六至一三三〇），七十五歲。宋亡時，年二十餘，隱居不仕以終身。少時，得象山書讀之，喜曰：此豈不足以致吾知耶？又豈不足以力吾行耶？於是復求象山及其門人之書而講習之。時科擧方用朱子學，聞靜明之說者輒加譏毀，甚至有欲中傷之者，靜明誓以死而不悔，一洗訓詁支離之習，從之遊者，往往有省。從此，人始知有陸氏學。

靜明爲人，剛方正大，於人情物理，無不通練。浮沉里巷之間，而毅然以昌明古道爲己任。不苟是人之所是，亦不苟非人之所非。困苦終身，而拳拳於學術異同之辨，無千金之產、一命之責，而有憂天下後世之心。其高弟有祝蕃、李存、舒衍、吳謙，志同而行合，人稱江東四先生。（四人皆籍江西饒州。其時，玉山上饒一帶屬江南東道，故稱江東）。黃梨洲曰：「陸氏之學，流於浙東而江右反衰。至於有元，許衡趙復以朱氏學倡於北方，故士人但知有朱氏，而實非能知朱氏也，不過以科目爲資，不得不從事焉；則無人肯道陸氏學者，亦復何怪？陳靜明乃能獨得於殘編斷簡之中，興起斯文，豈非豪傑之士哉！」（註二〇）

後於靜明二十餘年，又有趙楷（寶峯），浙江慈溪人，讀楊慈湖遺書而有得，亦能發陸學之緒。至於慈湖四傳鄭玉（師山），安徽歙縣人，隱居不仕，日以著書爲事。其學由陸入朱，在元末頗有顯名。然元順帝至正十七年，朱元璋兵入徽州，欲致師山出，師山乃曰「吾豈事二姓者耶」？遂被執，次年，自縊而卒。師山既隱居，乃又心事元氏，竟固執所謂君臣名分，而不識民族大義，可謂迂陋矣。

附註

註一：見宋元學案卷六十二、西山蔡氏學案、蔡元定傳文。

註二：參看宋元學案卷六十二、蔡元定案後之附錄。

註三：見宋元學案卷六十三、勉齋學案附錄、黃百家案語引述。

註四：請參看上第四章附錄「大學分章之研究」第三段第二節。

註五：引見宋元學案卷六十八、北溪學案、北溪語錄。

註六：宋元學案卷八十一、西山眞氏學案傳後，黃百家案語。

註七：宋元學案八十六、東發學案傳後，黃百家案語。

註八：引見東發學案傳後，附錄全謝山澤山書院記。

註九：宋元學案卷七十四、慈湖學案、黃宗羲案語。

註一〇：引見慈湖學案、附錄。

註一一：引見宋元學案卷七十五、絜齋學案所錄粹言。

註一二：宋元學案卷七十六、廣平定川學案、定川案後，黃宗羲案語。

註一三：宋元案卷七十七、槐堂諸儒學案、傅夢泉案後、黃定羲案語。

註一四：上引四明、嚴陵爲陸氏學者，皆見宋元學案七十四、慈湖學案。

註一五：徐徑畈與下述謝疊山，皆宋元學案卷八十四、存齋晦靜息庵學案。

註一六：以上參見宋元學案卷九十、魯齋學案。

註一七：引見宋元學案卷九十一、靜修學案、附陶宗儀輟耕錄語。

註一八：宋元學案卷九十二、草廬學案，黃百家案語。

註一九：見草廬學案、草廬精語。

註二〇：見宋元學案卷九十三、靜明寶峯學案，黃百家案語。

附錄一

兩宋諸儒姓字年籍及其學統系別簡表

宋元學案各學案案首，皆表列各家之門人後學，及其學侶、講友、同調，學者稱便。然觀其所錄，大體只重師承之迹，而於義理系別與精神學脈之承續，則亦有未甚妥當者。茲爲求簡明，特分製爲甲乙二表，一以載其姓字年籍，一以明其學統系別。意在利便初學，未能詳備。

甲、姓字年籍簡表

此表所列，大體以本書北宋篇與南宋篇所曾述及，而又關乎學脈之傳衍者爲限。故於學派分系之前較略，而於南宋分系之後則稍詳。

姓名	字	號（謚）	籍貫	生卒年	西元	年壽	備考
范仲淹	希文	文正	江蘇吳縣	宋太宗端拱二年生 宋仁宗皇祐四年卒	九八九一〇五二	六四	宋學之起，范文正公頗有獎掖提倡之功。
孫復	明復	泰山	山西平陽	宋太宗淳化三年生 宋仁宗嘉祐二年卒	九九二一〇五七	六六	
胡瑗	翼之	安定	江蘇如臯	宋太宗淳化四年生 宋仁宗嘉祐四年卒	九九三一〇五九	六七	
石介	守道	徂徠	山東奉符	宋眞宗景德二年生 宋仁宗慶曆五年卒	一〇〇五一〇四五	四一	與胡安定、孫泰山合稱宋初三先生。
邵雍	堯夫	康節	河北范陽	宋眞宗大中祥符四年生 宋神宗熙寧十年卒	一〇一一一〇七七	六七	爲宋學別派。

周敦頤	茂叔	濂溪	湖南道縣	宋眞宗天禧元年生 宋神宗熙寧六年卒	一〇一七 一〇七三	五七	爲宋明理學之開山。
張載	子厚	橫渠	陝西鳳翔	宋眞宗天禧四年生 宋神宗熙寧十年卒	一〇二〇 一〇七七	五八	
呂大鈞	和叔		陝西藍田	宋仁宗天聖八年生 宋神宗元豐四年卒	一〇三〇 一〇八一	五二	
程顥	伯淳	明道	河南洛陽	宋仁宗明道元年生 宋神宗元豐八年卒	一〇三二 一〇八五	五四	
程頤	正叔	伊川	河南洛陽	宋仁宗明道二年生 宋徽宗大觀元年卒	一〇三三 一一〇七	七五	
呂大臨	與叔		陝西藍田	約生於宋仁宗慶曆初 卒於宋哲宗元祐四年後	一〇四四 一〇九〇	四七	二程門人李端伯卒於元祐四年，而與叔之卒在其後。
謝良佐	顯道	上蔡	河南上蔡	宋仁宗皇祐二年生 宋徽宗崇寧二年卒	一〇五〇 一一〇三	五四	
楊時	中立	龜山	福建將樂	宋仁宗皇祐五年生 宋高宗紹興五年卒	一〇五三 一一三五	八三	
游酢	定夫	廌山	福建建陽	宋仁宗皇祐五年生 宋徽宗宣和五年卒	一〇五三 一一二三	七一	
尹焞	彥明	和靖	河南洛陽	宋神宗熙寧四年生 宋高宗紹興十二年卒	一〇七一 一一四二	七二	
羅從彥	仲素	豫章	福建南劍	宋神宗熙寧五年生 宋高宗紹興五年卒	一〇七二 一一三五	六四	
朱震	子發		湖北荊門	宋神宗熙寧五年生 宋高宗紹興八年卒	一〇七二 一一三八	六七	
胡安國	康侯	文定	福建崇安	宋神宗熙寧七年生 宋高宗紹興八年卒	一〇七四 一一三八	六五	
李侗	愿中	延平	福建南劍	宋哲宗元祐八年生 宋孝宗隆興元年卒	一〇九三 一一六三	七一	與楊龜山、羅豫章合稱南劍三先生。
胡寅	明仲	致堂	福建崇安	宋哲宗元符元年生 宋高宗紹興二六年卒	一〇九八 一一五六	五九	

胡宏	仁仲	五峯	福建崇安	宋徽宗崇寧四年生 宋高宗紹興三一年卒	一一〇五 一一六一	五七	據鄭騫宋人生卒年考示例。
吳翌	晦叔	澄齋	福建建寧	宋高宗建炎三年生 宋孝宗淳熙四年卒	一一二九 一一七七	四九	
朱熹	元晦 仲晦	晦庵 晦翁	安徽婺源	宋高宗建炎四年生 宋寧宗慶元六年卒	一一三〇 一二〇〇	七一	
陸九齡	子壽	復齋	江西金谿	宋高宗紹興二年生 宋孝宗淳熙七年卒	一一三二 一一八〇	四九	
張栻	敬夫	南軒	四川緜竹	宋高宗紹興三年生 宋孝宗淳熙七年卒	一一三三 一一八〇	四八	
蔡元定	季通	西山	福建建陽	宋高宗紹興五年生 宋寧宗慶元四年卒	一一三五 一一九八	六四	
胡實	廣仲		福建崇安	宋高宗紹興六年生 宋孝宗乾道九年卒	一一三六 一一七三	三八	
呂祖謙	伯恭	東萊	浙江金華	宋高宗紹興七年生 宋孝宗淳熙八年卒	一一三七 一一八一	四五	
陳傅良	君舉	止齋	浙江瑞安	宋高宗紹興七年生 宋寧宗嘉泰三年卒	一一三七 一二〇三	六七	
陸九淵	子靜	象山	江西金谿	宋高宗紹興九年生 宋光宗紹熙三年卒	一一三九 一一九二	五四	
楊簡	敬仲	慈湖	浙江慈溪	宋高宗紹興十一年生 宋理宗寶慶二年卒	一一四一 一二二六	八六	
陳亮	同甫	龍川	浙江永康	宋高宗紹興十三年生 宋光宗紹熙五年卒	一一四三 一一九四	五二	
袁燮	和叔	絜齋	浙江鄞縣	宋高宗紹興十四年生 宋寧宗嘉定十七年卒	一一四四 一二二四	八一	
葉適	正則	水心	浙江永嘉	宋高宗紹興二〇年生 宋寧宗嘉定十六年卒	一一五〇 一二二三	七四	
傅夢泉	子淵	曾潭	江西南城				子淵生卒不可考，約少於象山十餘歲。

黃榦	直卿	勉齋	福建閩縣	宋高宗紹興二二年生 宋寧宗嘉定十四年卒	一一五二 一二二一	七〇	
陳淳	安卿	北溪	福建龍溪	宋高宗紹興二三年生 宋寧宗嘉定十年卒	一一五三 一二一七	六五	
蔡沈	仲默	九峯	福建建陽	宋孝宗乾道三年生 宋理宗紹定三年卒	一一六七 一二三〇	六四	
眞德秀	景元	西山	福建浦城	宋孝宗淳熙五年生 宋理宗端平二年卒	一一七八 一二三五	五八	
魏了翁	華父	鶴山	四川蒲江	宋孝宗淳熙五年生 宋理宗嘉熙元年卒	一一七八 一二三七	六〇	
何基	子恭	北山	浙江金華	宋孝宗淳熙十五年生 宋度宗咸淳四年卒	一一八八 一二六八	八一	
王柏	會之	魯齋	浙江金華	宋寧宗慶元三年生 宋度宗咸淳十年卒	一一九七 一二七四	七八	
湯漢	伯紀	東澗	江西上饒	生年不詳 卒於度宗咸淳間			東澗年輩約與王柏同時
徐霖	景說	徑畈	西安	生年不詳 卒於理宗寶祐間			徑畈與東澗同門，而早卒十年許。
黃震	東發	文潔	浙江慈溪				東發卒於宋亡之時，其生年或略早於王應麟。
王應麟	伯厚	深寧	浙江鄞縣	宋寧宗嘉定十六年生 元成宗元貞二年卒	一二二三 一二九六	七四	
謝枋得	君直	疊山	江西弋陽	宋理宗寶慶二年生 元世祖至元二六年卒	一二二六 一二八九	六四	
金履祥	吉甫	仁山	浙江蘭谿	宋理宗紹定五年生 元成宗大德七年卒	一二三二 一三〇三	七二	
文天祥	宋瑞	文山	江西吉水	宋理宗端平三年生 元世祖至元十九年卒	一二三六 一二八二	四七	

姓名	字	號	籍貫	生卒	西元	年壽	備註
趙復	仁甫	江漢	湖北德安				北方程朱學，乃江漢所傳。其生卒年不可詳考。
許衡	仲平	魯齋	河南沁縣	生當宋寧宗嘉定二年卒於元世祖至元十八年	一二〇九—一二八一	七三	
劉因	夢吉	靜修	河北容城	生當宋理宗淳祐九年卒於元世祖至元三〇年	一二四九—一二九三	四五	
吳澄	幼清	草廬	江西崇仁	宋理宗淳祐九年生元順帝正統元年卒	一二四九—一三三三	八五	
陳苑	立大	靜明	江西上饒	宋理宗寶祐四年生元文宗至順元年卒	一二五六—一三三〇	七五	西元一二七九年，帝昺死，宋亡。

乙、學統系別簡表

一、北宋前三家與伊川之轉向

周濂溪——默契道妙，豁醒儒家形上之智慧
張橫渠——思參造化，天道性命貫通而爲一
程明道——盛言一本，完成儒家圓教之模型

} 北宋前三家
- 有義理之發展
- 無義理之分系

其義理之開展，是由中庸易傳之言天道誠體回歸於論孟之言仁與心性

至「程伊川」而有義理之轉向，乃開啓宋明儒思想系統分化之機

二、洛學南傳之線索

龜山閩中系：楊龜山——羅豫章——李延平（開出超越的逆覺體證之工夫入路）

上蔡湖湘系：謝上蔡……胡安國——胡五峯（開出內在的逆覺體證之工夫入路）

三、南宋理學之分系

五峯系——承北宋前三家而開出「以心著性」的義理間架

朱子系——單繼承程伊川，其大宗之地位，乃是繼別爲宗

象山系——直承孟子，挺顯「即心即性即理」的心學系統

- （伊川）朱子系——爲橫攝系統（對先秦儒家而言，有轉向與歧出）
- 象山（陽明）系
- 五峯（蕺山）系

象山（陽明）系、五峯（蕺山）系——同爲縱貫系統（對先秦儒家而言，乃調適而上遂）

四、兩宋諸儒師承及其傳衍

(1)關學：橫渠門人

- 呂大忠晉伯
- 呂大鈞和叔
- 呂大臨與叔
- 蘇　昞季明
- 范　育巽之

——橫渠卒後，皆遊學於二程之門

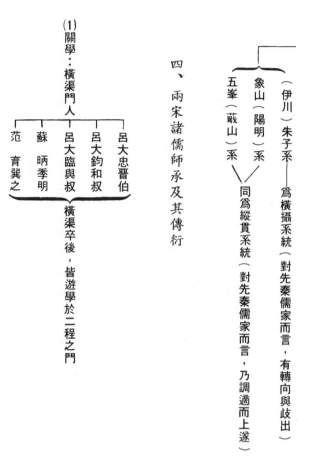

(2) 洛學：二程門人

- 劉 絢質夫
- 李 籲端伯
  - 二人爲二程早期弟子，惜皆年壽不永
- 謝良佐上蔡
- 楊 時龜山
  - 二人最爲二程大弟子，皆能延續學脈之傳（見上表二）
- 游 酢定夫
- 伊 焞和靖—不及師明道，學於伊川

(3) 湖湘學

- 謝上蔡
  - - - 胡安國
    - 胡 憲籍溪（朱子早年嘗秉父遺命，從籍溪遊）
    - 胡 寅致堂
    - 胡 寧茅堂
    - 胡 宏五峯
      - 胡 實廣仲
      - 胡大原伯逢
      - 吳 翌晦叔
      - 張 栻南軒（號爲湘學，實墮湖湘學統）

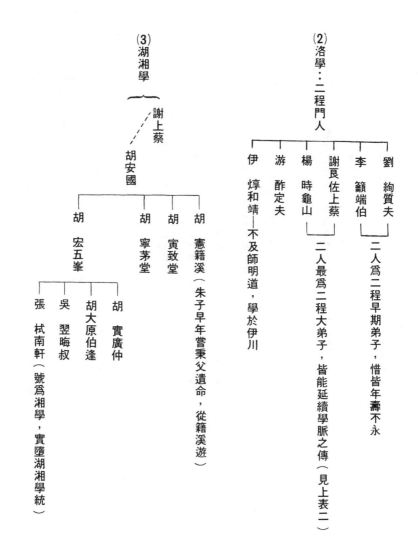

(4) 閩學

- 楊　時龜山
- 羅從彥豫章
- 李　侗延平

（楊時、羅從彥、李侗）三代一線相承，而結穴於李延平——可曰前期閩學

- 朱子師事李延平
  - 但未繼承延平之路而發展
  - 乃直承伊川之路而貫徹之

可曰新閩學（朱子學）

(5) 朱子一系

- 蔡元定西山—蔡　沈九峯（與父兄同師朱子）
- 黃　榦勉齋
  - —何　基北山—王　柏魯齋—金履祥仁山（三傳得方孝孺）
  - —饒　魯雙峯—程若庸徽庵—吳　澄草廬（其學兼取朱陸）
- 輔　廣漢卿（三傳有黃東發）
- 李　燔宏齋
  - （輔廣、李燔）——魏了翁鶴山
- 詹體仁元善—眞德秀西山（再傳有王應麟）
- 陳　淳北溪
- 歐陽謙之……歐陽守道巽齋—文天祥文山

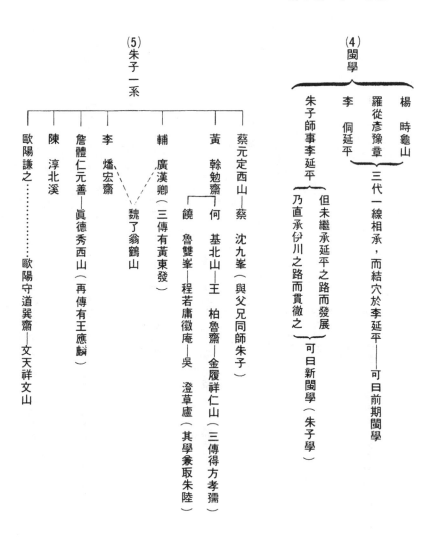

(6) 象山一系

- 楊　簡慈湖
  - 史彌鞏獨善（王應麟亦其再傳）
  - 錢　時融堂—夏希賢自然—夏　溥大之
- 袁　燮絜齋—袁　甫蒙齋（亦從學於慈湖）
- 傅夢泉子淵……陳　苑靜明（中興陸學）
- 傅子雲季魯
- ……湯　巾晦靜
  - 湯　漢東澗
  - 徐　霖徑畈—謝枋得疊山

(7) 浙學

- 金華學派：呂祖謙東萊（究心於文獻，頗重史學）
- 永嘉學派：
  - 薛季宣士龍
  - 陳傅良君舉
  - 葉　適水心
  - 倡言經制事功
- 永康學派：陳　亮同甫（主義利雙行，王霸並用）

浙學所論重在外王事功
乃關於歷史文化之問題

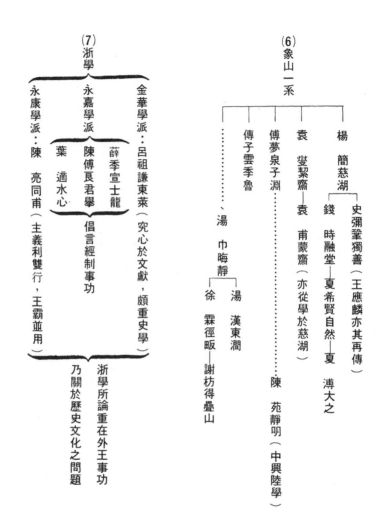

附錄二

南宋理學三大系

甲、緒論

(一)

平常講宋明理學，都知道有程朱、陸王兩系。一般又稱程朱一系爲理學，陸王一系爲心學。大家亦知道有所謂朱陸異同，一個道問學，一個尊德性，一個說性卽理，一個說心卽理。但對其中的義理關節，却只能說一些浮泛的話，而不能作確定的判斷與分疏。至於這六百年學術發展中曲曲折折的內容，更很少有人去作深入的理解。一句「朱子集北宋理學之大成」

的空泛籠統之言，便使得北宋理學步步開展的義理關節，普遍而長久地受到輕忽；再一句「陽儒陰釋」的顢頇語、鶻突話，更把宋明儒者的心血精誠混抹了。一般對宋明理學的了解，大體都停在恍惚浮泛的層次。數十年來。雖有二三師儒提撕點示，亦時有開光醒目之言，但眞正能通貫六百年的學術，而確定其義理綱維，釐清其思想脈絡的，則自牟宗三先生之「心體與性體」一書始。

牟先生以八年之心血，疏導這一期的學術，實在煞費工夫。先擺開文獻材料，找出其中的綫索，鈎出各家的眉目，比觀對照，不存成見，反覆再三，才漸漸見出其義理之必然歸趨。最後，確定北宋之周濂溪、張橫渠、程明道、程伊川，南宋之胡五峯、朱子、陸象山，明代之王陽明、劉蕺山等九人，乃是宋明理學之綱柱。這九人前後互相勾連，在義理問題的發展上，是相銜接、相呼應的。

北宋諸儒，上承儒家經典本有之義，以開展他們的義理思想，其步步開展的理路，是由中庸、易傳之講天道誠體，回歸到論語孟子之講仁與心性，最後才落於大學講格物窮理。所以他們的義理系統之開展，實繫於對道體性體的體悟。

周濂溪首先「默契道妙」，豁醒了儒家形上的智慧。張橫渠進而貫通天道性命，直就道體說性體；而且對論語之仁與孟子之心性，亦已有了相應之了解。到了程明道，以其圓融之智慧，盛發「一本」之論，客觀面的天道誠體，與主觀面的仁與心性，皆充實飽滿而無虛歉，兩面直下通而爲一，卽心卽性卽天，而完成了內聖圓教之模型。濂溪、橫渠、明道，這北宋前三家所體悟的道體、性體，以至仁體、心體，皆（1）靜態地爲本體論的「實有」，（2）動態地爲宇宙論的生化之理，（3）同時亦卽道德創造之創造實體。所以，它既是理，同時亦是心，亦是神，因而是「卽存有卽活動」者（活動，是就其能引發氣之生生、有創生性而言）。

二程兄弟一起講學之時，主要觀念皆發自明道。明道卒後，其弟伊川有二十年獨立講學之時間，乃順着他自己質實的直綫分解的思考方式，而將道體性體皆體會爲「只是理」。既然「只是」理，便表示它不是心，不是神，亦不能在此說寂感；道體的「神」義與「寂然不動、感而遂通」義既已脫落，則道體便成爲「只存有」而「不活動」的理，而本體宇宙論的的創生義，遂泯失而不可見。講道體是如此，講性體亦然。伊川又將孟子「本心卽性」析而爲心性情三分，性只是形上之理，心與情則屬於實然的形下之氣。理上不能說活動，活動義落在氣（心情）上說。於是性體亦成爲「只存有」而「不活動」。由於伊川對「道體、性體」的體會有偏差，乃形成義理之轉向。

但此一轉向，在伊川却是不自覺的，二程門人亦並沒有順着伊川之轉向而趨，而南宋初期之胡五峯，亦只上承北宋前三家之理路發展，而開出「以心著性、盡心成性」的義理間架。到此爲止，伊川的轉向還只是一條伏綫。但到朱子出來，因爲他的心態同於伊川，乃自覺地順成了伊川之轉向，而另開一系之義理。接着，陸象山直承孟子而與朱子相抗。於是朱子、象山，加上五峯之湖湘學，便形成三系之義理。到了明代，王陽明呼應象山，劉蕺山呼應五峯，宋明理學之義理系統，乃全部透出而完成。（用今語來說，這是表示一個「道德的形上學」之充分完成。）

周濂溪——默契道妙，豁醒儒家形上之智慧
張橫渠——思參造化，天道性命貫通而爲一
程明道——盛言一本，完成儒家圓教之模型

北宋前三家：有義理之開展；無義理之分系

至程伊川，乃有義理之轉向，而開啟宋明理學思想系統分化之機

(二)

根據以上的叙述與疏導，可知只分程朱、陸王二系，並不能彰明學術之實，亦不能窮盡義理之全。一則平常所謂「程朱」，實指伊川與朱子，明道的顯赫地位，反而成爲無足輕重，此大不可。「程朱」一詞既不足以概括明道，當然名實不符。二則明道「卽心卽性卽天」，其學可講性卽理，亦可以講心卽理；而伊川朱子則不能講心卽理（因爲心是實然的心，屬於氣）。因此，將明道與伊川朱子合爲一系，在義理上是有刺謬的。三則胡五峯之湖湘學，實承北宋前三家而發展，可算北宋儒學之嫡系；其「以心著性、盡心成性」之義理間架，在儒家思想中有本質上的必然性與重要性。所以五百年後，劉蕺山猶然呼應此形著義，而完成宋明理學最後之結穴。

以是，牟先生乃作如此之判定：

北宋前三家，濂溪、横渠、明道爲一組，此時未分系。以下伊川朱子爲一系，象山陽明爲一系，五峯蕺山爲一系。後兩系到究極處可以合爲一大系（但亦須分別作獨立之了解），至於此合成之大系如何再與伊川朱子系相通，則是另外一個問題。在此，我們只能說：這三系都是在一道德意識之下，以心體與性體爲主題，而完成的一個「內聖成德之學」的大系統。——牟先生如此分判，並非先有預定，乃在層層之釐清中，一步步逼顯而至的。而其逼顯而釐清的重要關節，是在二程與朱子：

（一）明道在宋明儒中是一大家，有極其顯赫之地位。但據宋元學案之明道學案，實在看不出明道學問之眞面目，而二程遺書又多半沒有注明那些爲明道語，那些爲伊川語。對於二程究將如何加以鑑別？牟先生斟酌再三，決定：（1）以二程性格之不同爲起點，（2）以遺書中劉質夫所錄明道語四卷爲標準，（3）以二先生語（遺書前十卷）中少數標明爲明道語者爲軌約。依此三點以確定出鑑別明道智慧的綫索，又經反覆抄錄對勘，最後將明道語錄類編爲八篇（天道、天理、辨佛、一本、生之謂性、識仁、定性、聖賢氣象），而挺顯了明道的義理綱維。

（二）明道清楚了，伊川亦隨之而清楚，所以亦類編爲八篇（理氣、性情、氣稟、才性、論心、中和、居敬集義、格物窮理），使伊川之思路朗然可見。而其所以有義理之轉向，亦遂確然而可辨。

（三）朱子文獻最多，但其思想之認眞建立和他眞正用功的重點，是中和問題的參究，接下來又有「仁說」的討論，這都是在他自己苦參以及和五峯門下論辯的過程中，逐步明朗出來。牟先生卽依據這個綫索，以釐定朱子學的綱領脈絡。朱子對於二程常不作分別，他把二程只做一程看。而朱子較爲明確的觀念，幾乎都來自伊川，對於明道之言，則總說渾淪、太高、學者難看，實際上是表示不滿。所以明道在朱子心中並不佔重要地位（朱子當然亦推尊明道，但說的却是些與義理綱領不相干的話）。他所謂程子、程夫子、程先生，大體指伊川而言。事實上他只繼承伊川一人，根本不繼承明道。他對濂溪、橫渠雖加推尊，亦講述二人的文獻，但在重大的義理關節上則並不相應。因此，所謂「朱子集北宋理學之大成」，實在只是後人不明學術之實的空泛之言。朱子的偉大，並不在於集什麼之大成，而在於他思理一貫，能獨立開闢一個義理系統。

(三)

二程與朱子既已釐清而確定，其他的問題便易於解答。例如：朱子何以對濂溪、橫渠未能有眞實相應之了解？何以對明道無所契會？何以反對謝上蔡以「覺」訓「仁」？何以批駁五峯門人並對五峯之「知言」作八端致疑？又何以不能正視象山之孟子學，反而攻其爲禪？朱子何以有這許多隔閡異議與誤失？其實，朱子本人的思想很清澈而一貫，又精誠而用功，他不會有很多誤失。朱子的差失或不足處，主要只在他順承伊川之轉向，而對道體性體之體會有偏差。

朱子把道體與性體體會爲「只存有而不活動」。（1）道體方面體會爲理氣二分，道體只是理，而寂感、心、神皆屬於氣；（2）在心性方面，心與性爲二，性卽是理，而心屬於氣，故心與理亦爲二。以是，他所不解、誤解而加以反對的，都是將道體、性體、心體、仁體、體會爲「卽存有卽活動」者。換言之，凡是屬於本體宇宙論的「立體直貫型」的義理，朱子皆不能欣賞而一律加以揮斥。由於對道體性體以及仁體心體之體會有不同，在道德實踐上，亦遂脫離宋明儒大宗的「逆覺體證」之路，而繼承伊川「涵養須用敬，進學則在致知」二語，開出了「靜養動察」「卽物窮理」的工夫格局。

由於朱子廣泛的講論，使得在他之前的如北宋諸儒，以及和他同時的如象山與五峯之門人，都和他發生關涉；在他之後的如王陽明，則出而反對他（這亦是關涉）。所以，朱子不但是宋明儒學之重鎭，而且是一個四戰之地，使他成爲義理問題的中心或焦點。但是，「以朱子爲中心，可；以朱子爲標準，則不可」。但自元明以來，朱子之權威日漸形成，至於清代而益厲。於是，天下人甚至「輕於叛孔而重於背朱」（借陽明語），這都是以朱子為標準之過。結果是，人人述朱而不得朱子學之實義，人人尊朱而不識朱子學之眞價值。連帶的對全部宋明理學，亦少有相應之認識。三百年來，宋明理學之所以難索解人，這亦是一大關鍵所在。

以上的叙述，意在對牟先生「心體與性體」一書疏導宋明六百年學術之關節，作一簡略的介紹。下文「本論」，將扼要地論述南宋理學三大系之義理綱脈。

乙、本論

程氏門下有二位大弟子，一是謝上蔡，一是楊龜山。二程的伊洛之學，經由他們二人傳到南宋，而形成閩中之學與湖湘之學二大支：

龜山閩中一系：楊龜山——羅豫章——李延平（開出超越的逆覺體證之工夫入路）
上蔡湖湘一系：謝上蔡……胡安國——胡五峯（開出內在的逆覺體證之工夫入路）

龜山、豫章、延平，皆福建南劍州人，三代學脈一綫相傳，人稱南劍三先生。黃梨洲說龜山門下，豫章最無氣燄，而傳道卒賴之。又引其師劉蕺山之言曰：「學脈甚微，不在氣魄上承當。證之豫章而益信。」豫章從遊龜山，摳衣侍席二十餘年，推硏義理，必欲到聖人止宿處。他敎人最切要的工夫，卽是於靜中看喜怒哀樂未發時作何氣象。這靜復以見體的體證工夫，是豫章眞得力處。延平二十四歲從學於豫章，自後家居四十餘年，簞瓢屢空，怡然自適。延平之學，亦以「觀喜怒哀樂未發之大本氣象」爲入道之方。黃梨洲以爲這是「明道以來，下及延平，一條血路」。朱子亦說「此乃龜山門下工夫指訣」。（按，胡安國曾說，龜山之見在中庸，並指說這是「自明道先生所授」。）朱子二十四歲初見延平，二十九歲再一見，三十一歲始正式受學，又三年而延平卒。延平不講學、不著書，賴朱子之扣問，錄爲「延平答問」，其學始見知於世。但朱子後來終於直承伊川而另走蹊徑，對於延平之學實不相契。論者雖說「龜山三傳而得朱子，而其道益光」，實則，龜山閩中一系，只到延平而止。朱子既云「羅先生之說，終恐有病」，於延平之敎，亦謂偏於靜而表示不滿，對龜山與上蔡亦時有微詞，於明道雖加推尊，而又說其言渾淪太高。他眞能契切於心而無不愉悅的，只伊川一人而已。所以朱子實只承接伊川而光大之。朱子學之博大，直曰「朱子學」可耳。不必目之爲「閩學」。龜山一系不必有朱子而始立，朱子亦不必附於龜山豫章延平之門而始大

（朱子當然是延平弟子，此處只專就義理之脈傳而言）。伊川朱子是一系，而龜山南劍一支，實屬明道一脈。故南宋閩學，直歸之龜山豫章延平，可也。（至少吾人須知，前期閩學之學脈徑路，與朱子之新閩學不同，未可一概而觀。）

謝上蔡任湖北應城知縣時，胡安國任湖北提舉。安國尊師道，特請龜山寫一介紹書，以高位修後進之禮與上蔡相見而問學。此後，並常有書信往返。故安國之學「得於上蔡爲多」。胡安國以春秋學顯名於世，對於洛學而言，他的功績是在學脈之護持與承續。而眞能消化北宋諸儒之學而有所發明的，是安國的季子胡宏（五峯）。五峯年少時，曾隨長兄致堂（胡寅）問學於龜山，後數年，二程門人侯仲良避亂荊州，五峯又奉父命從之遊，這是他早年與洛學的直接淵源。後來他優遊衡山二十餘年，「玩心神明，不舍晝夜，卒開湖湘學統」。五峯「知言」一書，確能上承北宋前三家之規範而繼續開發，對於明道「識仁」之旨，體之尤爲眞切。故曰「欲爲仁，必先識仁之體」，「一有見焉，操而存之，存而養之，養而充之，以至於大，大而不已，與天同矣。此心在人，其發見之端不同，要在識之而已」。就良心發現之端而警覺之，這正是逆覺體證的工夫。從逆覺體證之充盡上，以彰顯仁心之本來如此的眞體，則其永恒遍在，與天同矣。人能彰顯仁心眞體，便是仁者，便是大人。明道云：「學者須先識仁，仁者渾然與物同體」，五峯承之，而從逆覺體證以言「識仁之體」，亦可說是善於紹述了。五峯門人胡廣仲、胡伯逢等，對上蔡「以覺訓仁」之義，亦頗有發明，可見明道上蔡言仁之旨，甚爲湖湘學者所尊重。

洛學南傳，分二支結集於延平與五峯，二人皆精要中肯，而能開出確定的工夫入路。延平主靜坐以觀喜怒哀樂未發前之大本氣象，是「超越的逆覺體證」；這是靜復以見體，是「愼獨」工夫所必函者。五峯就良心發見處直下體證而肯認之以爲體，是「內在的逆覺體證」；這是順孟子「求放心」與明道「識仁體」之路而來。靜坐以與現實生活隔離一下，此步隔離，卽是超越；不隔離現實生活而「當下卽是」，此便是內在。超越之體證與內在之體證，同是逆覺的工夫，亦可以說是「逆覺」的兩種形態。

依於此一叙述，可知五峯之學，實承北宋前三家而開出，朱子則捨前期閩學而繼承伊川，另有江西方面的陸象山，則直承孟子而自開宗派。因此，南宋的學統，應該列爲三系：程明道開胡五峯，程伊川開朱子，而陸象山則是孟子學。

五峯系——承北宋前三家而開出「以心著性」的義理間架
朱子系——只繼承程伊川，其大宗之地位，乃是繼別爲宗
象山系——直承孟子，挺顯「卽心卽性卽理」的心學系統

（伊川）朱子系——爲橫攝系統（對先秦儒家而言，有轉向與歧出）
象山（陽明）系
五峯（蕺山）系
同爲縱貫系統（對先秦儒家而言，乃調適而上遂）

一、胡五峯消化北宋之學，開出湖湘學統

宋室南渡，第一個消化北宋之學的大家，是胡五峯（約當西元一一〇五至一一六一）。他的思想具見於「知言」一書。呂祖謙說「知言勝似正蒙」。這話或者推許過當，知言自不如張子正蒙之沉雄弘偉，但就思理之精微扼要而言，亦實有過於正蒙之處。胡子知言一書，確能上承北宋前三家之義理而續有開發。其論道、論性、論心、論仁，亦皆精要而肯當。

（1）五峯說：「道充乎身，塞乎天地，存乎飮食男女之事。」這表示，道無所不在，而亦不離事而存在。所以必須卽事以明道，亦卽以現實的人事（生活）作爲道德實踐的起點

與落點。縱然是飲食男女之事，只要「接而知有禮，交而知有道」，就實然之事以「敬」其當然之理（生之理、保合性命之理），便可以得性命之正。所以說，夫婦之道，「以淫欲爲事」便是人欲，「以保合爲義」便是天理。

（2）道之體，曰「性」。性，是於穆不已、淵然有定向的奧體，它超越善惡的對待相，是絕對至善的形上實體。所以說「萬物皆性所有」，「性」爲「天下之大本」，爲「天地之所以立」，爲「天地鬼神之奧」。性體是實有，它所顯發的乃是實理、天理，而不是佛家所說的空理、空性。所以又說：「有而不能無者，性之謂歟！」

（3）道之用，曰「心」。這是從道之活動義說心。此活動義亦卽心之自覺義、寂感神用義。如果「以形觀心」，心便是形氣之心，是實然的經驗之心，這種心的存亡，繫屬於個體的生滅。而「以心觀心」，則心是靈明之心，是道德的本心。道德本心具有「絕對普遍性」與「永恒無盡性」，所以沒有出入、存亡、生死之可言。推廣而順通其用，便能「體物不遺」而無一物之能外，這亦就是明道所謂「只此便是天地之化」的意思。

（4）性是自性原則，亦是客觀性原則；心是形著原則，亦是主觀性原則。以性爲尊，以心爲貴。性之所以爲尊，是因爲它是絕對至善的形上實體；心之所以爲貴，是因爲它能形著性。所謂「心也者，所以知天地宰萬物以成性者也」，意卽表示性之成，有賴於心之形著。

如果只有自性原則而沒有形著原則，則性便只潛隱自存，它自身並不能彰顯它自己而眞實化具體化。五峯以心與性相對而言，便是要顯示心的形著之用，亦是要明示：性，是具體而眞實的性。

（5）性因心之形著而彰顯，於是，心體全幅朗現，性體全體明著，主觀面的心與客觀面的性，遂通而爲一。「仁」，就是這「心性通而爲一」的心性之「實」。而「盡心以成性」的道德實踐，亦就是實現仁道於天下。所謂「聖人傳心，敎天下以仁」，卽是表示：以仁爲宗，以心爲用（形著之用），而不空言天道。

（6）五峯本於明道「識仁」之旨，而言「欲爲仁，必先識仁之體」的逆覺工夫，乃是當下呈現本心仁體的本質之關鍵，亦是自覺地作道德實踐的最爲本質的工夫。

以上是對胡子「知言」大義之簡括，而構成其義理間架的中心義旨是「以心著性」。凡由中庸易傳之講道體性體而回歸到論孟之講仁講心，當回歸之後，便必須對超越的道體性體有一步回應，這步回應便是「形著」——以心來形著性（天）。因着內在主觀面的心之形著，那客觀面的潛隱自存的性（天命之謂性），乃能在生命中呈現而得其具體化與眞實化。在宋明儒中，只要是從「於穆不已」之體言性、而回歸於論孟之仁與心，則此「形著義」便成義理之必然，而且亦最易於想及此形著義。前於五峯之張橫渠，已言及「心能盡性」，又屢次說到「成性」義；五峯承之，而言盡心以成性、以心著性；而後於五峯之劉蕺山亦眞切地言形著義（如云：性非心不體也。又云：此性之所以爲上，而心其形之者歟）。然則濂溪、明道何以不言此形著義？曰：濂溪時當初創，只集中於「默契道妙」，還沒有涉及如此之廣；明道則達於圓熟，他盛言圓頓之一本，已經跨過此義，而此義亦未嘗不隱含其中也。

至於伊川朱子與象山陽明亦不言此形著義，則另有故。（1）伊川與朱子不言，而朱子且對五峯之說有誤解，是由於系統之異。伊川朱子將道體性體皆體會爲「只是理」，而心義、神義、寂感義則全脫落而屬於氣；心與性析爲形上形下之兩層，如此，自不易接納「盡心以成性」、「以心著性」之義。（2）象山陽明不言，是因爲純從孟子入，其學只是一心之朗現與申展，所以不必言此形著義。但在以中庸易傳爲首出、而將道體性體體悟爲「卽存有卽活動」的系統中，「盡心成性、以心著性」之義，却有其本質性、恰當性、與警策性。所以此「形著」之義，實乃五峯上承北宋前三家、由中庸易傳回歸於論語孟子而消化成的義理間架，是值得珍視而不容忽略的。

但五峯湖湘之學，一傳而衰。筆者嘗考其故，以爲不外下列五端：

一、五峯卒時（姑以紹興三十一年爲準），其門人年歲可考者，如胡廣仲年方二十六歲，張南軒二十九歲，吳晦叔三十三歲。一般學者思想之成熟，總在四十以後。而就上舉三人的年歲看，當五峯謝世之時，他們的學問大體尙未成熟，而鍛鍊之功亦可能有所不足，對於弘揚師門學術，恐難免力不從心。

二、五峯門下，除張南軒外，大多潛隱湖湘講學，少與各方學者通聲氣；而南宋時代的湖南，亦不算學術之區，所以五峯門下的衡麓講學，影響不大。

三、五峯卒後，張南軒儼然爲同門領袖。但南軒並不眞切了解五峯學之義路，他不但不能守護師門之學，而且隨順朱子之意，說知言書中，某處「爲病矣」，某處「誠爲未當」，某處「不必存」，某處「當悉删去」，實則朱子對知言之八端致疑，幾乎無一相應，而南軒竟隨人脚根，評議師書，可謂不肖矣。

四、胡廣仲、胡伯逢、吳晦叔，雖堅守師說，紛紛與朱子南軒辯論，但他們之學力既皆不如朱子，而又享年不永（廣仲三十八、早朱子二十七年卒，晦叔四十九、早朱子二十三年卒，南軒四十八、亦早朱子二十年卒），未能繼續發明師說，所以終爲朱子所貶壓。

五、湖湘學者雖遭朱子駁斥，却並未服輸，並不表示他們論點站不住。但一則僻處湘衡，聲光不顯，而雙方又只是書信往返以致辯，他們的論點與立場，局外者鮮有知聞。二則在雙方論辯之時，陸象山已崛起江西，成爲朱子最大之論敵，而廣仲與晦叔卒時前後，朱子與象山且有鵝湖之會，此後，天下耳目爲「朱陸異同」所吸引，而湖湘之學便從此寂然隱沒了。

二、朱子貫徹伊川之轉向，完成一系義理

朱子（西元一一三〇至一二〇〇）在李延平那裏接下「觀未發之中」的題目，三十七歲（或云三十九歲）正式參究中和問題，經過幾番出入反覆，到四十歲而有了定論。接着又有好幾年的浸潤與議論。他對延平超越的逆覺體證之路，既未能順之而前進，對五峯內在的逆覺體證之路，亦未能契入。終於依着他自己的心態，自然地向伊川而趨，走上了分解的順取之路，而完成了另一系的義理：（1）客觀地就「理」說，是本體論的存有系統，就「氣」說，是只以屬於存有之理（不能妙運創生的只存有而不活動的理）而定然之的氣化的宇宙論。（2）主觀地就「工夫」說，是認知的靜涵靜攝的系統；就「道德」說，雖亦有道德的意義，但却是他律道德。牟先生名此爲主智主義的道德的形上學。

朱子順伊川由存在之「然」以推證其超越的「所以然」之路而前進，乃是一種存有論地、推證地分解之方式，或者說是「卽物而窮其理」的認知的方式。如此而把握的理，只是對存在之然而靜態地定然之、規律之的「存在之理」，如將它說爲「使然者然」的「實現之理」（使本質與存在結合爲一的理），亦只是靜態地形式地使然者然，而不是「動態地創生之」的使然者然。因爲朱子所體會的道體、性體，是經過分解而割截了「心義、神義、寂感義」的

「只是理」，無論太極之爲理或性之爲理，皆是「只存有而不活動」的靜態的存有，而不是「卽活動卽存有」的動態的存有（動態，是就其卽寂卽感、妙運生生而言）。朱子如此體會道體性體，（1）既不合先秦儒家由「維天之命，於穆不已」之最原始的智慧而來的天道天命觀（明道對此義最爲契切）；（2）亦不合濂溪由誠體寂感之神以說天道；（3）亦不合橫渠由太虛寂感之神以說道體性體。此之謂道體義與性體義之迷失與旁落。

因此，朱子的性理義，實只是性理的「偏義」，其「只是理」的性理，不能與「誠、神、心、寂感」通而爲一。所以，在朱子學中，（1）自宇宙論而言，理與氣成爲橫列的相對之二，神與理亦爲二（神旁落於氣）；（2）自道德實踐而言，心與性亦成爲橫列的相對之二，心與理亦爲二（心不是實體性的道德的本心，故亦旁落於氣而成爲實然的心氣之心）。依於朱子「心性情三分」「理氣二分」之義理間架，亦遂決定了他「靜養動察」乃至「卽物窮理」的工夫格局。茲列三表，以助說明：

(1)「性」卽理，亦只是理
- 性理是靜態的形上實有——只是心氣活動所遵依的標準
- 性理旣不能妙運氣之生生，故道德實踐之活動中心

轉爲
- 對心氣的涵養（而非涵養本心仁體）
- 對心氣之發的察識（而非識仁之體）

性體成爲「只存有而不活動」

此之謂道德義之減殺
- 工夫落於涵養敬心、察識已發——是爲後天工夫
- 道德實踐動力不由本心性體發——故爲他律道德

(2)「心」是氣之靈
- 有知覺
- 有動靜

而所以知覺動靜之理，則是性
- 心不是性
- 亦不是理

所謂
- 心具衆理
- 心具衆德

乃後天當具，非先天本具（故不言心卽理）

(3)「情」乃
- 心氣之發
- 心氣之變

故須察識——心性情對言，而心統性情
- 心統性——認知地關聯地統攝性而彰顯之
  - 未發是渾然
  - 已發是粲然
- 心統情——行動地統攝情而不敷施發用（情是心上發動出來）

（1）「性」即是理，亦「只是理」，是「只存有而不活動」的靜態的實有。所以，性理只是心氣活動所遵依的形式標準，而它本身則不能活動——不能妙運生生。性理的道德意義與道德力量既已減殺而虛弱，則道德實踐的活動中心，便不能不由性體而轉移到：對於心氣的涵養、以及對於心氣之發的察識。所謂「涵養」，是以肅整莊敬之心，汰濾私意雜念，以達到「鏡明水止」、「心靜理明」之境。所謂「察識」，是以涵養敬心而顯現的心知之明，察識已發之情變，使心之所發的情變皆能合理中節。順「察識於已發」而推進一步，便是「即物而窮其理」。朱子這個「靜養動察」的工夫格局，實際上就是伊川「涵養須用敬，進學則在致知」二語的詳密化。

（2）心性對言，「心」是氣之靈。心能知覺，有動靜；而所以知覺、所以動靜的理，則是「性」。因此，心不是性，亦不是理。至於朱子說「心具衆理、心具衆德」，這個「具」只是後天工夫地「當具」，而不是先天實體地「本具」。若是先天本具，便應該說「心卽理」了。

（3）「情」是心氣之發。心性情對言，而心統性情。依朱子義說「心統性情」，這個「統」字當是統攝統貫之義，而不是作主的統帥統屬之統。「心統性」是認知地關聯地統攝性而彰顯之（未發是渾然，已發是粲然）；「心統情」則是行動地統攝情而敷施發用（情是從心上發出來）。

進一步，朱子又以其心性情三分、理氣二分之思想間架說「仁」。伊川早有「仁是性，愛是情」之言，朱子承之，乃將「仁體」亦支解爲心性情三分、理氣二分（仁只是性、只是理，惻隱之心與愛之情，則屬於氣），故曰「仁者，心之德、愛之理也」。意思是說，仁不是心，亦不是愛，而只是「愛的所以然之理、而爲心所當具之德」。仁不再是具體活潑的生生之仁，而成爲抽象的、理智的、平面的，只是一個「普遍而不具體、超越而不內在」之形上的抽象的理。理是形上的「有」，依理而發爲情，方是「在」。理旣體會爲「只存有而不活動」，所以是「有而不在」者。必須「心性情合一」的仁體，才能「卽有卽在」。在朱子，

「在」與「有」分而爲二，形上之理（仁、性）爲「有」，形下之氣（心、情）爲「在」。如此分解，雖很能顯示朱子思理之精澈一貫，但這種「由定義或名義之方式入」的講法，却把「仁」講得不具體、不內在了。卽此可知，朱子對論語之「仁」與孟子之「本心、四端之心」並沒有恰當相應的了解。他亦不了解明道言仁的義旨。他反對上蔡以覺訓仁，又反對龜山以「萬物一體」說仁，正表示他對明道言仁的綱領無所契會。

由於朱子貫徹伊川之轉向，遂由太極性體之「於穆不已、生物不測」、或道德創造之本體宇宙論的立體直貫之「創生型、擴充型」，轉而爲認識論的橫列之「靜涵型、靜攝型」（靜涵，是心氣之「靜態的涵蓄淵渟」，是相應於朱子之靜時涵養而言；靜攝，是心知之「認知的綜函攝取」，是相應於朱子之致知格物窮理、以認知地攝取理而言）。朱子能貫徹伊川之思路而獨成一型，固然非常偉卓，在文化學術上亦有甚大之作用與意義。但朱子之系統，却不是先秦儒家發展成的、內聖成德之敎的本義與原型。所以，朱子傳統，並不等於孔孟中庸易傳之傳統。就宋儒而言，朱子亦並不眞能集北宋理學之大成（他只繼承伊川一人）。以儒學之大流爲準，北宋前三家濂溪、橫渠、明道，由中庸易傳而回歸論孟，乃上承孔孟以下先秦儒家的本義原型而引申發展（此方是正宗、正統之所繫）。到伊川而有義理之轉向（此猶如別子），朱子旣是繼承此一轉向而發展，自不得爲正宗。若必以朱子爲大宗，則其大宗之地位，乃是「繼別爲宗」。牟先生這個簡別，我認爲最能符合學術之眞相，是切當而不可易的。

朱子門庭廣大，傳衍甚盛。但內在於朱子學的系統而言，各種重大的問題，幾乎全爲朱子所釐定，他的門人後學，都已不能再有大的開發了。

三、陸象山直承孟子，而言「心即理」

陸象山（西元一一三九至一一九二）與五峯朱子不同，他不是順承北宋而繼續開發，而是直承孟子而孤峯特起。他對北宋諸儒的文獻，幾乎沒有正式的討論；他與朱子論辯太極圖說，亦不過借題發揮而已。他自述其學，是「因讀孟子而自得之於心」。他徵引孟子之言，開口即得，左右逢源，對於孟子義理之熟，可謂古今無匹。

象山之學，只是「先立其大」，只是「一心之朗現，一心之申展，一心之遍潤」，眞是簡易直截。但要講象山之學，却又甚難。因爲象山沒有分解，他要做的分解，孟子早做過了。象山曾說：「夫子以仁發明斯道，其言渾無罅縫。孟子十字打開，更無隱遁。」既已十字打開，便無須再做分解了。故牟先生以爲象山之學是「非分解的性格」，是第二層序上的學問。（與「分解地立義」之爲第一層序者不同。）他只是根據孟子而講實學，以抒發他的實感實見，而歸於實理實事之踐履。在此，分爲三端，以略述象山學之綱維。

（1）辨志、辨義利：

志，是行爲發動的根源所在。辨志，就是要遮撥物欲、斥穿意見，使世俗的名銜地位官爵權勢皆攀附不上，使是非善惡、正邪誠僞，皆昭然朗現，使人不能不在這根源究竟之地，作一眞正的抉擇，以決定自己做人的方向途徑。此便是象山敎人的霹靂手段。但辨志亦須有個標準，而利己或利人，卽是從道德意識中顯發出來的簡明直截的準衡。利己，卽是私、卽是利；利人，卽是公、卽是義。此卽象山所謂「義利之辨」、「公私之辨」。

有人問象山的學生，陸先生何以敎人？曰：首尾一月，先生諄諄然只言辨志。又問：何所辨？曰：義利之辨。首尾一月，言不離辨志辨義利，可見象山不是據「書」而講學，而是以「人」來講學的。他講的是「人學」，是「生命的學問」。象山講義利之辨，講得最精到最痛快的是在白鹿洞應朱子之約講「君子喻於義，小人喻於利」。據年譜記載，當時天氣微寒，朱子聽了而汗出揮扇，還有感動流涕的。朱子離席言曰：熹當與諸生共守，以無忘陸先生之訓。又再三云：熹在此不曾說到這裏，負愧何言！乃請筆之於書，後又刻之於石。象山這篇講義，人所習見，玆不贅述。

（2）復其本身、先立其大：

志是心之所之，亦是心所存主，此乃各人自己生命中之事，故各人之志，亦唯各人自知。

人何以能辨別自己所志者是義或是利？又如何能保證徙義而棄利？此則涉及心與理的問題，亦卽所謂「本心」的問題。

象山說：「天之所以與我者，卽此心也。人皆有是心，人皆具是理，心卽理也。」「心卽理」之心，乃是自具理則性的道德的本心。要復本心，自須有工夫，是卽所謂存養，亦卽「養其大體」、「先立其大」。象山說：「蓋心，一心也；理，一理也。至當歸一，精義無二，此心此理，實不容有二。……只存一字，自可使人明得此理。此理本天所以與我，非由外鑠。明得此理，卽是主宰，眞能爲主，則外物不能移，邪說不能惑。」心旣然卽是理，自無理外之心，亦無心外之理。存得此心，卽可明得此理，明得此理，卽是復其本心。本心旣復，便能自發命令、自定方向，以透顯其主宰性，而不移不惑。象山又說：「必深思痛省，抉去世俗之習，如棄穢惡，如避寇仇，則此心之靈，自有其仁，自有其智，自有其勇。私意俗習，如見晛之雪，雖欲存之而不可得。此之謂先立其大。」人開端一念，便棄去私意俗習，以恢復本心之智仁勇，此便是「先立其大」。

或譏象山講學，只有一句「先立其大」。象山聽了，曰：「誠然」。蓋千言萬語，打併爲一，亦就是這一句。這個「大」，卽是本心，本心卽是天理，卽是天道。在象山，只須說個「先立其大」，便是「天道性命相貫通」的大義。

（3）心卽理、心同理同：

象山論學，不常說「性」，因爲心卽是性。心性不二，乃是孟子舊義，亦是伊川朱子之外所有宋明儒者共許的通義。象山直下從「明本心、先立其大」入手，故其學只是一心之朗現與申展。所謂「心卽理也」，是表示本心自具理則性，心本身卽是道德的律則。仿康德的語意，吾人可說，由於心之自律性，卽顯示它自己卽是立法者。以是，吾人只須存養本心、擴充本心，則其自覺自律性，便自能純亦不已地起作用而表現道德行爲。故象山云：「苟此心之存，則此理自明：當惻隱自惻隱，當羞惡、當辭讓、是非在前，自能辨之……所謂溥博淵泉，而時出之。」可知本心卽是道德價值的根源，只要開發這個本源，就如「溥博」之淵泉，而能「時出」之，世間萬德亦便由此自然流出，而沛然莫之能禦了。

象山說「心之體甚大。若能盡我之心，便與天同」。這「心之體甚大」的心，卽是「涵萬德、生萬化」的本心，所以「心」一方面是道德的創造原理，一方面亦是宇宙萬物的實現原理。若能盡我之心，便自然可以與天同。心與天同，卽是心與理一。故又曰：「萬物森然於方寸之間，滿心而發，充塞宇宙，無非斯理。」蓋理由心發，不由外鑠。滿心而發，則此理充塞宇宙。理盈滿於宇宙，亦卽是心盈滿於宇宙。象山曾表示：「吾於踐履，未能純一，然纔自警策，便與天地相似。」與天地相似，便是與天地不隔，這感通不隔的生命，卽是與宇宙通而爲一的生命。故又曰：「宇宙內事，乃己分內事。己分內事，乃宇宙內事。」天地化育萬物，是宇宙內事。贊天地之化育，以使萬物各得其所、各適其性、各遂其生，便是人分內事。若推進一步而究竟言之，則宇宙之化育，實卽吾心之化育。明道已先表示：「只心便是天」，「只此便是天地之化」。象山亦說：「上下四方曰宇，古往今來曰宙。宇宙便是吾心，吾心卽是宇宙。」又說千萬世之前與千萬世之後、以及東西南北海有聖人出焉，皆同此心，同此理。這心同理同之心，乃是超越時空之限隔而絕對普遍的心。吾人之本心既與宇宙不隔，則此與宇宙通而爲一的心，卽是天心，卽是天理，此之謂「心同理同」。

此心此理既不容有二，則存心明理之道，亦極簡易。故象山曰：「根本苟立，保養不替，自然日新」。「存心卽是明理」。「宇宙自有實理，所貴乎學者，爲能明此理耳。此理苟明，自有實行，自有實事。德則實德，行則實行。」象山所謂「實理」，亦卽陽明所謂「良知天理」。此「天所與我、心所本具」的理，是有根的，實在的，故曰「實理」。實理顯發爲行爲，卽是「實行」；表現爲人倫日用家國天下之事，卽是「實事」；得之於心而凝爲孝弟忠信等等，卽是「實德」。象山常說，天下學問只有二途：「一途議論，一途樸實」。他自稱其學爲「實學、樸學」，並說「千虛不博一實，吾平生學問無也，只是一實。」由實理流出而爲實事，便是象山學之眞精神。

以上所述，是南宋理學三大系的義旨大要。最後，當就「朱陸異同」之問題，作一簡括之說明。

一般都知道，朱陸異同的中心點，是落在「性卽理」與「心卽理」的問題上。但歷來對這兩句詞語的實義，又往往不能得其確解。只管把「性卽理」與「心卽理」看做是單純的對立，彷彿這一字之差，眞成水火之不相容。其實，在象山（陽明亦然）書中，「性卽理也」四字不一而見，可知陸王同樣亦講「性卽理」，只是程朱（此指伊川與朱子，明道不在內）不能講「心卽理」耳。因爲朱子所理會的「心」「性」「理」不但與象山不同，與整個儒家傳統之大流皆有歧異。在朱子的系統中，（1）「心」，是實然的心氣之心，不是超越的道德的本心。（2）「性」，是與心相對爲二的性，不是本心卽性、心性是一的性。（3）「理」，是割離了心義、神義、寂感義的「只存有而不活動」的「只是理」，而不是與心神寂感融而爲一的「卽存有卽活動」的理。總之，朱子不解孟子的「本心」義，而以心屬於氣，故以爲「心」不是理，「性」纔是理（而且只是理）。而象山直承孟子「本心卽性」之義，故不以朱子爲然，而以爲：不但性是理，心亦是理，所以便直接擧示「心卽理」。玆以二圖簡示如左：

朱子：

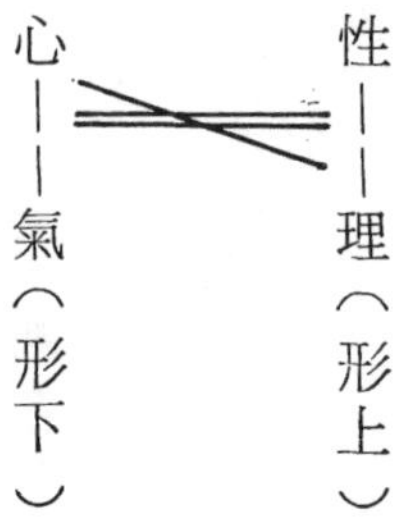

1. 性卽理，亦只是理，屬形而上，超越而普遍。
2. 心不是性，亦不是理，而是氣之靈，屬形而下。
3. 心性二分，心與理亦析而爲二。

象山：

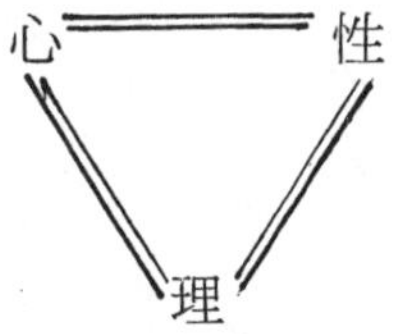

1. 心卽是性，性是理，心亦是理。
2. 心性不二，心理不二，性理亦不二。
3. 心、性、理三者同質同層，可以畫等號。

據此可知，朱陸異的癥結，只在於「心性是否爲一」這個關節上。若本心卽性，心性是一，則朱陸之學自可會通；若朱子學中「心性爲二」的分解無所改變，則朱陸之不能會通，便是義理上之必然與定然。至於「博與約」、「太簡與支離」、「尊德性與道問學」等等的問題，都可以分別加以疏通以解其糾結，並不足以形成兩家異同的眞正焦點。

朱陸之後，天下言學術者，不歸於朱則歸於陸。關於朱陸之學的傳衍，拙撰「宋明理學南宋篇」第八章曾有叙述，玆不贅。

附識

南宋學派之分，除湖湘之學、閩中朱學、江西陸學之外，還有「浙學」。浙中鉅子，（1）呂祖謙東萊稱婺學，其學於義理之外，究心文獻，凡禮樂兵農制度之事，無不博涉，故朱子稱其長於史學。（2）薛季宣艮齋、陳傅良止齋、葉適水心，稱永嘉學派，倡言經制事功。（3）陳亮同甫為永康學派，專言事功，有「義利雙行，王霸並用」之說。唯就內聖成德之學而言，浙學不免駁雜，故通常不視為理學正宗。浙學所論，乃外王事功歷史文化之問題，其價值自不可忽，須當別論。

附錄三

檀島「國際朱子會議」後記

在夏威夷舉行的「國際朱子會議」結束了。這為期十天（七月六日至十五日）的學術會議，堪稱空前盛大。台北各報已略有報導。我在東海大學「中國文化研討會」上，也以「從國際朱子會議談起」為題，作了一次演講。茲再換一方式撰成這篇後記，送請鵝湖刊出。（本文提及人名，或稱先生、教授、博士，或直記姓名，全由行文之便，毫無抑揚之意，合當說明一聲。）

一 會議緣起

夏威夷是二十世紀東西文化的中介站，也是東西哲學思想的交會點。從一九三九年開始已在夏威夷大學舉行過六次東西哲學家會議，參加各次會議的中國學者，先後有陳榮捷、梅貽寶、胡適、吳經熊、方東美、謝幼偉、唐君毅、牟宗三諸前輩學者，以及劉述先、成中英、杜維明等青年學人。而這一次朱子會議，正是承接東西哲學家會議的精神而擴大舉行。

這次會議，可以說是由兩位老人「不約而同」的心願所促成的。夏威夷有一位華裔企業家程慶和博士，是Aloha航空公司的總經理（Aloha是夏威夷人見面打招呼的口語，含有你好、早安、晚安等意思）。他對促進東西文化思想交流非常熱心，從第四次東西哲學家會議起，都是由他負責籌款，前年六月，他寫一封信給陳榮捷先生，說是在我們兩個老人還沒有過去之前，再來合作一次，開個國際思想會議吧。就在同時，陳先生也正想提倡朱子會議，特別從美國西茨堡發出一信，請這位程博士財力支援。當二位老友收到對方的來信時，發覺彼此的心意竟是如此的巧合，他們內心的感動是可以想見的。這眞可說是「心有靈犀隔海通」了。由於他們的精誠相感，而促成了這次國際朱子會議，我們應該向這二位老人表示崇高的敬意。

在名義上，這次會議是由美國學術會議聯合會和夏威夷東西文化中心共同主辦，而將近二十萬美金，則是程慶和博士負責籌募的（他自己當然是主要捐款人）。他和夏威夷大學校長名列會議的榮譽主席，陳榮捷先生擔任會議指導人，五人工作委員會的主席是狄百瑞，委員是卜珞姆、陳榮捷、成中英、杜維明，財務委員是夏威夷大學教授尤漢瑞，秘書則是一位極其能幹的蓓琪小姐。從會前的籌劃，到會議的進行，我覺得他們的事務工作是無懈可擊的。美國人的辦事精神，確實有板有眼，井井有條。

二、與會學者簡介

在會議召開一年半之前，他們便發出了邀請函。邀請的方式，不以國家或團體為單位，而是以個人的名義受邀請。首先邀請提供論文的較為資深的學者，接着再邀請參加討論的青年學者。

歐洲被邀請的，本有法國的包爾和英國的李約瑟。包爾表示他對朱子沒有作過專門研究，婉謝參加。李約瑟則答應主持一個以朱子與科學為主題的討論會，不過臨時有事，沒來參加。結果，歐洲只有兩位出席。一位是英國倫敦大學的葛瑞漢教授，六十多歲，也是知名的漢學家，他的論文是關於程朱的人性論。另一位是西德漢堡大學的女博士，中文名字是余蓓荷。她翻譯過日本島田虔次的「朱子與王陽明」，她對王艮所啟導的平民色彩的學風非常嚮往。

美國方面共有七人，為首的是曾經擔任哥倫比亞大學副校長的狄百瑞教授，他以研究黃宗羲的「明夷待訪錄」而成名，進一步研究明代思想、宋代思想，現在是美國推動宋明理學研究的領導性的學者。他對當代新儒家的思想方向很尊重，也有相當的了解。（去年元月黃俊傑博士寫過一篇有關他的訪問報導，刋於中國時報人間版。）有一天我們一起拍照，他說謝謝我能來參加開會，遺憾的是不能在這個會議上見到牟宗三教授。他這次主持一個討論會，主題是朱子與宋代教育，李弘祺、朱榮貴是參加這個討論會的基本發言人。另一位名學者是哈佛大學的史華慈 Schwartz，這位老教授的白鬍髭和白頭髮，有點像愛因斯坦，說起話來很有味道。我送他一本書，他打著洋腔調的中國話向我致謝，同時表示在香港他曾遇見牟宗三教授，不過「說話沒有很多」。他又說，牟教授的思想是康德的。我說，牟先生的思想應該說是儒家的，不過他思考的方式很近乎康德的路數。我還說，牟先生自己有三本書講康德—認識心之批評、智的直覺、現象與物自身。而這些年來又翻譯了康德三部書——純粹理性批判、實踐理性批判、道德底形上學之基本原則。部分稿子已經交給書局排印，有的還在仔細作註解。他一面聽我說，一面頻頻點頭、出聲歎賞。台大歷史系出身的黃進興，正在跟他寫博士論文，題目是關於陸王學派的。北美方面提論文的，是紐約大學歷史系教授 Schirokauer，夏威夷大學歷史系主任 Mcknight，加拿大溫哥華不列顛哥倫比亞大學亞洲研究教授 Lynn，他們的論文分別討論朱子與胡宏，朱子所處的時代社會之情況，朱子的文學理論與文學批評。還有一位來自密西根大學的Munro教授，中文名字叫孟旦，五十左右，會說中國話，他說二十年前來過東海大學。他收到我的贈書之後，曾來和我討論心性情三分的問題。他沒有提論文，有一天他擔任評論，用西方哲學的觀點批評中國哲學，結果，狄百瑞出來說公道話。他說中國哲學有久遠的傳統，我們應先客觀地了解，不能直接用西方的觀點來批評。孟旦教授聽了一直點頭，顯得很虛心的樣子。另外一位是狄百瑞的得意高足，哥倫比亞大學的女博士Bloom，中文名字可以叫卜珞姆，她擔任評論，還做過一場主席，沒有提論文，可是鋒頭甚健，口才也很好，在夏威夷各界宴請與會學者的大宴會上，陳榮捷先生特別請她代表致謝辭。

韓國學者提論文的是高麗大學哲學系主任尹絲淳教授。在台北，在漢城，在夏威夷，一連三年，我和他三度相逢。他是研究李退溪的專家，他的論文是講朱子心性論在韓國的發展。

日本學者被邀請的共有七人，宇野精一沒有出席，其餘六位是岡田武彥、友枝龍太郎、山崎道夫、島田虔次、山井湧、佐藤仁。下面我打算專節介紹，玆從略。

中國學者人數最多，我想分三部分略作介紹。

台灣香港方面共有八位，實際上只有五人出席。香港受邀請的是牟宗三、徐復觀、劉述先三位先生。牟先生不喜歡開會，也怕長途旅行，所以辭謝參加。徐先生本來決定出席，也寫了一篇講程朱異同的論文，不幸四月一日逝世於台北。他的論文由劉述先先生節譯為英文，並代為宣讀。劉先生自己的論文是討論朱子建立道統的理論根據。台灣受邀的是錢穆、羅光、高明、韋政通、蔡仁厚。錢先生年紀太大，沒有出席，由余英時先生宣讀他一篇短文。羅校長的論文是朱子的形上結構論，高先生講朱子的禮學，韋先生討論朱子的經權理論。我的論文是朱子學的新反省與新評價，這是通貫全部宋明理學所作的一個哲學的反省，也是通貫儒家學問的本性和中國文化的問題來對朱子之學作一個新的評價。

旅美的中國學者，共有七位參加。老一輩的有兩位，一位是陳榮捷教授，他擔任大會總主席，表現了卓越的領導才能，同時也作了一場非常成功的公開演講。還有一位六十多歲的女哲學家黃秀璣教授，她是福建人，在美國三十多年，終身未婚，快要退休了。這次她只擔任評論，沒有提論文。其餘五位，都是中年學者：成中英教授的論文是討論朱子的方法論，並主持同一主題的討論會；杜維明教授也主持一個討論會，主題是朱子的心性論，傅偉勳教授的論文是關於朱子對佛教的批評，余英時教授是討論朱子系統中道德和知識的問題，秦家懿教授是討論朱子關於道德修養的工夫。此外，還有來自澳洲的柳存仁教授，他的論文是關於元代的程朱學派。

來自大陸的學者，本來有八位，梁漱溟先生沒有出席，馮友蘭倒來了。馮已八十七歲，他的聽覺和視力不太好，由他女兒（五十上下）替他宣讀一篇英文稿的短文。他每天參加八點半第一場會議，然後退席。自始至終，默無一言。其餘六位，任繼愈六十六歲，山東濟南人，是他們社會科學院世界宗教研究所的所長，論文是朱子與宗教。邱漢生七十上下，江浙口音，是社會科學院思想史研究所副所長，他和侯外盧合編過中國思想通史，也有宋明理學方面的著述，論文是講朱子的天理論與天性論。鄧艾民六十二歲，湖南人，北京大學哲學系教授，他主持過一部集體編寫的中國哲學史，這次的論文是朱子的太極說。冒懷辛年近六十，江蘇人，他的祖父冒鶴亭是一位詩人。他喜歡弄點小考據，論文是朱子學派在福建的流傳。還有二位比較年輕的，一個是五十出頭的李澤厚，一個是不到五十的張立文。李澤厚是他們社會科學院哲學研究所的研究員，湖南人，論文是朱子與近代中國（近代，指明清時期）。他原先研究美學，後來研究康有爲、譚嗣同，出過一本中國近代思想論集，還有一本批判哲學的批判。他說他看過「心體與性體」和「宋明理學南宋篇」，但據翟志成君告訴我，這些書是他在美國介紹給李的，李大約翻閱過，未及細看。張立文是人民大學哲學系教授，北方口音，事實上是浙江溫州人。他能說善道，爲學也很勤奮，出版過周易思想研究和朱熹思想研究等書，論文是朱子的易學思想。

此外，三十三位參加討論的青年學者，也是這次會議的正式會員。中國方面九人，台灣去的有台大歷史系黃俊傑博士，東吳哲學系主任趙玲玲博士，輔仁哲學系曾春海博士。香港去的是中文大學歷史系李弘祺博士，台南人。澳洲來的是雪梨大學東方學系主任姜允明博士，新竹人。從美國來的有石漢椿博士，以及三位博士候選人，台大歷史系出身的黃進興，台大哲學系出身的朱榮貴，還有一位是Ann-ping Chin Woo（吳安平），他們分別來自哈佛和哥倫比亞。韓國二人，金永植研究朱子的自然世界觀，哈佛博士，現任漢城大學副教授；朴洋子，研究朱子的玉山講義。日本四人，牛尾弘孝、岡田進、佐藤明，小宮原，都是正在寫論文的博士候選人。

來自美國各大學的，他們的博士論文，多半與宋明理學有關。像芝加哥大學博士Bert-hrong，研究陳淳；密西根大學博士Black，研究王船山；芝加哥大學博士Chaffee，研究宋代教育與考試制度；哈佛大學博士Gardner，研究泰州學派；哈佛大學博士Gedalecia，研究吳澄；哥倫比亞大學博士Taylor，研究高攀龍；哈佛大學博士Kalton，研究有關韓國朱子學的世界觀與價值系統；哥倫比亞大學博士Kelleher，研究吳與弼；愛奧華大學博士Chun Kin，研究朱子與陸象山；哈佛大學博士Tillman，研究朱子與陳亮。此外，還有普林斯頓大學博士Fellow，紐約大學博士Hatton，華盛頓大學博士Phelen，以及幾位博士候選人Adler、Ewell. Jr、Griffin、Jensen、Thompson等。

此外，還有十多位觀察員，老少皆有，其中一位坐輪椅的老先生，從不缺席。中國籍的，有加州巴克萊博士候選人翟志成，還有政大孫鐵剛博士，也趁送他夫人赴美讀學位之便，路過夏威夷而參加了這次會議。

三、會議的進程

這次會議的會期是從七月六日至十五日，共計十天。六日環島遊覽，然後舉行歡迎酒會，算是會議的序幕。十一日星期天，乘飛機遊覽花園島。其餘八日正式開會，會場是夏威夷大學的哲斐遜紀念堂。

七日上午開幕式，大會總主席陳榮捷先生說明這次會議的籌備經過，並說明會議的精神主旨是從討論朱子的學術進而探求儒家思想和中國文化的眞實價値，他對世界各地學者遠道來參加這次盛會，表示感謝。他還特別介紹了懸掛在會場正中的丁治磐老先生寫的大橫幅：朱子的「仁說」。字很勁拔有力，是趙玲玲博士從台北帶來獻給大會的。然後由夏威夷大學校長致詞，他認爲國際朱子會議上承歷次東西哲學家會議，而仍然在這裡舉行，這是夏威夷大學的光榮，夏大也願意肩負起溝通東西文化的使命。他預祝這次大會圓滿成功。

接下來是宣讀四位高年學者的短文。馮友蘭親自出席，所以先由他女兒用英語宣讀他的短篇論文。接着由杜維明宣讀梁漱溟先生的短文，余英時宣讀錢穆先生的短文，劉述先宣讀徐復觀先生的論文提要——在宣讀之前，陳榮捷先生特別介紹了徐先生對中國思想史研究的貢獻，並爲他的逝世感到哀傷，他請全體會員爲徐先生默哀。這一場會議沒有討論。下午由狄百瑞擔任主席，羅光、友枝龍太郎宣讀論文，杜維明、黃秀璣評論。（每場會議皆有討論，時間約一二十至三四十分鐘不等。）

八日上午是葛瑞漢、邱漢生讀論文，卜珞姆、Schirokauer 評論；下午是狄百瑞主持的討論會，主題是朱子與教育。晚上是陳榮捷的公開演講，在另一個大演講廳舉行，數百人參加，熱烈而成功。九日上午是山井湧、鄧艾民讀論文，劉述先、Gardner 評論；下午是岡田武彥、余英時讀論文，狄百瑞、卜珞姆評論。晚上休息。十日上午是成中英、張立文讀論文，Berthrong、島田虔次評論；下午是佐藤仁、秦家懿讀論文，陳榮捷、孟旦評論。晚上由杜維明主持以朱子的心性論爲主題的討論會。十一日遊覽，休息一天。

十二日上午是 Lynn 、高明讀論文，余英時、李弘祺評論；下午是韋政通、Mcknight 讀論文，黃俊傑、Ching-chung 評論。晚上大宴會。十三日是劉述先、蔡仁厚讀論文，史華慈、Tillman 評論；下午是 Schirokauer、冒懷辛讀論文，Mcknight、Chaffee 評論。

晚上休息。十四日上午是柳存仁、李澤厚讀論文，Lynn、黃秀璣評論；下午是尹絲淳、山崎道夫讀論文，Kalton、秦家懿評論。五時，夏大校長酒會款待與會學者；晚上由成中英主持討論會，主題是關於朱子的方法學。十五日上午是傅偉勳、任繼愈讀論文，史華慈、孟旦評論。接着舉行閉幕式（見下文）。下午遊植物公園。十天會議，至此結束。

在此，我想附帶記述最後一次論文討論時史華慈教授提出的幾點意思：(1)儒家是否反對多元性的社會？他認爲似乎並非如此。(2)近代中國雖是一元性，但多元性特徵並未完全消失。(3)儒家是以道德的架構來建立全面的社會秩序（倫理架構與官僚系統皆可概括其中），我們（指美國）則以法律來建立秩序架構。最後他又補充一點，朱子有一個架構，馬克斯也有，但不一樣。

四、贈書及書影

在這次大會上，中國學者有四部書贈送給與會學者，都是今年三四月間由台北學生書局出版的新書。陳榮捷先生的「朱學論集」、「朱子門人」，所有出席的人各送一份，受到與會學者一致的感謝和珍視。劉述先先生的「朱子哲學思想的發展與完成」，則因郵寄較晚，會議結束時仍未寄到，須待書到之後，再分別轉寄各國學者。好在他帶有十多册「新亞學術集刊」儒家哲學專號，分送有關學者，很受歡迎和重視。

我的「新儒家的精神方向」，只寄五十部，赴會時又多帶了幾本，還是不夠。最後決定，宣讀論文的學者每人送一部，其餘的主要是送給與會的中國青年學者。會前，陳榮捷先生來信提醒我帶印章毛筆墨盒，以便簽名蓋章。有一次和東海哲學系同仁說起此事，陳榮灼兄建議我刻個大印，到時候一本一蓋，免得簽名麻煩。我在台中刻了一個長方形的木質印章，字分三行：「國際朱子會議、檀島與會紀念、蔡仁厚敬贈」，又買了一盒朱紅印泥，準備臨時應用。七月五日一到檀島機場，陳老先生便告訴我，書已寄到。我在林肯堂四樓房間把書拆包，每本扉頁蓋上長方印，想到受贈者的大名既須寫上，自己豈不是還得落款簽字？又有人說，既已落款，就應加蓋一個私章。結果事情越來越麻煩。最後是這樣：扉頁正中上方蓋長方形印，印之下緣分兩行寫上卿雲歌：「卿雲爛兮，糺縵縵兮；日月光華，旦復旦兮。」印之右邊稍上，寫「某某教授指正」，歌詞左側稍下，再落款簽名蓋章。我不知道這個形式合套不合套（一切的套也本是由人用出來的），但安排的倒很勻稱，那顆長方印的三行古篆，看來也頗典雅。

我之所以寫上「卿雲歌」，是由於看到大陸來的學者因而聯想到華夏神州。五千年來，那遼濶的神州禹甸，是常常可以見到祥瑞的雲靄的，在日月之光的照耀之下，大地的景色是那樣的明麗，賢聖相禪，英傑繼踵，世世代代永無窮。如今我見到刼後餘生的學人，就聯想到古老文化的鄉土，我多麼希望卿雲重現，華夏重光！果然，有一位先生特別感謝我寫出這首卿雲歌，是我輕輕打開了民族文化心靈的憶想吧。苦難的中華民族，苦難的炎黃子孫！

在我的書裡，有幾篇講文化問題而顯示了反共反唯物的思想立場，又有一篇講中國哲學史分期，也嚴正而客觀地批評了馮友蘭；我想他們看了或者會有反應。結果他們只是謝謝我的書，說是還沒來得及看，看過以後再來請教。過了幾天，有人告訴我，說我對馮友蘭的批評，馮的女兒很不高興，而馮本人則表示無所謂，還說我講到中國文化大開大合的發展，他覺得很有意思，希望我能去談談。談一談當然可以，但他每日關在房間裡，我不願意、也不方便去敲門拜訪。其實，我文章裡的意思已經說得很清楚，那是順著中華民族文化生命的脈動來講述的。聽說馮友蘭要重寫中國哲學史，他每次都說要重寫，我倒希望他這一次眞能寫出來。

除了上述幾部現場的贈書，還有一部書在會議期間常被提到，那就是牟先生的「心體與性體」。有一位先生對我說，這叫做「書影流行」。其實，也不是書的影子在流行，而是書中含蘊的思想力量在顯發流行。（但眞能看懂這部書的人，似乎還是不太多。）來自大陸的學者，也問到牟先生的書和他的思想，我正好帶了一份「牟先生的學思歷程與著作」的抽印本，便順便送給他們。

五、論文種種

這是一次討論中國大哲學家朱熹的會議，參加開會的也以中國學者爲最多。依常理而言，論文應該用中文，討論也該用中國話才對。但中國人自己不爭氣，國家弄得不像樣，學術也一直不上軌道，同時也辦不起（其實是沒有人肯出錢支持）這樣一次大規模的國際學術會議。結果是，中國學術也不能說中國話，怎不令人感慨系之！然而，儘管我們滿懷委屈，但除了知恥發憤，根本沒有理由發出半句怨言。

會議的論文，大致上也能達到某種水準。但參差不齊的情形，事實上也在所難免。以大陸學者的論文而言，多半帶有一些框框教條。遇到問題時，他們通常是這樣回答：裡面的問題和說法，我要帶回去加以消化，再作考慮。而任繼愈在宣讀以「朱子與宗教」爲題的論文時更要了一個花招，說他論文中有一些詞語，外面的人恐怕不習慣，如像階級封建之類。他說，諸位先生不習慣，就跳過去算了，不必理會。此言一出，哄堂大笑。他說的當然是一句機伶話，但也實在「不像話」。因爲這不是習慣不習慣的問題，而是對不對的問題。哲學宗教的眞理有普遍性，你爲什麼一定要加上「階級、封建」之類的詞語呢？這不正是非理性的「僻執」嗎？不過，據熟悉內情的人說，從文革絕對地抹煞儒家到現在相對地承認儒家，已是一個跳躍的轉變。但中共的學術開放是有限制的，他們的論文如果不加上幾句框框教條，恐怕未必出得來，像馮友蘭就幾乎出不來，所以他的短文也仍然加上一些不相干的詞語。大家同情他們的遭遇，所以不忍心加以責備，因而也就寬容了這種學術以外的限制所帶來的「非學術性」的詞意。這也是這次大會的一項特色。（事實上，這種寬容對於學術的眞理性是有損傷的。我們希望下不爲例。）

有許多篇論文，曾討論到朱子理氣論的問題，有如理與氣的關係，太極之理會動不會動，以及理氣先後等等。這些問題在朱子本人有很廣泛的討論，而牟先生在「心體與性體」書中，更順着朱子的思想而作了明徹的釐清，我在「宋明理學南宋篇」第五章也有簡明的敍述，同時還列成六個表式，把主要的線索脈絡鈎劃出來。依朱子的意思，理氣的關係是「不離不雜」，理寓於氣，離了氣則理無掛搭處，故理氣不離；但不離並不表示理氣不可分，理屬形而上，氣屬形而下，理還是理，氣還是氣，不可混雜；所以二者既「不離」而又「不雜」。

至於太極之理會不會動？首先必須把周子太極圖說本身的意思，和朱子自己的思想分開。

周子通書動靜章明明說：「動而無靜，靜而無動，物也。動而無動，靜而無靜，神也。……物則不通，神妙萬物。」可見周子所說的動靜有二層意思：⑴形而下之「物」的動靜，動有動相，靜有靜相，動便只是動，靜便只是靜，動與靜是不相通的。平常我們所說的動靜便是這個意思。⑵就太極之理（誠體之神）而說動靜，則其動靜是「無動相、無靜相」的動靜。太極（理）不是一個物，它沒有形相；但太極却也不是一個抽象的概念，而是寂而能感的活體，它能起妙運生生之神用，因此可以通過動靜的意思來體會和說明它的生化之用。周子太極圖說所謂「太極動而生陽」、「靜而生陰」，便是順這個意思而說。

但所謂生陰生陽，並不是說太極能實實地生出陰生出陽，而只是表示太極誠體在生化流行的具體感應中，隨順迹上之該動該靜，遂自然而然地顯示了動靜之相；動相卽是陽，靜相卽是陰。不過，誠體雖然隨迹顯相，却不滯執於相，此卽太極誠體之神之所以爲神；如果滯執於相，便是物，而不是活靈之神了。正因爲它不滯執於相，所以能妙運此相，使之動了又靜、靜了又動、而生化無窮。因此，太極「動而生陽」或「靜而生陰」的眞實函義，應該是本體論的妙用義，而不是宇宙論的演生義（卽或有宇宙論的演生義，也應該統攝到本體論的妙用義中來體會）。

至於朱子系統中的「理」，却是割離心義、神義、寂感義的「只是理」（只存有而不活動），朱子明說「理無情意、無計度、無造作」，所以不能說「理能動」；能動、能造作的，乃是氣。理只是氣凝結造作時所應當遵依的理則標準。氣依傍理而活動，而後才有合度的生化（不依理，則氣將昏墮暴亂。）但如果氣不依理而活動，理也無可奈何，所以朱子又有「氣强理弱」之說。即此一義，已可使我們感覺到，簡別朱子所說的理是什麼意義，乃是通解宋明理學的一大關鍵。

另一個論點，便是「理先氣後」。朱子所謂「先」，只是「本」義，本，應該先在。這「先在」，不是時間義的先在，而是形上義的先在。馮友蘭在夏威夷大學哲學系那次座談會上曾附帶說了幾句表白性的話：有人說，我（馮自稱）的意思又回到以前舊的說法，其實也有新的改變。譬如以前說「理在氣先」，現在改說「理在氣中」。我不太能確定，馮是在玩弄名詞兜圈圈呢，還是對朱子的思想了解得不明澈。如果所謂「理在氣中」，是就「理不離氣，離了氣便無掛搭處」而言，自無不可；但如果想以「理在氣中」取代「理先氣後」之說，便表示他對朱子的思理依然欠缺眞切的體會。因爲依朱子，「理在氣先」（理先氣後）與「理在氣中」（理寓於氣）是可以同時承認而並不相斥的。這個意思在朱子的系統中並不難了解。如果這種地方都弄不明白，又如何能通貫而相應地了解朱子全部的思想呢？

其他的論文，有的講得很通泛而粗疏，但也有講得很細微的，如像岡田武彥提出朱子的

「智藏」，這個觀念我們便不熟悉。因爲中國歷來沒有人覺察到這是一個重要的觀念，而日本學者却在這裡用心而有所講論，通曉日文的學者如有興趣，不妨費些功夫，去弄出一個究竟來。有一些論文，或者未能體會朱子之意，而不免有鹵莽滅裂之言，如湯武革命，順乎天理，應乎人心，以至仁伐至不仁，乃弔民伐罪之義舉，有人竟以權力鬥爭視之，以這樣的心思見識，當然不足以明曉經權之大義。又或者以偏概全，隘視性理之學，不免「蔽於一曲而闇於大理」。又或者分際不明，强爲牽合，理氣混雜，橫通爲一。諸如此類，皆由「學之不講」、「講之不明」之故。

這種大規模的會議，正如狄百瑞在閉幕式中所說，「有專家，有非專家」。因此，各人研究的問題往往接不上頭，再加上語言的障礙，幾乎不可能節節而談，深入而論。而一般國際會議的價值，也主要只在兩個方面：一是使各國學者見見面，互相認識，對各個地區學術研究的情況彼此有個初步的了解；二是留下一部論文集——這才是具體的成果（儘管這項成果並不是很圓滿的）。

六、東西內外

這次會議的討論，我覺得西方學者的發言，似乎太着重從廣度面發議論，而深度面則有所不足。譬如內聖之學、道統、性理的全義（性卽理，心性理通而爲一，理是卽存有卽活動的理）、性理的偏義（性只是理，不是心、不是神、也不在理上說寂感，心與性、心與理分而爲二，性理只存有而不活動）等等的問題，都屬於深度面，而關乎哲學思想的內在本質。這才是最應該「討論、分判」的根本問題。劉述先兄和我的論文，主要就是討論這個層面的問題。假如進不到這個層面，就只能算是在外部說話，很難接觸到宋明理學的中心綱領及其本質性的意義。這個意思，傅偉勳兄也深有所感，認爲必須推進一層，才能接觸到思想的本質而透顯「生命的學問」之價值。他的論文是關於儒佛之辨，也是想要把學術討論帶到更深一層去。

知識性與社會政治性的問題，以儒家的名詞來說，乃是屬於外王的範圍。在這次會議上，我曾用二句話歸結儒家之學：「以內聖爲本質，以外王表功能」。外王一面當然不可忽視。我們也曾鄭重地反省這個問題，認爲今天講外王，不適宜再用老的方式講，必須有新的開拓，要講新外王。新外王的內容主要集中在二個中心點上。一個是政治問題，一個是知識問題。政治問題是要開出「政道」（安排政權的軌道），以完成民主政體的建國大業。至於古人所講的仁政王道、修齊治平之道、以及聖君賢相、禮樂教化，我們認爲都只是「治道」方面的道理。這些道理當然都不錯，但僅僅講這些却並不夠，而必須對應時代而開出新的理路。牟先生的「政道與治道」，就是面對這個問題所作的義理思想之反省與疏導，這才是國族自主自立的中心課題。

同時，古人講外王，是通向政治，而沒有直接通向知識。現在，我們一方面要正視「政道」的問題，一方面也必須正視「知識」的問題，以滿足「開物成務」「利用厚生」的要求。所以，如何使中國文化心靈中的知性主體（認知心），從德性主體（道德心）的籠罩之下透顯出來獨立起用，以開啟科學的心智，表現「主客對列」的思考方式，而成就知識之學，進而發展出成就事物的具體知識與實用技術，乃是儒家新外王的第二個重點。

至於講宋明「理學」，則必須正視它在「內聖」方面的成就和價值。如果直接從「知識性」「社會性」來了解宋明理學，而却忽視它作爲一個「內聖成德之教」的卓越的成就和永恒的價值，那就成爲「買櫝還珠」，不識貨了。

同時，西方學者、尤其青年學者，在「同與異」「共與殊」的意思上，也顯示出與中國學問傳統的差異性。譬如道統與師承，他們便似乎難有相當的了解。西方人重視各自的系統而不重視學脈的傳承，重視自我的意見而不重視師門之學的講習（二程洛學、朱子之學、陽明之學，都是經由弟子後學之相續講習而光大發皇的）。儒家鄭重師門之學以形成學脈，鄭重民族文化生命所透顯的原則方向以形成道脈；道脈不斷，慧命相續，遂形成道統之傳。所以儒家之學貴同以相通，而不尚異以相勝，雖殊途而要求同歸，雖百慮而要求共趨（一致），這表示中國學術重視恒常的通義共慧過於重視偶發的孤智獨見。而中國文化和儒家學術之可大可久，也正是此種文化心態和學術精神所顯發的功效。這些意思，由於「中西相見初相識」，西方學者似乎還不能眞切了解。（在此，我只是說出這個事實和情況，至於其中的利弊得失，當然可以通過反省而重新調適。此須別論，今不能詳。）

擔任評論我那篇論文的田浩博士 Hoyt C. Tillman，出身哈佛，能說中國話（惟不能充分達意），他事先來看我，提出一些疑難。他覺得我那篇論文涉及的範圍太大、關節太多，理論層次太高深，他實在無法掌握我全篇論文的論點，他也分不清楚那些意思是牟宗三教授的，那些是我的。我說，我不願意誇張，但我論文中所討論的確實是高層次的問題。一方面是通貫全部宋明理學的義理系統和工夫進路來作一個新的反省，一方面也是通貫儒家內聖成德之教來重新考察朱子的地位，再來是關聯中國當前的文化問題來對朱子之學作一個新的評價。在文後附識裡，我已說明我的討論和論斷，主要是依據牟先生的「心體與性體」，同時「宋明理學北宋篇、南宋篇」，也可以作爲此文的參考之資。我寫這篇論文，是要講明朱子與北宋諸儒的關係、與南宋各家的異同，以及朱子學的時代意義。牟先生所講的，我認爲對，當然採取；或有講得不夠詳盡處，便引申；而沒有講到的地方，我再接下去講。我所面對的是中國哲學史上一個客觀的學術問題，而不是個人的見解問題，所以我只想到如何敍述得更清楚，沒有去計較那些是牟先生的說法，那些是我的見解。當然，我已依照一般論文習慣，加做了六十二條附註，凡是徵引的地方都已註明，而必須再加說明的地方，也在附註裡作了解說。這份附註已經送交大會主席，這裡有一份原稿，如能看一看，你的問題便不存在了。（按：論文已編入「新儒家的精神方向」一書頁二〇五至二二六，唯附註未及收入。）

接着他又提出一個疑問：他說，你們講道統，說得那麼圓滿美好，爲什麼中國文化還會出問題呢？同時，你們說朱子不是儒家正統，程明道才是；又說胡五峯劉蕺山繼承程明道，可是胡五峯到劉蕺山有四五百年，要四五百年才有一個人明白這個「道」，我看你們這個道是傳不下去了。我說，第一、中國的道統，相當你們的基督教，你們信仰基督的道，爲什麼西方文化也會出現大危機呢？第二、說胡五峯劉蕺山承繼程明道，是就他們既能順中庸之義路而上承詩經「維天之命，於穆不已」的天命流行之體而講道體、性體，而又能回歸於孔孟之仁與心性，而開出「以心著性，盡心成性」的義理間架，這是能夠契應程明道「卽心卽性卽天」、「心性天通而爲一」之一本論的。陸王是一心之朗現、申展與遍潤，當下心性天通而爲一。二系皆上承先秦儒家的本義原型而開展，都是縱貫系統，都是逆覺體證的路，所以爲聖學正宗。朱子是橫攝系統，是順取的路，應屬旁枝之地位。正宗旁枝之分判，是以孔子與先秦儒家內聖成德之教的本義原型爲標準，並不是以任何人主觀的好惡而隨意下判斷。我們是講明學術之實，而並無褒貶抑揚之意。第三、列舉聖賢以代表道統，在中國是舉述到孔孟爲止。型範永在，道統永傳，所以用不着再一路列舉下來。關於聖道之傳的問題，程明道說得最好，他說：「非傳聖人之道，傳聖人之心也；非傳聖人之心，傳己之心也；己之心無異聖人之心。」陸象山所謂「此心同，此理同」，也是這個意思。所以「道無斷滅，只有隱顯」。而這心同理同的心，既永遠在每一個人的生命之中，「道」當然就可以永遠傳下去。不過，道必須講明（講學的中心目的，就是爲了明理、明道），講之益明，實踐便益發易於着力，道之表現也更能普遍而充分。道的表現如果充分而普遍，便是太平盛世；如果不夠充分而普遍，便是小康之世，如果守道和表現道的人太少或者沒有人表現道（事實上不會如此），便是衰亂之世。從表現上看，道雖有顯與隱，但就道本身說，則絕無斷滅。所以，道一定可以傳下去。至於能不能光大弘揚、普遍彰顯，就要看人的努力如何了。

最後，他還提出一個中國人不可能那樣去想的問題。他說照你論文裡面的說法，我覺得你們的朱子太可憐了。我說，何以言之？他說，你們看不起朱子，又要朱子負責爲中國發展科學，他豈不是太可憐了嗎？我聽了他的話，眞是啼笑皆非。我說，第一、我們很尊重朱子，他開出的橫攝系統雖然與先秦儒家的本義原型有距離，但可以使儒家學術和中國文化更爲豐富而充實。獨力開創一個系統，正表示朱子的偉大，我們中國人怎麼會看不起朱子呢？第二、我們並不是要朱子負責爲中國開出科學知識，而是指出：要想從中國文化心靈中透顯知性主體以開出科學知識，則朱子的心論、格物論、及其主智的傾向，正是一個現成的線索。這是肯定朱子學的時代意義和時代價值，是提醒現代中國人不可忽視朱子的思想，而不是把開出科學知識的責任加在八百年前的朱子身上。因此，我們的朱子一點也不可憐。

我們那天的談話，劉國強、梁燕城二位也碰巧在座。三天之後我宣讀論文，田浩博士一再表示他不夠資格評論我這篇論文。當然，他還是提出了他的意見，我也擇要地作了解答。在此，我要特別向杜維明博士致謝，由於他臨時應允爲我擔任口譯，使我的意思獲得更充分的表達。

七、關於繼別爲宗

牟先生認爲，朱子在宋明儒中的大宗地位乃是「繼別爲宗」。我在論文中申述這句判語，以爲乃切當而不可易者。但與會學者對於這個分判，多半不甚了了——有人以爲朱子在宋明儒中成就最大，影響也最深遠，不該判他爲別子（第二天李澤厚讀論文時也仍然提到這個意思）；有人望文生義，認爲把集大成的朱子從道統中別出去，太不公平（這種說法所顯示的了解上之隔閡，是顯而易見的）；還有的人則根本弄不明白「別子」「繼別」是什麼意思。我在上午第二場讀論文，散場之後，該去吃飯，而一位洋博士還特別來詢問「繼別爲宗」的確切意指。日本山崎先生也手執論文稿，由石漢椿博士陪同來問我「講宋明理學，以朱子爲中心，可；以朱子爲標準，則不可」，所謂「中心」和「標準」有何不同？我分別爲他們作了說明。午飯之後回到會場，陳榮捷先生向我致賀，說我宣讀論文講得很好。在上午，陳先生也曾發言，他一方面推崇牟先生是中國當代最傑出的哲學家之一，而對宋明理學的分析，尤爲精闢透徹，敏銳過人。但對於判朱子爲「繼別爲宗」，陳先生却不表同意，而且不滿之情溢於言表。我這個人一向很渾沌，直到此時，才想到一個意思：這次各國學者不遠千里萬里來參加開會，其主旨是表彰朱子之學；而我却在朱子大會上說朱子是「繼別爲宗」，不得爲儒家內聖成德之教的正統，似乎是有意來唱反調、澆冷水。我當然絲毫沒有這個意思，但在情勢上却很容易給人這樣的感覺，我竟不知不覺地犯了兵家大忌。

其實，討論學術，不應有「忌」。我對朱子的尊敬之誠，並不下於任何人。但尊一個人不能只是虛尊，而必須明其「學術之實」而尊之。尊得恰如其分，謂之實尊。如果尊而不得其實，便是虛尊。譬如康熙尊朱，竟升朱子於孔門十哲之位，便是越分而不成體統，這就是尊而不得其實的虛尊。

朱子當然是宋明儒中的大家，他在經學與文教學術上的貢獻與功績，以及他對韓國日本的影響之大，在宋明儒中實在沒有第二人可與相比（陽明對日本的影響也不過與朱子平分秋色）。這是學術史上的事實，也是人所共知的常識，誰會去加以抹煞？從朱子遍注群經，以及他對文獻之纂輯與學術之廣泛講論上看，也確能顯示「集大成」的樣態；然而要說朱子集北宋「理學」之大成，便涉及「義理系統、工夫入路」的問題，此則不可含混籠統，而必須明辨異同。這不是尊與貶的問題，而是學術之「公」與義理之「實」的問題。我個人對朱文公的尊敬，從少年時期便已根深柢固。在我們家鄉，連十里茶亭的牆壁上都可以見到出自朱子手筆的四個大字：忠孝廉節（如今台南文廟明倫堂也有這四個字的刻版印張發售）。在我當時的心目中，朱夫子的形象幾乎和孔夫子一般無二，卽使現在我對儒家的義理綱脈已了解較多，也仍然沒有減少我對朱子德業人格的誠敬。我很能感受到陳先生對朱子的尊敬是發自內心之誠，因此我也能尊敬陳先生對朱子的尊敬。但我却不屑於某些人觀風趨勢，因而說出不成義理、不成說法的巴結之言。

牟先生「繼別為宗」之說，是通貫儒家內聖成德之教的義理綱脈來作衡量，是從性理學之立場作一個義理系統的分判。在性質上它同於佛教天台華嚴的「判教」。而其中所涉及的主要關鍵有三：

1. 朱子對「道體、性體」的體會，合不合乎先秦儒家的本義？
2. 朱子對孔子之「仁」、孟子之「心性」，有沒有相應貼切的了解？
3. 朱子對北宋諸儒（可以明道為代表）所體悟的「性理」義，是否眞能相應契會？

這三個問題的答案，都不是肯定的，至少不完全是肯定的。這其中的原委，本文不能詳作討論，拙著「新儒家的精神方向」書中「性理的全義與偏義」、「朱子學的綱脈與朝鮮前期之朱子學」、「朱子學的新反省與新評價」三文已作了簡明扼要的論述，可供參看。現在只就「繼別為宗」作一解釋。

在宗法上，王與君（天子與諸侯）的嫡長子（太子、世子）繼承王統與君統，其餘諸子

（王子、公子）稱爲別子（有別於嫡長子）。這些別子的嫡長子，又繼別子而衍爲宗系，此之謂「繼別爲宗」。繼別爲宗，是別出宗系以成統：也是百世不遷的大宗。說朱子是繼別爲宗，是就宋儒義理的傳承而「取譬」以爲言。周、張、大程，由中庸易傳之言天道誠體而回歸於論語孟子之言仁與心性，確能上承孔孟以下先秦儒家的本義原型而引申發展（此是儒家內聖成德之教正宗正統之所繫）。到程伊川而有義理之轉向（此猶如別子），故落於大學講格物窮理，而對於道體性體心體的體悟則發生了偏差而有歧出（道體性體被體會爲只存有而不活動，又將孟子本心即性之實體性的道德本心，支解爲心性情三分）；朱子既積極繼承伊川此一轉向而充分完成之，所以說他是「繼別爲宗」。

經過這一步判別，宋明理學中許多關節性的問題都可以得其通解。有如：(1)爲什麼朱子解「太極動而生陽」一句總不順適？(2)爲什麼編「近思錄」而不取大程子之識仁篇？(3)爲什麼對小程子「仁是性，愛是情」之言特致稱賞？(4)爲什麼視小程子「性即理也」（性只是理）爲萬世論性之根基？(5)爲什麼反對謝上蔡以覺訓仁？(6)爲什麼不取李延平「觀未發氣象」靜復以見體的工夫入路？(7)爲什麼對胡五峯「知言」提出八端致疑？(8)爲什麼不能承認陸象山「心即理」之說？這些問題都是相關聯的。如果不明白伊川朱子所說的性理是割離了「心義、神義、寂感義」的「只是理」，便無法通貫地講論宋明理學。由此可知，牟先生這個分判，是通觀學術之實而提出的判教，和人所臆想的「尊與貶」是完全不相干的。

由於元代以來，朝廷官學尊朱，朱子權威日漸形成而取得正統的地位，「朱子集北宋理學之大成」一語，也在這個背景之下爲人所習知習聞，因此，一般人在情感習慣上很不容易接受朱子是「繼別爲宗」的說法。人總誤以爲我們是站在陸王立場來貶朱子，這根本是「見了風，便是雨」的無謂聯想。前年十月我在漢城出席「東洋學會議」，也曾爲這個誤會費了不少口舌（請參看「新儒家的精神方向」頁三七六、三七七）。我們應該了解，朱子之論學，自有軌轍，自有義法，以朱子精誠的生命及其存養察識之眞切，也能徹至心性之微，而以自己的思路表出內聖成德之教的義理。所以他能獨創一個系統。這樣一位大賢，實乃中華民族之大寶，我們豈能隨意唐突他？豈能忍心貶抑他？但歷來尊朱者，實皆不識朱子學之眞面目、眞價值，更不能發朱子之潛德幽光。須知朱子的偉大，並不在於他是官學正統，也不在於他集什麼之大成；而是在於他能獨力開出一個義理系統，使儒家在縱貫系統之外，又有了橫攝系統，在自律道德的規範之外，又建立一個他律道德的模型。這在文化學術上當然具有重大的意義。但縱貫與橫攝，自律與他律，猶如主幹與輔翼，其主從之別不可不辨；必須「以縱攝橫」，而不可「以橫代縱」。這就是我們必須作此分判的主旨所在。

講中國文化或儒家學術，必須通貫地看，全盤地看。因此，判教的工作是必要的。牟先生不但對宋明儒學內部作了分疏判教的工作，也對人類文化心靈最高表現的幾個大教作了精要中肯的分判（參見「現象與物自身」一書）。對此，必須「提高眼目、開廣心量」來了解。學者的工作有很多層面，有很多角度，因此人人都必須隨時省察自己是站在什麼層面、什麼角度來說話。這樣，才能明徹義理的分際，而看出他人之立言，果何所是、何所當？果何所得、何所失？如此而後，乃能達到商量學術異同之目的。

八、中國學者的會面

由於這次會議是純學術性的會議，又是以學者個人的名義參加，所以背景不同的中國學者自然會有見面交談的機會。

會議第二天的下午，是青年學者工作小組的討論會，大會沒有論文宣讀。夏威夷大學哲學系趁此空檔，特別邀請來自各地的中國學者參觀他們系舘，並舉行一個座談會（由代系主任安樂哲博士招呼），希望中國學者就中國哲學的方法論及其未來的發展表示一些意見。他們先請馮友蘭講話，他聲音不大，說的是他去年在上海接受訪問時所說過的四點讀書方法：愼其選、精其讀、會其意、明其理。這個意思當然不錯，但也是人人皆知的通義。然後，羅光、任繼愈、邱漢生也說了話，接下來大致是順著學術研究的客觀性以及該不該先定出一個評價的問題談了一些。基本的意思，無非是希望大陸的學術研究能夠走上正軌，以解脫外加的評價（此所謂評價，其實就是加上一套「意底牢結」的枷鎖），這一次座談，大家的語調都很溫和，但似乎有點拘謹，不夠舒坦暢快。

過了幾天，七月十三日晚上，中國時報駐加州巴克萊記者金恒煒出面在燕京餐館請了二桌客。可樂、啤酒、白酒、威士忌，任人選取，幾杯下肚，情緒就鬆開了；尤其傅偉勳，大大地發揮了他感性生命的融通力，他以一種鬧酒的姿態，周旋於二桌之間，把衆人或多或少的矜持全消解了。飯後，一起走到馬路另一邊咖啡廳座談。金恒煒首先說明這次請大家見面談談，是希望來自不同地區的中國學者，能夠分別講一講各個地區哲學教育的現況以及學術研究的情形，他願意根據錄音整理出來設法發表。他請杜維明主持今天的座談會。

任繼愈說他們正在整理宗教方面的文獻，譬如大藏經，他們就打算分類標點、重新印行。他所謂分類是指分爲教義、制度、戒律乃至社會、經濟、政治等等類門。這樣的工作，不知他們如何進行。鄧艾民說了一些大陸哲學系的情形，他說以前他們教中國哲學史，只有四個小時，大家聽了，以爲是四個學分，覺得時間雖然少一點，勉强還可以，等他話說完，才知道原來是這個課程一共只講四小時。若非親耳所聞，眞叫人難以置信。不過他說現在已經恢復正常了。他又表示，既然是講中國哲學史，就應該順著它的本意講出來，不應該拿外來的框框套在中國哲學上，而造成思想的變形。這句話說得很好，在我送給他們的書中，很多處都顯示這個意思，我們希望大陸上哲學史的著述與講授，眞正能夠做到這一點。李澤厚表示，中華民族是一個優秀的民族，幾千年來在哲學科學上都有很高的成就，爲什麼到了近代却一切落於人後呢？他下面的意思好像是說，中國人的心智如果不受束縛，而能充分發揮出來，是可以重現文化之光輝的。張立文說到大陸各地正在約請有國學根基的老學者，大規模地從事古典文獻的分段、標點和註解，使青年能夠看得懂，因爲老一輩的人如果過去了，那些沒有標點斷句的古書就沒有人讀得懂了。（根據我的印象和數日間所聽到的，大陸學界也已警覺到學術老化的問題，所以正在積極地培養中年一代、教育青年一代。他們的學術機構，人數衆多，力量集中，如果他們眞能脫開政治的控制和干涉，學術研究的層面未嘗沒有提高的可能。因此，我們要想繼續保持學術領先的地位，就必須有所警惕。尤其人文、哲學、思想的研究，必須及時加强，而政府尤其必須在政策上對文教學術作一番切實的檢討和改進。）

羅光說明了中國哲學會的近況以及哲學研究的一般情形，他希望由中國哲學會召開一次哲學會議。趙玲玲就各大學哲學系的教學與學術性的活動作了說明，同時還以精裝一百册的現代佛教學術叢刋爲例，介紹了台北書刋的出版情形。我說話不多，只就當代新儒家的思想方向及其用心的重點（民族文化之統的承續光大、民主政體建國大業之完成、知識之學的開出）作了一個簡要的表示。韋政通則報告了他自己從事中國文化思想研究的過程和用心。劉述先說明香港中文大學哲學系的情形，並指出由於香港地理位置的特殊，使中大哲學系在溝通學術研究方面，可以負起一份積極的責任。成中英以夏威夷大學哲學系爲例，說明了美國各大學對於中國哲學思想教學研究的一般情況。姜允明說明澳洲各大學有關東方研究與中國哲學文學語文的教學情形。傅偉勳則感慨最多，他說他是台灣新竹人，太太是廣東人，他最不喜歡地域觀念，他心目中只有中國——民族的文化的中國，他希望通過文化學術的力量先來表現眞正的中國。李弘祺表示，他生長在台灣一個宗教家庭，除了從課本上，很少有機會接受中國文化的薰陶，後來上大學，又到美國讀書，再到香港教書，才逐漸和民族文化生命有了感通，他覺得他的掙扎是一個很莊嚴很艱苦的過程，他希望教育界學術界能夠正視這個問題，使知識青年不必像他一樣經歷這麼辛苦的過程，而能夠很順適地和民族文化生命通在一起。黃俊傑呼應李弘祺的意思，他說他是生長在台灣南部的農家子弟，中國文化或儒家思想對他來說原是很抽象的，經過長時期的探索，和師長的薰炙，才一步步有了較爲眞切的體認。他希望繼續努力，和前輩學者共同爲弘揚中國的文化學術而盡心。最後由余英時作總結，大意是說，今天大家都以一個知識份子的立場，表示了對民族和文化前途的關心。中國文化的問題是全面性的，可以說是千頭萬緒。但優良的文化傳統必須保存延續，民主、科學必須積極肯定，這已是今天知識份子的共識。中國一直受意識形態的擺弄，走了很多寃枉路。今天應該從學術思想本身着眼，看清楚今後發展的方向，進而滙聚整體的智慧和力量，使中國步入正軌，走上坦途。

大陸來的學者，一般態度也很謙和，他們說起目前的大學教育，已漸漸回到常軌，現在也舉辦全面性的聯合招生，依成績和地區分發各大學就讀。從文革十年而能轉變到目前的情形，他們都流露一份珍惜的心情。也有人問過他們對所謂四大堅持的看法，他們表示，那是政治，現在只管做學術研究。其實，那個問題他們是不能談的。就如大陸一些老學者的情況，他們也只能告訴你某人某人都還在，至於某人某人是怎麼死的，他們不願多談，我曾問過任繼愈，熊十力先生是怎麼去世的，他說是老病而卒。我說，當初我們也以爲是那樣，但後來據香港的消息，老先生去世之前「身心俱受摧殘」。他說，外邊的傳聞也不一定可靠。停了一下，他又說，熊先生住上海，他則一直在北方，那一陣子亂得很，誰也管不了別人。會議之後，他託我向牟先生問候，說那邊的老朋友很懷念他，我說，我正好有牟先生去年在香港的一篇講詞，你方不方便看一看？他說，可以、可以。我把「僻執、理性與坦途」（見鵝湖八十期）的影印本送給了他。

九、日本學者印象

出席這次會議的日本學者，陣容相當整齊。岡田武彥是九州大學的名譽教授，他的論文是朱子的「智藏」，已見前述。他主編過陽明學大系、朱子學大系、日本思想叢書等等。他對古典文獻的整理、校對、標點，最肯下功夫；他的工作，對日本年輕一代閱讀中國古籍有莫大的助益，他是一位最具教育家之熱忱的學者。十年前，他來華岡接受名譽哲士的頒贈，我也在場。他對我這次的論文特別讚賞，不過，他表示不很了解爲什麼胡五峯與劉蕺山同爲一系。這個問題，必須通觀宋明六百年的學術發展，明晰各家的義理間架和工夫進路，而後才能就心性的關係作一比觀，而看出「心性爲一」、「心性爲二」、「以心著性」，的確顯示三種不同的義理規路。但由於語言上的障礙，未能多談，深感歉憾。佐藤仁是廣島大學教授，五十左右，是日本學者中最年輕的一位。聽說他是岡田的學生，岡田先生七十壽慶論文集，便是他負責約稿編輯的。他這次的論文是朱子的仁說，中國時報曾有摘要刊出。他自己表示，主要是依據陳榮捷先生講朱子仁說那篇文章的論點而寫成。

其次，要介紹三年前來過台北參加「近世儒學與退溪學」國際會議的兩位老先生，一位是廣島大學的名譽教授友枝龍太郎，他是一位朱子學專家，他的論文是討論朱子哲學的體系。另一位山崎道夫是東京國士館大學教授，也是學藝大學的名譽教授，同時擔任湯島聖堂（孔廟）斯文會的理事，他對近思錄有精到的研究。這位老先生天眞純厚，對我特別友善。他不會中國話，但會叫我「蔡先生」，我也趕快學會「山崎」二字的日本發音，有一天在林肯堂前招呼他一聲，他好高興，特別請他夫人出來合照留念。他的論文是講道學的本質，裡面特別舉示山崎闇齋是日本繼承朱子道統的人物。他畫成一張道統傳承表，擺在會場桌子上，寫上「敬請高覽」四個字，邀我去看，只見從堯舜禹湯文武周公孔孟，到周張程朱，通過韓國李退溪而傳到日本山崎闇齋，名字一直排到岡田武彥的老師楠本正繼。中國講道統雖不採取這種方式，但我却能感受日本儒學者發自內在生命的誠敬，因此很自然地向山崎先生豎起大拇指，他笑得像個小孩，顯出一片赤子之心。

另一位是東京大東文化大學教授山井湧，由於劉述先兄的介紹，我們在東京羽田機場休息室便已見過面了。他研究明淸思想史，也做過朱子文集的名詞索引，他的論文是討論朱子哲學中的太極觀念。他住在我隔壁，我拜託他替我把贈書依照簽名分送日本學者。第二天在會場，他們分別來到我座位之前鄭重道謝，言詞態度非常誠懇。我覺得在日用常行的禮數上，中國人很少能夠表現到他們的程度。他們對宋明理學都做過切實的研究，而且似乎很能注意生活言行與學問相融通。而他們對人和對學問的謙誠認眞，看來好像是老的文化教養和新的學術精神交會融合的結果。我想，古與今、新與舊的交融銜接，應該是有一個通道的，可惜在中國却被硬生生打成二截。從這個意思上看中日學者的時代遭際和社會境遇，我覺得日本學者比我們幸運得多。可惜得很，最近他們文部省竄改歷史教科書，想爲侵略脫罪，竟又冒露出靈魂深處的愚妄。日本是否能夠成爲眞正可敬的民族，看來還要全面升高理性的反省，以自求多福。

最後，我要介紹島田虔次教授，他是京都大學前任文學院長，著有朱子學與陽明學、大學中庸注、中國近代思維之挫折等書，在日本思想界有很高的地位。他不喜歡開會，聽說這一次是狄百瑞經過東京，特別轉到京都登門邀請，他才應允出席會議。他高高瘦瘦的身裁，白髮蓬鬆，不太注意邊幅，別有一種風格。他能說標準的中國話，爲了答謝我的贈書，他把一篇講「三浦梅園之思想」的論文抽印本送給我，他說，這篇東西對蔡先生來說，沒有什麼用處，不過可以留個紀念。我說，謝謝，我會請懂日文的朋友幫助我，來拜讀您的大作。這位希瑪達（島田）先生有一個見解，他認爲宋儒氣度恢弘，有「爲天地立心，爲生民立命，爲往聖繼絕學，爲萬世開太平」的風範器識，但傳到日本，便顯得狹隘化了，由一個日本學者說出這樣的話，表示他已去掉虛矜之氣，而進到理性的反省自覺了。在任繼愈宣讀論文那天，島田先生也說了一段話，他認爲宋明理學的自我重整，發展到王學而達於高峯。這個發展本來可以繼續下去，可惜後來的文字獄壓抑了文化思想的發展，他又說，有人批評清朝「尊朱」妨礙了進步，其實是清朝的政治及其壓制思想的措施妨礙了中國的進步。他認爲中國總是由朝廷官方指示老百姓如何去做，而不是讓老百姓自我覺醒來決定如何去做。他停一下，又補說一句：「到現在還是這樣」。他的話說得很含蓄，最後一句才畫龍點睛，意思是指中共而言。會後在路上相遇，我特別向他致意，表示對他這段發言的稱賞和贊同。

十、青年學者濟濟多才

在上文介紹各國與會的青年學者時，已可看出美國各大學對於宋明理學的研究，正在普遍展開。而在會議期間，他們也有很好的表現。

我在東海文化研討會上，雖曾指出西方青年學者的發言，有兩種情形不太好，一種是自說自話，自我表演式的發言，另一種是各說各話，針鋒不相對，不免「溝而不通」或「通而不盡」。我覺得由於各人論點不同、角度不同、進路不同、層面不同，在這種大規模的會議上，根本無法從容對談，以達到辨析學術異同的目的。不過，如果從另一方面看，這種老輩、中年、青年共聚一堂的會議，給予後進學者學習薰陶的機會，其意義和影響也是很深遠的。大會特別安排工作小組討論會，便是基於提挈青年學者的一番用心。這其中確實含有一種教育的精神，也能顯示教育的功能。

青年學者也有幾位擔任大會論文的評論工作，譬如台大的黃俊傑博士，香港中文大學的李弘祺博士，以及美國哈佛大學博士David Gedalecia，芝加哥大學博士John H. Berthrong，哈佛大學博士Hoyt C. Tillman，芝加哥大學博士John W. Chaffee，哈佛大學博士Michael Kalton，他們大致都能綜述論文的主旨，提出其中的問題，以引導討論的進行。

同時，他們也有不少位提出論文，有的是在工作小組討論會上宣讀，有的是以文會友，提供與會學者觀摩切磋。諸如姜允明博士提出一篇討論朱子倫理學中「心」此一概念之論文，曾春海博士提出一篇題爲「朱子論易學研究法」之論文，黃進興博士提出討論朱陸異同之論文，都各有精到之處。韓國金永植博士提出一篇從朱子思想中討論人作爲一個客體存在之意義的論文，朴洋子提出一篇研究朱子玉山講義的論文，還有Choffee博士提出一篇朱子與白鹿洞書院復興的論文，Tillman 博士提出一篇討論朱子倫理觀與心的哲學意義之論文，都顯示了他們研究的成績。

此外，來自台港海外的中國青年學人，分別爲用中文日文宣讀論文的學者擔任口譯，由於他們卓越的表現，打通了語言的障礙，溝通了學者的論點和思想。李弘祺博士的英語說得很典雅，甚爲狄百瑞教授所讚賞。石漢椿博士通曉中日英三種語文，他除了爲大陸三位學者擔任口譯，還包辦了全部日本學者的口譯工作，是會議進行時最爲忙碌的人。他負責的雖是英語傳譯，但有時也得介述幾個日本名詞。而中國哲學的一些名詞術語，由於無法作確切恰當的英譯，所以也常常聽他說「太極」「陰陽」「理and氣」「居敬and窮理」，有時候連「豁然貫通and全體大用」也很自然地說了出來。有一天譯場無事，他參加討論，表示這是他開會以來第一次以自己的身分發言，大家報以熱烈的掌聲。

十一、閉幕式

十五日最後一篇論文宣讀完畢之後，接著舉行閉幕式，由狄百瑞教授作總結。大意是說，這次會議，人數之多，規模之大，是空前未有的。這樣的一個會議，他不敢想像能得到結論和答案。而且，這種大規模的國際會議，很可能造成混亂，但結果却很和諧，很有秩序，出席率也很高。各國來的學者，有年長的，年輕的，有專家，有非專家，但却沒有顯示複雜性，而能夠融洽地交換意見。青年學者的工作小組討論會，也和大會配合得很好。而會外的討論和意見的溝通，也是這次會議的一項特色。而大會的精神，並沒有因爲背景不同而分散。尤其中國學者，來自台灣和來自大陸的是第一次見面討論，他誠懇地向二方面的學者表示敬意。他認爲作爲一個國際性的討論，這次大會的成就是空前的。最後，他特別向陳榮捷敎授致敬，他承認陳先生對大會的貢獻，是屬於老師般的貢獻，他同時要感謝程慶和博士，以前他只聞其名而未見其人，這次見了面，發覺他和陳老先生，的確是天生的一對。

接着由一位靑年學者出來，稱頌陳老先生在會議期間的言行表現很像朱熹，現在全體會員要送給他一件小禮物，使他這個人看起來更像朱熹。接着向陳老先生獻上一件像佈道家穿的朱熹衣——一件白圓領衫，中間寫上「朱熹」二個朱紅大字，兩旁用墨筆寫上八個字，右邊「格物致知」，左邊「窮理盡性」，是岡田武彥的手筆。幾位年輕洋人請陳先生穿上這件極具特色的衣服，他很激動地說：再過十八年就是朱子逝世八百周年紀念，他本人正當九十九歲。他希望今天在會場的人能夠再來開一次朱子大會。（我想，到時候，中國人能不能在中國的地方來召開一次國際性的朱子大會呢？）

關於這次大會的成就及其可能的影響，我在「從國際朱子會議談起」文中，曾經舉出四點：(1)爲西方人研究中國文化正式敞開了大門，(2)使儒家哲學研究的熱度普遍升高，(3)學術自由和自由討論之精神給予大陸學者的衝擊，將會產生深遠的影響，(4)最具體的成果是一部論文集，爲朱子學之研究留下一個新的標誌。（當然，如果從學術的純度和深度方面着眼，就必須安排一種可以從容論議、尙質不尙量的會議型式，才能眞正滿足討論學術的要求。）

在閉幕式上，陳榮捷先生宣佈了馮友蘭教授獻給大會的一首七言絕句：

白鹿薪傳一代宗　流行直到海之東
何期千載檀山月　亦照匡廬洞裡風

余英時教授和了一首：

白鹿青田各有宗　千年道脈遍西東
鵝湖十日參同異　變盡猖狂一世風

陳先生自己亦和了一首：

建陽檀島各西東　晦翁無心一葉通
八十英才談太極　德性問學果然同

中午在餐廳吃飯，陳先生對我說，蔡先生，你也和一首呀！其實，我並不會做詩，只能慢慢湊。陳先生之所以要我做詩，是因爲三月間他把友枝龍太郎教授二首詩與他自己的和詩寄給我，我一方面痛憾莽莽神州雅歌久沉，一方面也感念陳先生發起朱子會議的精誠，乃勉力奉和二絕：

其一、爲國際朱子會議寄呈捷翁教授

中華萬里苦風波　搖撼神州輟雅歌
特假晦翁為講會　精誠耿耿賢勞多

其二、陶山感憶寄懷

陶山古院亦嘗臻　聖學十圖意轉新
吾道海東分一脈　泰西何日見斯人

由於這二首不足以登大雅之堂的俚句，陳先生便以爲我也會做詩，竟當衆降命，要我再度獻醜。終以文妙不足，只寫成一首說理詩，郵寄陳老先生吟正：

儒家聖道照西東　一體仁心萬物通
檀島於今湧活水　乾元太極運天風

後又成一首云：

晦翁繼別自成宗　豈礙源頭有路通
猶記盧山辨義利　天光照映此心同

十二、會後檀島遊

1安排的遊覽

這次會議，安排了三次遊覽。

七月六日上午八時半，會衆乘兩輛大巴士，第一站是銀行，各人持大會奉送的支票領取二百美金，作爲膳食零用之資。然後開車到海風口，去領略直灌山口的强勁的海風。山口左邊沿海是一座數公里長的弧形屏風似的山壁，驚濤拍岸，霧氣迷濛。據說四十一年前日軍偸襲珍珠港的飛機，有些便是沿著這山壁飛行而躱過了雷達的偵察，才使美軍措手不及，受到慘重的損失。下一站到珍珠港，預定要上一艘特爲遊客設計的軍艦參觀，以了解一下當年珍珠港事變的實況紀錄。不巧那日是星期天，遊客絡繹不絕。導遊估計一下，必須排隊一個半小時才能輪到買票，於是徵得大家同意，放棄參觀。我們在港岸憑弔，完全看不出炮火的痕跡，只能回憶看過的電影來想像當年桅折艦沉的景況。午飯之後，參觀陣亡將士墓、議院、州政廳、紀念舘之類的地方。大概時差尙未順過來，精神不佳，只覺得這一天的環島之遊，草草中便結束了。

七月十一日，乘Aloha航空公司的飛機，到花園島遊覽，下了飛機再登車出發，只見一大片的甘蔗田，宛如台灣南部的景象。約半小時到達大峽谷，在土崖岸上眺望，對面山色倒也鬱鬱蒼蒼，凹凸灰黃的河谷土層，也顯發出一種年代荒遠的原始氣味，不過在我的觀感上，覺得這種景色還比不上霧社廬山一帶山谿河谷的深峭奇兀。在那裡拍了幾張照片，又乘車沿海濱公路進發，沿途有些棕梠草屋，也有一些度假的別墅，全島人煙稀少，好像根本沒有市鎮。車行一小時餘到達午餐地點。這裡有土產商店，還有幾家旅館，備有游泳池，不過很小，游不開，只能泡水作日光浴。近旁是帶有原始風味的遊覽園，我們東轉西轉，發現一座女番王紀念舘，陳列她的畫像和生前的器皿衣物。下午二時到達一條河口，七八十人共乘一艘長方形的遊覽大船，船上有一小型歌舞隊，一個不穿草裙的女郎，請大家原位起立，跟她一起跳草裙舞，開始只是跨步、擺手，到了眞要扭腰擺臀跳舞時，大家都不會，只有日本的友枝老教授認眞學習，大扭特扭，他得的掌聲，幾乎與草裙舞女郎平分秋色。約十分鐘，到達碼頭上岸，爬山坡走到一座大岩壁前，那是土人昔時祭神的所在。歌舞隊表演了幾支深具原始野氣的歌曲。然後沿另一條林間小路回碼頭，這段林蔭小徑倒頗有鹿谷溪頭的味道。最後一站是山頭觀瀑，大家覺得不夠崇山峻嶺的氣勢，也欠缺深谿幽谷的情味。這時，狄百瑞的女高足卜珞姆走過來邀我合照。她丰儀優雅，人緣又好，幾位男士也特別和她合照留念。

七月十五日下午，遊植物公園，大家都懷著一份筵席將散的心情。一路走走談談，選個景，照張相，再坐下來買杯冰飲，暢談一番。傅偉勳、姜允明二位當晚就要飛回美國和澳洲，大家相約，晚上再吃一頓中餐，然後散席。

2.會後二日遊

我們返台的班機是十八日凌晨四時起飛，十六、十七兩日無事，正好遊覽。

十六日上午，一行五人僱計程車遊海底舘，車行一小時，買票進入，原來只是海邊一座人造的水族舘，從玻璃看進去，略有海底的意思就是了。另有兩場海豚表演，雖然很不錯，但這一天硬是童心已泯，看得了無意趣。回程經過椰林海灘，海灣呈馬蹄形，景色極美。淺平的礁灘上有一種罕見的七色魚，大家想去看看。下得車來，偏偏遇到陣雨，好不容易從高岸走到海灘，張望半天，並無所見。有人說必須下去游水才能見到，我們並不準備游泳，只好打道回「家」。下午原想大睡一覺，詎先忽打電話來，說李弘祺租了一輛車子，準備去兜風，問我去不去；上午玩得不開心，正該兜風，當然去。

弘祺特別買了一本遊覽手册，打開一看，原來是在香港印刷的，而且是十年前的資料。

好在租車上也有遊覽地圖。於是乎，逑先掌圖，弘祺開車，我觀光。開始一段車程，山與林木夾道，純是綠色，青山入目，綠意滿懷，這才眞正「心曠神怡」。頭一站下車，正是海風口，那天環島，他們沒參加，我倒是二度臨風、舊地重遊。繼續前行，結果又開上我們上午的路程，不過心情不同，境隨心轉，風光也明媚起來了。經過椰林海灘、海底館，天空漸漸暗淡，烏雲密佈，終於下起雨來。我們在一家冷飲店休息一下，繼續雨中兜風。弘祺一面開車，一面唱歌，他當年是台南一中合唱團的團長，嗓音渾厚宏亮，尤其一曲滿江紅，迎著瀟瀟未歇之雨，唱得眞是「壯懷激烈」。逑先說他會一首古調滿江紅，唱完之後，覺得這支曲調保存了詩詞的吟腔，頗有典雅的韻味，可惜我沒有學會。當車子駛過那一大片鳳梨田時，雨停了，弘祺加足馬力，過了一陣開快車的癮頭。回到火奴魯魯，天氣竟是晴和得很。爲了答謝弘祺帶給我們的兜風之樂，特假座益食居請他小吃。

十七日，劉國強君開車到林肯堂，梁燕城君同來，加上逑先和我，四人一同出發，作竟日之遊。先到火山口，只見四周土帶隆起，中間如鍋底，草木稀落，靠海一邊的殘壘碉堡，隱然可見。第二站是很有特色的港灣礁岩，海濤衝擊，白浪飛濺，其中一塊平岩離海面三四公尺高，中有小洞與海面相通，巨浪衝來，海水急灌入洞，由洞口噴射出散珠般的浪花，有如鯨背噴水，倒也算是一項奇觀。車再前行，來到一家餐廳，逑先請客吃午餐，餐盤中有一份韓國泡菜，不過調製欠佳，完全沒有韓國辣泡菜的味道。

下午第一站到達文化村，建築規模倒是不小，棕梠葉的屋頂，也壘疊得非常厚實，每天下午六時有一場長達二小時的表演，連門票餐劵共需三十多元美金，我們不能等，觀賞一下兩旁陳列的遊藝照片，也就如同「過屠門而大嚼」了。文化村近旁是摩門教一所大學的分校，校區很寬敞，還有一個大教堂，加上林木圍欄和一大片綠草地，顯得氣象弘偉。前景伸展到海邊，看出去很覺舒暢。離開摩門，再轉到瀑布公園，購票進入，首先看到一種很特別的水蓮，蓮葉緊貼水面，圓形，直徑大的將近一公尺，葉邊向上豎卷，形成一寸高的周沿，有如一個綠色大茶盤。公園備有三節相連的敞篷大巴士，沿途有站上下，最後一站便是瀑布潭。由於昨日大雨，水是黃的，但仍有遊客泡水游泳，還有人在岩壁上表演跳水。瀑布寬約五公尺，高六七公尺，寬面下瀉，殊無姿態可觀。倒是步行回程時，看到不少奇花異草，極具特色。夏威夷的緯度是亞熱帶，但氣候宜人，雨水充分，園林濃密葱翠，處處都是「四季不謝之花，終年長青之草」，宛如人間仙境。

五時許，抵達陣亡將士墓前，六日環島也到過這裡，匆匆無甚印象。今日重來，却是印象頗深。公墓傍著傾斜度很和緩的山坡而建造，墓碑平舖放著，秩然有序，一眼望去，只見綠地，不見碑碣。上面是一座類似牌樓的環拱形的建築，一尊自由女神，不但衣着姿態與平常所見不同，面容表情也是莊嚴中帶著痛苦，流露一份無奈的神情。自由是可貴的，但自由與和平常須以生命來換取，這或者就是塑造這尊自由女神的藝術家想要表示的意思吧！兩旁大照壁上畫有各次戰役的地圖，正中有間小教堂，一個十字架和佛教的法輪、猶太教的徽誌並排懸列，倒能顯示和平共存的精神。最後一站轉到專爲遊客遠眺海港城景的山頭小堡，憑欄遊賞一會，時已黃昏，我和述先有晚餐之約，先在China house下車，並謝謝國強燕城陪我們作了一天暢快的遊覽。

在餐廳巡視一周，不見人來，約十分鐘，趙玲玲、韋政通來到，之後，成中英陪著一位男士和二位小姐進來。某小姐來自台北，她和畫家黃磊生在檀島舉行師生畫展，而黃磊生的新夫人便是程派名伶張安平。八人圍成一桌，甚是歡愉。黃磊生屬嶺南畫派，廣東人，我問張安平府上那裡，答稱江西九江。述先說，好了，八分天下已佔其三，今天江西人是多數。說得大家都笑了。飯後，成中英請大家上圓頂大廈喝咖啡。那座高樓頂上的圓形轉塔，每小時轉一圈，可以看盡火奴魯魯的夜景。就幅度而言，七月五日在高空見到的東京夜景雖然比較壯觀，但如今坐在輪塔上就近看到的夜市燈火，畢竟較爲眞切，火奴魯魯的夜景，確實給人以明麗晶瑩、玲瓏剔透之感。一會兒，杜維明也陪著日本的友枝、佐藤，和西德余蓓荷、韓國朴洋子來到隔座。他聽說我們這邊有畫家名伶，也過來寒暄一陣。十時許才依依話別，互道珍重。

尾聲

夏威夷是Hawaii的中文譯名，有一位懂中文的外國人說：你們中國人眞神氣，連譯一個地名，也要帶上一種天朝口吻，說什麼「華夏威服蠻夷」。說來眞慚愧，遊了好幾圈，一直沒有發現華夏文化威服島夷的痕跡。在我的感覺裡，那仍然是一個「只有自然，沒有歷史；只有文明，沒有文化」的地方。請你不要問我「文明」和「文化」的定義是什麼，我只是自己心裡有個比較。二年前我寫「韓國紀行」，好像充滿著人文的氣息和深心的感懷，而現在寫完這篇「後記」，却完全欠缺那種心情和感受。我可以承認夏威夷是世外桃源，是觀光勝地，雖然物價很貴，但那裡的人，實在很和善，很有禮貌，而且是一個沒有灰塵的地方。我偶而也會從某個角度對那裡有一分羨慕之意，但却不可能對它發出懷念之情。沒有歷史，沒有文化，是無法令人懷念與感的。如果你問我，人為什麼要懷念？懷念與感有什麼價值？我只好苦笑一下，因爲我不知道如何回答你。不過，我願意記下李白的一首小詩：「誰家玉笛暗飛聲，散入東風滿洛城；昨夜曲中聞折柳，何人不起故園情。」如果你覺得這首小詩太柔情，那末，我前文敘述過的卿雲歌：「卿雲爛兮，糺縵縵兮！日月光華，旦復旦兮！」便足以表示我最深摯的情懷了。

十七日深夜一時，趕往機場，準備踏上歸程。大家在候機室計算返抵國門的時刻，發覺我們七月十八日的「白天」，由於國際換日線的關係，竟被時間老人沒收了。從十七日晚餐開始，我們必須經歷十八個小時的黑夜，當飛機到達東京，已經是十九日的早晨。上午十時二十分，返抵桃園國際機場，循序通關過卡，倒是效率很高，走出門來，楊祖漢、岑溢成來迎，情誼可感。在永和市街吃罷川菜午餐，胡以嫺、何淑靜也來敘晤。下午三時，又勞岑、楊二位送我到台北車站，擠上中興號直回台中。我從巷口拖著有轉輪的旅行袋，轟隆轟隆拉到家門口，小兒子耳尖，在屋裡大叫：爸爸回來囉！全家一擁而上，這次國際朱子會議，到此才算完全落幕。

七十一年八月五日

國家圖書館出版品預行編目資料

宋明理學：南宋篇，心體與性體義旨述引

蔡仁厚撰述. – 初版. – 臺北市：臺灣學生，1983
面；公分

ISBN 978-957-15-0548-0(精裝)
ISBN 978-957-15-0549-7 (平裝)

1. 理學 – 中國 – 南宋(1127-1279)

125 82005442

宋明理學：南宋篇，心體與性體義旨述引

撰述者 蔡仁厚
出版者 臺灣學生書局有限公司
發行人 楊雲龍
發行所 臺灣學生書局有限公司
地址 臺北市和平東路一段 75 巷 11 號
劃撥帳號 00024668
電話 (02)23928185
傳真 (02)23928105
E-mail student.book@msa.hinet.net
網址 www.studentbook.com.tw
登記證字號 行政院新聞局局版北市業字第玖捌壹號
定價 精裝新臺幣七〇〇元
平裝新臺幣四〇〇元

一九八〇年三月初版
二〇二四年四月增訂版六刷

12503

本書作者著述要目

1.《孔孟荀哲學》 臺北：臺灣學生書局
2.《孔門弟子志行考述》 臺北：臺灣商務印書館
3.《論語人物論》 臺北：臺灣商務印書館
4.《墨家哲學》 臺北：東大圖書公司
5.《中國哲學史大綱》 臺北：臺灣學生書局
6.《宋明理學北宋篇》 臺北：臺灣學生書局
7.《宋明理學南宋篇》 臺北：臺灣學生書局
8.《王陽明哲學》 臺北：三民書局
9.《儒家心性之學論要》 臺北：文津出版社
10.《新儒家的精神方向》 臺北：臺灣學生書局
11.《儒家思想的現代意意》 臺北：文津出版社
12.《儒學的常與變》 臺北：東大圖書公司

13.《中國哲學的反省與新生》　臺北：正中書局
14.《孔子的生命境界》　臺北：臺灣學生書局
15.《哲學史與儒學論評》　臺北：臺灣學生書局
16.《新儒家與新世紀》　臺北：臺灣學生書局
17.《熊十力先生學行年表》　臺北：明文書局
18.《牟宗三先生學思年譜》　臺北：臺灣學生書局
19.《蔡仁厚教授七十祝壽集》　臺北：臺灣學生書局
20.《王學流衍：江右王門思想研究》　北京：人民出版社
21.《中國哲學史》（上下冊）　臺北：臺灣學生書局